Schriften- und Medienreihe
des Sozialpädagogischen Instituts
für Kleinkind- und außerschulische Erziehung
des Landes Nordrhein-Westfalen,
im Geschäftsbereich des Ministers für Arbeit,
Gesundheit und Soziales

Nr. 18/2

Kinder unter 3 Jahren in Tageseinrichtungen

Band 2
Entwicklung – Gesundheitsvorsorge
– Ernährung

von
Gisela Petersen

Verlag W. Kohlhammer

CIP-Titelaufnahme der Deutschen Bibliothek

Petersen, Gisela:
Kinder unter 3 Jahren in Tageseinrichtungen / von Gisela
Petersen. – Köln; Stuttgart; Berlin; Mainz: Kohlhammer.
 (Schriften- und Medienreihe des Sozialpädagogischen Instituts für
 Kleinkind- und außerschulische Erziehung des Landes Nordrhein-
 Westfalen, im Geschäftsbereich des Ministers für Arbeit, Gesundheit
 und Soziales; Nr. 18/2)
 ISBN 3-17-009623-0
NE: Sozialpädagogisches Institut für Kleinkind- und außerschulische
 Erziehung des Landes Nordrhein-Westfalen ‹Köln›: Schriften- und
 Medienreihe des Sozialpädagogischen Instituts für Kleinkind- und
 außerschulische Erziehung des Landes Nordrhein-Westfalen, Köln

Bd. 2. Entwicklung – Gesundheitsvorsorge – Ernährung. – 1991
 ISBN 3-17-010512-4

Grafiken: Gabriele Timm: S. 14, 17, 18, 19, 21, 22, 42, 103, 108, 162, 183, 202
 Angelika Wegener: S. 153, 157, 158, 159, 161, 163, 166, 169, 172, 173,
 181, 185, 187
Fotos: Gisela Petersen: S. 20
 Ursula Stenzel: S. 116, 117, 118, 119, 123, 165, 170

1991
Verlag W. Kohlhammer GmbH Köln, Stuttgart, Berlin, Mainz
Verlagsort: 5000 Köln 40, Postfach 40 02 63
Gesamtherstellung: Verlag W. Kohlhammer GmbH Köln
Nachdruck, auch auszugsweise, verboten – Alle Rechte vorbehalten
Recht zur fotomechanischen Wiedergabe nur mit Genehmigung des Verlages

Inhaltsverzeichnis

	Seite
Geleitwort	IX
Vorwort	XI
Einführung	XIII

1 Die Entwicklung des Kindes in den ersten drei Lebensjahren	1
1.1 Zur Einführung	1
1.2 Allgemeine Merkmale der menschlichen Entwicklung	3
1.3 Die körperliche Entwicklung	6
1.3.1 Die körperliche Entwicklung im Mutterleib	6
1.3.2 Die körperliche Entwicklung nach der Geburt	7
1.4 Die Entwicklung der Motorik	10
1.4.1 Bedeutung und allgemeine Grundlagen der motorischen Entwicklung	10
1.4.2 Das motorische Verhalten in der vorgeburtlichen Entwicklungsphase	13
1.4.3 Die Reflexe	13
1.4.4 Der Ablauf der Entwicklung von Grob- und Feinmotorik	16
1.5 Die Entwicklung der Wahrnehmung	27
1.5.1 Bedeutung und allgemeine Kennzeichen	27
1.5.2 Der Ablauf der Wahrnehmungsentwicklung	29
1.6 Die geistige Entwicklung	36
1.6.1 Allgemeine Merkmale	36
1.6.2 Der Ablauf der geistigen Entwicklung	37
1.7 Die Entwicklung der Sprache	46
1.7.1 Bedeutung und allgemeine Merkmale	46
1.7.2 Der Ablauf der Sprachentwicklung	49
1.7.3 Die Sprachentwicklung bei ausländischen Kindern	58
1.8 Die sozial-emotionale Entwicklung	62
1.8.1 Bedeutung und allgemeine Kennzeichen	62
1.8.2 Der Ablauf der sozial-emotionalen Entwicklung	64
1.9 Anregungen zur Entwicklungsbeobachtung	69
Anhang	73

2 Kinderärztliche Aspekte bei der Betreuung von Kindern unter drei Jahren in Tageseinrichtungen *(von Sigrid Leidel)*	81
2.1 Zur Einführung	81
2.2 Gesundheitsgefährdung durch Infektionskrankheiten	81

Inhaltsverzeichnis

2.3 Infektionskrankheiten in altersgemischten Gruppen. 84
    2.3.1 Was ist eine Infektionskrankheit?. 84
    2.3.2 Infektionswege. 86
    2.3.3 Meldepflichten. 88
    2.3.4 Möglichkeiten der Vorbeugung und Eindämmung 89

2.4 Hygienische Gesichtspunkte bei der Einrichtung von Kindertagesstätten. 90

2.5 Das kranke Kind in der Einrichtung 93
    2.5.1 Akut auftretende Erkrankungen. 93
    2.5.2 Unfälle und Vergiftungen in Kindertagesstätten 95
    2.5.3 Chronisch kranke und behinderte Kinder in der Einrichtung 96

2.6 Abschluß 96

Anhang 99

3 Ernährung im Säuglings- und Kleinkindalter 101

3.1 Die Ernährung im ersten Lebensjahr
    – Von der Säuglings- zur Kleinkinderkost unter Berücksichtigung
    besonderer Ernährungsformen – *(von Brigitte Overzier-Vent)* . . . 101

    3.1.1 Zur Einführung. 101
    3.1.2 Das Stillen 103
    3.1.3 Die künstliche Ernährung des Säuglings. 105
    3.1.4 Die Beikostnahrung des Säuglings 113
    3.1.5 Sonderkostformen. 128

Anhang 140

3.2 Die Ernährung des Kleinkindes vom 1.–6. Lebensjahr
    (von Ursula Stenzel) 151

    3.2.1 Essen – ein Lernprozeß 151
    3.2.2 Nährstoffbedarf und Nahrungsmittelempfehlungen. 154
    3.2.3 Rund um das Frühstück 161
    3.2.4 Kindergeburtstag – ein festliches Essen gehört dazu 169
    3.2.5 Das Mittagessen in der Tageseinrichtung 171
    3.2.6 Aktuelle Ernährungsfragen 181
    3.2.7 Übergewicht im Kindesalter. 184
    3.2.8 Ernährungserziehung – eine gemeinsame Aufgabe. 190

Anhang 193

Inhaltsverzeichnis

**4 Gesund leben — sich wohlfühlen
— Pädagogische Überlegungen zur Gesundheitserziehung in Tageseinrichtungen für Kinder —** 205

4.1 Bedeutung, Ziele und Entwicklung gesundheitserzieherischer Bemühungen im Elementarbereich 205

4.2 Das ganzheitliche Verständnis von Gesundheit als Grundlage der Gesundheitserziehung 207

4.3 Kindgemäße Wege der Gesundheitserziehung in Tageseinrichtungen 208

4.4 Gesundheitserziehung als integrierter Bestandteil der pädagogischen Arbeit 210

4.5 Die Zusammenarbeit mit den Eltern 212

4.6 Materialien zur Gesundheitsförderung/-erziehung 213

Anhang 216

Gesamt-Quellenverzeichnis 225

Geleitwort

In Nordrhein-Westfalen wurde in den siebziger Jahren das Konzept der altersgemischten Gruppe für Kinder vom Säuglingsalter bis zum sechsten Lebensjahr entwickelt und in den Richtlinien des Landes verankert. Inzwischen ist diese Form der Betreuung von Kindern unter drei Jahren auch in der Fachöffentlichkeit über die Grenzen unseres Landes hinaus auf breites Interesse gestoßen. Gerade für die ganz kleinen Kinder sind hohe Anforderungen an die Qualität der Betreuung zu stellen, denn sie sind in diesem frühen Alter in besonderem Maße prägsam, aber auch sehr verletzlich.

Das Sozialpädagogische Institut des Landes hat in enger Zusammenarbeit mit Mitarbeiterinnen aus Tageseinrichtungen ein Projekt durchgeführt, in dem Fragen und Probleme der Betreuung von Kindern unter drei Jahren in Tageseinrichtungen aufgearbeitet wurden. Das Land trägt mit dieser Arbeit des Sozialpädagogischen Institutes dazu bei, daß für die vielfältigen und verantwortungsvollen Aufgaben in den altersgemischten Gruppen eine solide, theoretisch fundierte und zugleich praxisbezogene Arbeitsgrundlage geboten wird, die von Erzieherinnen und Erziehern in den Tageseinrichtungen und in der Aus- und Fortbildung genutzt werden kann.

Ich freue mich, daß nun der zweite Band des Handbuches „Kinder unter drei Jahren in Tageseinrichtungen" erscheinen kann, der Fragen der Entwicklung, der Gesundheitsvorsorge und der Ernährung in den Mittelpunkt stellt.

Düsseldorf, im August 1990

Hermann Heinemann
Minister für Arbeit, Gesundheit und Soziales
des Landes Nordrhein-Westfalen

x

Vorwort

Die Betreuung von Kindern unter drei Jahren in Tageseinrichtungen ist seit etlichen Jahren verstärkt Gegenstand von Diskussionen und ebenso von Bemühungen in der Praxis. Neben grundsätzlichen Fragen nach Stellenwert und Einschätzung einer familienergänzenden Betreuung für Kinder dieser Altersstufe geht es vor allem um Überlegungen zur pädagogischen Qualität der Tagesbetreuung.

In Nordrhein-Westfalen wurde bereits Ende der 60er Jahre eine neue Konzeption und Gruppenform für die Betreuung von Säuglingen und Kleinstkindern in Tageseinrichtungen entwickelt: die altersgemischte Gruppe für Kinder im Alter von 0;4−6 Jahren, d. h. Kinder unter drei Jahren werden hier gemeinsam mit Kindern im Kindergartenalter betreut.

Die Arbeit in einer altersgemischten Gruppe stellt die Erzieher vor besondere Anforderungen. Die unterschiedlichen Bedürfnisse und Fähigkeiten der Kinder erfordern ein breites fachliches Wissen und eine differenzierte und flexible Arbeitsweise. Gerade die Tagesbetreuung von Kindern unter drei Jahren bedarf angesichts der zentralen Bedeutung dieser Lebensphase besonderer pädagogischer Aufmerksamkeit. Allerdings, so muß festgestellt werden, führt die Betreuung der 0−3jährigen Kinder in Tageseinrichtungen in Aus- und Fortbildung und auch in der Fachliteratur bis heute eher ein Schattendasein.

Deshalb wurde vom Sozialpädagogischen Institut für Kleinkind- und außerschulische Erziehung des Landes NRW ein Projekt durchgeführt mit dem Ziel, Hilfen für die Arbeit mit Kindern unter drei Jahren in altersgemischten Gruppen zu entwickeln. In enger Zusammenarbeit mit Mitarbeitern aus verschiedenen Tageseinrichtungen wurden die vielfältigen theoretischen und praktischen Fragen und Probleme der Tagesbetreuung von Säuglingen und Kleinstkindern in altersgemischten Gruppen bearbeitet.

Ergebnisse dieses Projektes sind schriftliche Materialien und audiovisuelle Medien für die Aus- und Fortbildung von Erziehern und zum Teil auch für die Öffentlichkeitsarbeit: 1986 erschien eine Broschüre ‚Kinder unter drei Jahren in Tageseinrichtungen in Nordrhein-Westfalen', die sich an Erzieher, Fachberater, Mitarbeiter in Jugendämtern und Trägerverbänden richtet und in knapper Form über die altersgemischte Gruppe informiert. 1988 folgten drei Diaporamen (Ton-Bild-Schauen) auf Video-Kassetten: ‚Altersgemischte Gruppen in Nordrhein-Westfalen', ‚Räume erleben − Räume gestalten', ‚Die ersten Lebensjahre − Anregungen und Spiele für Säuglinge und Kleinstkinder'. 1989 schließlich wurde der erste Band des insgesamt vierbändigen Handbuches ‚Kinder unter drei Jahren in Tageseinrichtungen' veröffentlicht, in dem es um Grundfragen der pädagogischen Arbeit in altersgemischten Gruppen geht.

Hiermit wird nun der zweite Band des Handbuches vorgelegt, in dem die Entwicklung des Kindes in den ersten drei Lebensjahren, kinderärztliche Aspekte bei der Betreuung in altersgemischten Gruppen, die Ernährung im Säuglings- und Kleinkindalter sowie Fragen der Gesundheitserziehung in Tageseinrichtungen für Kinder behandelt werden. Das Kapitel, in dem es um

Vorwort

kinderärztliche Gesichtspunkte bei der Betreuung von Kindern unter drei Jahren in Tageseinrichtungen geht, wurde von Frau Dr. Leidel (Gesundheitsamt der Stadt Köln) verfaßt, das Kapitel zur Ernährung im Säuglings- und Kleinkindalter von Frau Dr. Overzier-Vent und von Frau Stenzel (beide Gesundheitsamt der Stadt Düsseldorf).

Wir danken allen am Projekt Beteiligten für ihren Einsatz und hoffen, daß das Handbuch Erzieherinnen in der Praxis, Fachberatern und Lehrkräften in der Aus- und Fortbildung sowie Schülern und Studierenden in sozialpädagogischen Ausbildungsstätten Hilfen und Anregungen bietet und der Qualität der Tagesbetreuung von Kindern unter drei Jahren zugute kommt.

Dr. H. Schmerkotte
Leiter des Sozialpädagogischen Instituts

Dr. H. Merker
Leiterin der Abteilung Didaktik

Einführung

Der hier vorliegende zweite Band des auf insgesamt vier Bände angelegten Handbuches ‚Kinder unter drei Jahren in Tageseinrichtungen' ist als Ergebnis aus einem Projekt des Sozialpädagogischen Institutes hervorgegangen, welches in enger Zusammenarbeit mit der Praxis durchgeführt wurde. Ziel der gemeinsamen Arbeiten war die Auseinandersetzung mit grundsätzlichen Fragen der Tagesbetreuung von Säuglingen und Kleinstkindern und die Entwicklung praktischer Anregungen und Hilfen für die pädagogische Arbeit mit Kindern unter drei Jahren in altersgemischten Gruppen.

An dem Projekt nahmen zunächst fünf, später acht Tageseinrichtungen mit altersgemischten Gruppen teil. Da die Arbeit in Kindertagesstätten durch unterschiedliche äußere Bedingungen und Problemlagen beeinflußt wird, waren die am Projekt beteiligten Einrichtungen so ausgewählt worden, daß durch sie unterschiedliche Aufgaben und Problemstellungen der Praxis repräsentiert wurden. Vertreten waren z. B. eine Einrichtung in einem sozialen Schwerpunkt, eine Tagesstätte für Studentenkinder, eine Einrichtung in einem Trabantenstadtteil mit hohem Ausländeranteil, eine Betriebseinrichtung. Bei allen Tageseinrichtungen handelte es sich um normale Kindertagesstätten, für die auch während des Projektes keine besonderen Modellbedingungen galten. Die Einrichtungen befinden sich in unterschiedlicher Trägerschaft.

Die erste Projektphase, die sich über dreieinhalb Jahre erstreckte, war durch eine intensive Zusammenarbeit mit der Praxis gekennzeichnet. Bei regelmäßigen Arbeitstreffen, an denen die Erziehungskräfte (Erzieher/-innen, Kinderkrankenschwestern, Kinderpflegerinnen, Jahrespraktikanten) der altersgemischten Gruppen, die Leiterinnen der Einrichtungen und die Fachberaterinnen teilnahmen, wurden die vielfältigen Fragen der pädagogischen Arbeit mit Kindern unter drei Jahren in altersgemischten Gruppen gemeinsam aufgearbeitet. Dafür war zuvor eine inhaltliche Rahmenkonzeption entwickelt worden. Arbeitsschwerpunkte im Projekt waren z. B.:

— Entwicklung des Säuglings und Kleinstkindes

— Planung der pädagogischen Arbeit in altersgemischten Gruppen

— Raumgestaltung

— Spiel und Spielmaterial in den ersten drei Lebensjahren

— Zusammenarbeit mit Eltern.

Jede der beteiligten Einrichtungen arbeitete zudem über längere Zeit hinweg theoretisch und praktisch an einem selbstgewählten Schwerpunktthema, z. B. Bewegungserziehung, Anregungen für Kinder unter drei Jahren im musikalisch-rhythmischen Bereich. Des weiteren wurde eine Arbeitsgruppe mit den Leiterinnen gebildet, die sich im Verlauf des Projektes insbesondere mit den Themen Aufnahme neuer Kinder, Zusammenarbeit mit Fachschulen und Öffentlichkeitsarbeit beschäftigte. Die bisher beschriebenen Formen der

Einführung

Zusammenarbeit wurden ergänzt durch Hospitationen der Mitarbeiter des SPI in den beteiligten Tageseinrichtungen.

In allen Einrichtungen wurde während des Projektes photographiert und gefilmt, und zwar sowohl zum Zweck der Illustration der schriftlichen Materialien als auch zur Erstellung audio-visueller Medien.

Projektintern wurden erste Arbeitsergebnisse in Form von Rundbriefen veröffentlicht.

In einer zweiten Arbeitsphase wurden auf der Grundlage der Ergebnisse des Projektes und der vorliegenden Fachliteratur die schriftlichen und die audio-visuellen Medien erarbeitet. Um einige Themen noch weiter zu vertiefen, Rohmanuskripte zu diskutieren etc., wurde die Zusammenarbeit mit der Praxis noch einige Zeit, allerdings in verringertem Umfang, fortgesetzt.

Während der ersten Projektphase war zudem die Notwendigkeit deutlich geworden, Überlegungen zur Gesundheitsvorsorge und Ernährung in die geplanten Arbeitsmaterialien aufzunehmen. Für die Bearbeitung dieser Themen, die Bestandteile des hier vorliegenden Bandes sind, konnten zwei Kinderärztinnen und eine Ernährungsberaterin gewonnen werden. Ihnen sei auch an dieser Stelle noch einmal herzlich für ihre Mitarbeit gedankt.

Die schriftlichen Materialien sind als insgesamt vierbändiges Handbuch konzipiert, wobei die übrigen Bände folgende Themenschwerpunkte haben:

Bd. 1: Grundfragen der pädagogischen Arbeit in altersgemischten Gruppen (erschienen 1989)
Bd. 3: Spiel – Musik – Gestalten – Bewegung
Bd. 4: Zusammenarbeit mit Eltern, Mitarbeitern und anderen Einrichtungen

Das Handbuch wird ergänzt durch die bereits im Vorwort genannten audio-visuellen Medien und die Broschüre.

Das Projekt und damit auch das vorliegende Buch wurden nur möglich durch die engagierte Mitarbeit der Erzieher und Fachberater der beteiligten Einrichtungen wie auch durch die Unterstützung seitens der Träger und der Spitzenverbände. Ihnen allen sei an dieser Stelle herzlich gedankt. Unser Dank gilt ebenso den Mitarbeitern des Landesjugendamtes Rheinland und des Jugendamtes der Stadt Köln, die uns bei vielen Fragen immer wieder beratend zur Seite gestanden haben.

Zum Inhalt und Aufbau des zweiten Bandes

Das erste Kapitel beschreibt die Entwicklung im Säuglings- und Kleinstkindalter in den verschiedenen Entwicklungsbereichen – motorisch, sprachlich, sozial-emotional ... – und gibt Hilfen zur Entwicklungsbeobachtung. Im folgenden Kapitel geht es um kinderärztliche Aspekte, die bei der Betreuung von Kindern unter drei Jahren in Tageseinrichtungen bedeutsam sind. Im einzelnen werden die Gesundheitsgefährdung durch Infektionskrankheiten, hygienische Gesichtspunkte bei der Einrichtung von Kindertagesstätten und der Umgang mit kranken Kindern behandelt. Daran schließt sich ein Kapitel zu den Voraus-

Einführung

setzungen und Wegen einer gesunden Ernährung im Säuglings- und Kleinkindalter an, u. a. geht es um die künstliche Ernährung des Säuglings, die Einführung und Zubereitung der Beikost, den Nährstoffbedarf im Kleinkindalter, die Zusammensetzung und Gestaltung der verschiedenen Mahlzeiten, das Verhalten bei Übergewicht im Kindesalter. Das vierte Kapitel schließlich behandelt Fragen der Gesundheitserziehung in der Kindertagesstätte: kindgemäße Formen der Vermittlung, Zusammenarbeit mit Eltern und Fachleuten aus gesundheitserzieherisch relevanten Bereichen, Stellenwert von Materialien... Im Anhang werden einige empfehlenswerte Medien zur Gesundheitserziehung – Fachbücher, Broschüren, Bilderbücher – vorgestellt.

Die einzelnen Kapitel dieses wie auch der übrigen Bände sind in sich geschlossen abgefaßt. Durch Querverweise zwischen den verschiedenen Kapiteln bzw. Bänden wird auf ergänzende und weiterführende Darstellungen hingewiesen. Dadurch soll zugleich die enge Verflochtenheit der unterschiedlichen Bereiche der pädagogischen Arbeit verdeutlicht werden. Als Lese- und Arbeitshilfe finden sich am Rande außer Querverweisen auch Leitbegriffe und Kerngedanken des nebenstehenden Textes.

Hinweise auf vertiefende Literatur befinden sich am Ende jedes Kapitels. Hier ist auch aufgeführt, welche Literatur aus dem Quellenverzeichnis des gesamten Buches zur Erarbeitung des jeweiligen Kapitels herangezogen wurde.

Der im Rahmen dieses Handbuches zumeist verwendete Begriff ‚Erzieher' bezeichnet, sofern er nicht spezifiziert wird, alle in Tageseinrichtungen für Kinder pädagogisch tätigen Mitarbeiter beiderlei Geschlechts.

1 Die Entwicklung des Kindes in den ersten drei Lebensjahren

1.1 Zur Einführung

In den ersten Lebensjahren entwickelt sich das Kind so schnell wie nie wieder im späteren Leben: es nimmt beispielsweise kräftig an Gewicht und Körperlänge zu, es erwirbt den aufrechten Gang und die menschliche Sprache, es baut erste soziale Beziehungen auf und bildet sich aus unendlich vielen Entdeckungen und Erfahrungen ein erstes ‚Bild der Welt'. Auch wenn es auf den ersten Blick so scheint, daß Kinder in diesem Alter die meisten Fähigkeiten mühelos und ‚wie von selbst' erlernen, hängt es doch von vielen Bedingungen ab, ob ein Kind sich altersgerecht und allseitig entwickeln kann. Eine Rolle spielen dabei vor allem gesunde Sinne und Organe und eine Umwelt, die dem Kind Geborgenheit gibt und seine Entwicklung behutsam unterstützt und fördert.

Beispiele für die rasche Entwicklung in den ersten Lebensjahren

Eine altersgerechte und ganzheitliche Entwicklung hängt von vielen Bedingungen ab

Da gerade in den ersten Lebensjahren **entscheidende Grundlagen in allen Entwicklungsbereichen** erworben werden, ist es wichtig, daß die Erzieher in Tageseinrichtungen die Entwicklungsprozesse in dieser Lebensphase kennen und die Entwicklung der einzelnen Kinder aufmerksam beobachten. Nur so können sie jedem Kind Erfahrungsmöglichkeiten und Materialien anbieten, die dessen individuellem Entwicklungsstand entsprechen und demzufolge die Eigenaktivität des Kindes in besonderer Weise herausfordern.

Die Bedeutung von entwicklungspsychologischen Kenntnissen und Beobachtungsgabe für die pädagogische Arbeit des Erziehers

Die kontinuierliche Beobachtung des Entwicklungsverlaufes der einzelnen Kinder ist aber auch deshalb wichtig, um etwaige Entwicklungsverzögerungen oder -störungen rechtzeitig zu erkennen. Zwar haben heute alle Kinder Anspruch auf insgesamt neun ärztliche **Vorsorgeuntersuchungen** während der ersten fünf Lebensjahre. Bei diesen Untersuchungen, die von den Eltern wahrzunehmen sind, wird nicht nur die körperliche Gesundheit, sondern die Gesamtentwicklung des Kindes überprüft. Die Vorsorgeuntersuchungen sind aber kein Ersatz für die Alltagsbeobachtungen von Eltern und Erziehern, da viele Kinder sich in der fremden Umgebung des ärztlichen Sprechzimmers nicht wie gewohnt verhalten. Die Beobachtungen der Bezugspersonen stellen deshalb für den Kinderarzt wichtige Informationen dar, um ein möglichst ausgewogenes Bild vom Entwicklungsstand des Kindes zu gewinnen. Zudem zeigt sich, daß auch heute noch viele Eltern diese Untersuchungen überhaupt nicht oder nur unregelmäßig in Anspruch nehmen. Hier ist es eine wichtige Aufgabe des Erziehers, die Eltern immer wieder auf die jeweils anstehenden Vorsorgeuntersuchungen hinzuwei-

Entwicklungsbeobachtungen tragen zum rechtzeitigen Erkennen von Auffälligkeiten im Entwicklungsverlauf bei

1. Abschnitt

sen und die Kinder auch selbst aufmerksam in ihrer Entwicklung zu beobachten, um zu verhindern, daß Entwicklungsstörungen zu spät erkannt werden. Denn die einzelnen Entwicklungsschritte bauen aufeinander auf. Treten zu einem Zeitpunkt in der Entwicklung Störungen auf und werden nicht erkannt und behandelt, ziehen diese weitere Schädigungen nach sich. Insbesondere bei Bewegungs-, Seh- und Hörstörungen müssen therapeutische Bemühungen **früh** einsetzen, um erfolgreich zu sein.

Einbezug der Eltern, vgl. auch Bd. IV, Kap. 1

Bei Kindern, die den ganzen Tag in einer Tageseinrichtung verbringen, werden sich viele neue Fähigkeiten erstmalig dort und nicht zu Hause bei den Eltern zeigen – vielleicht das erste gezielte Greifen oder der erste selbständige Schritt. Um die Eltern trotzdem kontinuierlich an der Entwicklung des Kindes teilhaben zu lassen, sollte der Erzieher ihnen bei den tagtäglichen Kontakten regelmäßig über die vielen kleinen und großen Entwicklungsschritte des Kindes berichten. So kann die Aufmerksamkeit der Eltern für die Entwicklung ihres Kindes und ihre Freude daran unterstützt werden. Zugleich wird eine gute Gesprächsbasis geschaffen, falls sich auch einmal Verzögerungen oder Störungen im Entwicklungsverlauf des Kindes zeigen sollten und darüber gesprochen werden muß.

Die Entwicklung in den verschiedenen Entwicklungsbereichen hängt eng zusammen

In den Ausführungen dieses Kapitels wird die normale Entwicklung des Kindes in den ersten drei Lebensjahren dargestellt, und zwar gegliedert nach den verschiedenen Entwicklungsbereichen. Ganz kurz wird dabei auch die vorgeburtliche Entwicklung angesprochen, sofern sich in dem entsprechenden Bereich überhaupt schon Entwicklungsprozesse vor der Geburt vollziehen bzw. Erkenntnisse dazu vorliegen. Die Trennung in die verschiedenen Entwicklungsbereiche dient primär der Übersichtlichkeit der Darstellung, denn in Wirklichkeit hängt die Entwicklung in den verschiedenen Bereichen eng zusammen, z. B. ist die geistige Entwicklung in den ersten Lebensjahren sehr mit der motorischen verbunden, die motorische Entwicklung wiederum, insbesondere die Handgeschicklichkeit, kann nicht losgelöst von der Wahrnehmungsentwicklung betrachtet werden. Von daher läßt es sich auch nicht vermeiden, daß auf einige Fähigkeiten mehrfach eingegangen wird, allerdings jeweils unter einem anderen Blickwinkel.

Altersangaben sind nur als grobe Orientierung zu verstehen

Die im Text angeführten Altersangaben sollen dem Erzieher lediglich eine grobe Orientierung geben, denn normale Entwicklungsverläufe können sehr unterschiedlich sein (vgl. S. 5), z. B. laufen manche Kinder schon mit 11 Monaten frei, andere erst mit 14 oder 15 Monaten, ohne daß dies allein schon Anlaß zu Sorge sein müßte. Etwas anderes ist es allerdings, wenn ein Kind in mehreren oder in allen Bereichen wesentlich von der Entwicklung seiner Altersgenossen abweicht.

Im Anschluß an die Darstellung der normalen Entwicklung werden jeweils einige wichtige Anzeichen von Entwicklungsverzögerungen oder -störungen angesprochen. Unter einer **Entwicklungsverzögerung** ist dabei ein deutliches Zurückbleiben des Kindes zu verstehen, z. B. wenn ein viermonatiges Kind in Bauchlage noch gar keine Kopfkontrolle hat. Hingegen sind mit einer **Entwicklungsstörung** qualitative Veränderungen gemeint, z. B. wenn ein Säugling eine vom üblichen Erscheinungsbild abweichende Haltung der Beine wie überstreckte und überkreuzte Beine in Rückenlage zeigt.

Im Hinblick auf Verzögerungen und Störungen im Entwicklungsverlauf ist die Aufgabe des Erziehers allerdings nur darin zu sehen, die Kinder in den verschiedenen Situationen des Gruppenalltags bezüglich ihrer Entwicklung zu beobachten, dabei auch auf mögliche Abweichungen zu achten und auf diese ggf. aufmerksam zu machen. Ob ein für den Erzieher auffälliges Verhalten eines Kindes lediglich eine Variante der Normalentwicklung ist oder ob eine echte Verzögerung oder Störung im Entwicklungsprozeß vorliegt und welcher Behandlung diese bedarf, kann qualifiziert nur ein Fachmann entscheiden. Diesen aufzusuchen liegt im Verantwortungsbereich der Eltern, allerdings sollte der Erzieher diesen behutsam seine Beobachtungen mitteilen.

Die Aufgabe des Erziehers im Hinblick auf Entwicklungsverzögerungen und -störungen

Am Ende des vorliegenden Kapitels wird noch auf verschiedene Wege der Entwicklungsbeobachtung und geeignete Hilfsmittel eingegangen. Der Anhang stellt dazu die Gesamtentwicklung in den ersten drei Lebensjahren noch einmal im Überblick dar.

1.2 Allgemeine Merkmale der menschlichen Entwicklung

Bevor näher auf die einzelnen Entwicklungsbereiche eingegangen wird, sollen kurz einige wichtige Merkmale, die die menschliche Entwicklung kennzeichnen, dargestellt werden.

Die Rolle von Anlage, Umwelt und Selbststeuerung im Entwicklungsprozeß

Über die Kräfte, die die Entwicklung des Menschen steuern, gibt es seit vielen Jahrhunderten unterschiedliche Auffassungen und kontroverse wissenschaftliche Diskussionen. Letztere entzündeten sich vor allem immer wieder an der Frage, ob die menschliche Entwicklung mehr als Ergebnis

1. Abschnitt

Das Zusammenwirken von Anlage und Umwelt, Reifung und Lernen

einer allmählichen Reifung und einer Entfaltung von Erbanlagen zu sehen ist oder ob sie eher als Konsequenz einer Beeinflussung und Formung durch die Umwelt verstanden werden muß. Während dabei lange Zeit vorrangig nach den Einflußanteilen von Anlage- und Umweltfaktoren gefragt wurde, geht man heute zunehmend davon aus, daß Anlage und Umwelt, Reifung und Lernen in der menschlichen Entwicklung auf komplexe Weise zusammenwirken. Die Wege dieses Zusammenwirkens zu erkunden, steht nunmehr im Vordergrund des wissenschaftlichen Interesses. Nach heutigen Vorstellungen werden also durch Anlagefaktoren und Reifungsprozesse Verhaltensmöglichkeiten bereitgestellt, die zu ihrer Verwirklichung auf Lernen und Erfahrung angewiesen sind. Allerdings setzen Anlagen und Reifungsprozesse einer Beeinflussung von außen, durch die Umwelt, aber auch Grenzen.

Entwicklung als Selbstformung

Zudem wird heute immer mehr die Auffassung vertreten, daß der Mensch im Entwicklungsprozeß selbst eine aktive Rolle spielt, daß er sich von **Beginn an mit eigener Aktivität seine Umwelt erschließt**. Selbstformung und schöpferische Eigenaktivität sind also in der menschlichen Entwicklung von großer Bedeutung. So kann z. B. schon das Neugierverhalten des kleinen Kindes, sein Bedürfnis zu entdecken, zu erforschen und zu verstehen, als Ausdruck des Strebens nach Selbstentwicklung und Selbstgestaltung gesehen werden. Aus dieser Sichtweise ergibt sich, daß die das Kind umgebende Umwelt keine ‚objektive‘, sondern eine vom Kind gedeutete, bearbeitete, veränderte Welt ist. Mit zunehmendem Alter strukturiert das Kind seine eigene Erfahrungswelt immer aktiver mit.

Zeiten erhöhter Lernbereitschaft

Die große Bedeutung der frühen Lernprozesse als Grundlage für die weitere Entwicklung wird heute allgemein gesehen. Umstritten ist jedoch, in welchem Ausmaß die frühkindlichen Erfahrungen das weitere Leben und die Erwachsenenpersönlichkeit bestimmen. Diese Frage wird in der Literatur in Verbindung damit diskutiert, ob es in der menschlichen Entwicklung ‚kritische Perioden‘ für bestimmte Lernprozesse gibt, d. h. daß diese später nur noch mit Mühe oder gar nicht mehr vollzogen werden können. Solche kritischen Perioden wurden für das Prägungslernen bei Tieren zahlreich nachgewiesen.

Beim Menschen lassen sich solche zeitlich klar begrenzten Phasen nicht so eindeutig feststellen. Allerdings gibt es vielfältige Hinweise dafür, daß auch der menschliche Organismus in bestimmten Lebenszeiten in besonderer Weise bereit ist für bestimmte Lernprozesse, z. B. für den Aufbau von Bindungen an andere Menschen in den ersten Lebensjahren. Da man aber relativ wenig darüber weiß, wie vollständig und bis zu welchem Alter ein nachholendes Lernen möglich ist, spricht man heute beim Menschen eher von ‚**sensiblen' anstatt von kritischen Phasen.** Die Lern-Offenheit des Menschen, der im Vergleich zum Tier nicht durch Instinkte und Prägungen in seinem Verhalten festgelegt ist, scheint es zu ermöglichen, daß manche Versäumnisse im weiteren Entwicklungsverlauf noch ausgeglichen werden können. Dazu bedarf es dann aber auf jeden Fall besonderer Anstrengungen, oft auch therapeutischer Hilfe. Aus diesen Gründen ist es wichtig, die Zeiten optimaler Lernbereitschaft durch entsprechende Erfahrungs- und Lernmöglichkeiten zu nutzen. Andererseits sollte aber auch solchen Kindern, die in ihrer Entwicklung, z. B. aufgrund widriger Lebensumstände, etliche Defizite aufweisen, nicht von vornherein mit Pessimismus, sondern gerade mit besonderer pädagogischer Aufmerksamkeit und geeigneten Hilfen begegnet werden.

Auch beim Menschen gibt es Zeiten erhöhter Bereitschaft für bestimmte Lernprozesse

Individuelle Unterschiede im Entwicklungsverlauf

Die menschliche Entwicklung wird heute als **ein lebenslanger Prozeß** verstanden, der zeitweise kontinuierlich, zeitweise aber auch sprunghaft verläuft. In der Kindheit treten **starke individuelle Schwankungen im Entwicklungstempo** auf, die nicht nur die Entwicklung im allgemeinen, sondern auch die verschiedenen Entwicklungsbereiche unterschiedlich betreffen.

Anstelle enger Altersnormen, die früher im Vordergrund des entwicklungspsychologischen Interesses standen, versucht man heute stärker die **Abfolge der Veränderungen** im Entwicklungsprozeß zu beschreiben. Die in den verschiedenen Entwicklungsbereichen aufeinanderfolgenden Entwicklungsschritte sind bei jedem Kind zu beobachten, sie vollziehen sich aber nicht im gleichen Tempo. So erreichen völlig gesunde Kinder Fähigkeiten um Wochen oder gar Monate früher oder später als der Durchschnitt, wobei genetische und kulturelle Faktoren eine Rolle spielen.

1. Abschnitt

1.3 Die körperliche Entwicklung

Wichtige Bereiche der körperlichen Entwicklung

Die gesamte vorgeburtliche Entwicklungsphase und die ersten Lebensjahre – vor allem das Säuglingsalter – sind **eine Zeit besonders intensiver körperlicher Wachstums- und Veränderungsprozesse.** Dazu gehören die Zunahme des Körpergewichtes, der Körperlänge und des Kopfumfanges, die Zahnung, die Skelettentwicklung sowie das Wachstum der inneren Organe und des zentralen Nervensystems. Obwohl die körperliche Entwicklung stärker als andere Bereiche durch innere Faktoren und Prozesse gesteuert wird, treten aber auch hier **beträchtliche individuelle Unterschiede im Entwicklungsverlauf** auf, die beispielsweise mit der Ernährung und den Wohn- und Lebensverhältnissen zusammenhängen.

Nach einigen kurzen Ausführungen zur vorgeburtlichen Entwicklung soll auf die Bereiche der körperlichen Entwicklung eingegangen werden, deren Beobachtung auch dem medizinischen Laien möglich ist.

1.3.1 Die körperliche Entwicklung im Mutterleib

Das Wissen über die vorgeburtliche Entwicklung ist in den letzten Jahrzehnten wesentlich vertieft und erweitert worden. Spezifische Beobachtungsinstrumente wie Ultra-Schall ermöglichen es heute, das kindliche Wachstum im Mutterleib zu verfolgen[1] und durch neue Behandlungsmethoden können einige Krankheiten, z. B. Bluterkrankungen, bereits vor der Geburt behandelt werden.

Phasen und Mechanismen der vorgeburtlichen Entwicklung

Die vorgeburtliche (pränatale) Entwicklung wird allgemein in eine **Embryonalzeit** (die ersten acht Wochen nach der Empfängnis) und eine **Fetalzeit** (neunte Woche bis zur Geburt) unterteilt. Die während dieser Zeit stattfindenden Entwicklungsprozesse sind durch zwei gleichzeitig ablaufende, eng zusammenhängende Mechanismen gekennzeichnet:

1. **Wachstum,** d. h. durch fortwährende Zellteilung entstehen Millionen von Zellen, die wachsen und zu Gewebe werden. Auf diese Weise wird Körpersubstanz aufgebaut.
2. **Differenzierung,** d. h. Zellgruppen beginnen sich zu spezialisieren und bilden den Grundstock zu den verschiedenen Körperorganen und Organsystemen.

Die besondere Bedeutung der Embryonalzeit

Die Embryonalzeit spielt in der vorgeburtlichen Entwicklung eine besonders bedeutsame Rolle: bereits um den 27. Tag nach der Befruchtung nimmt das Herz seine Funktion auf,

---
1) Vgl. dazu: Nilsson, L., 1984.

Gliedmaßen und innere Organe werden um den 23.−28. Tag erkennbar und nach nur 56 Tagen sind alle Organe des ausgewachsenen Organismus zumindest in der Anlage vorhanden.

Obwohl die pränatale Entwicklung weitgehend nach einem inneren Plan abläuft, ist sie dennoch höchst anfällig für schädigende Einflüsse, z. B. durch Infektionskrankheiten wie Röteln, Fehlernährung, Röntgen- und radioaktive Strahlung, Nikotin, Alkohol und Medikamente. Ebenso können psychische Faktoren wie Streß oder eine ablehnende Haltung der Mutter gegenüber dem Kind dessen Entwicklung im Mutterleib negativ beeinflussen. Dabei ist die Schädigungsgefahr am größten während der **Hauptentwicklungszeiten** der verschiedenen Organe, z. B. für das Herz bis zur 10. Woche, für die Ohren von der 4. bis zur 12. Woche. Ob die Entwicklung eines Kindes im Mutterleib durch äußere Einflüsse negativ beeinflußt wird, hängt also wesentlich von dem Zeitpunkt ab, an dem die Schädigung erfolgte. So hatte beispielsweise die Einnahme von Contergan in den letzten Schwangerschaftsmonaten keine schädigenden Wirkungen auf die Entwicklung des Feten. Allgemein kann man sagen, daß eine besonders große Entwicklungsgefährdung in der ersten Phase der vorgeburtlichen Entwicklung, der Embryonalphase, besteht, da alle Organe, zumindest in der Anlage, hier schon herausgebildet werden.

Schädigende Einflüsse auf die Entwicklung im Mutterleib

Entwicklungsstörungen und Behinderungen sind aber nicht nur auf schädigende Einflüsse während der Schwangerschaft zurückzuführen, sondern können auch auf **Gen- oder Chromosomenanomalien** beruhen (z. B. Down-Syndrom) oder durch **Komplikationen bei der Geburt** (z. B. Sauerstoffmangel) bedingt sein.

1.3.2 Die körperliche Entwicklung nach der Geburt

Das Längenwachstum

Die Zunahme der Körpergröße geht in Schüben vor sich, wobei die ersten zwei Lebensjahre − insbesondere das Säuglingsalter − und dann später die Pubertät Phasen sehr raschen Wachstums sind. Bei der Geburt bemißt sich die durchschnittliche Körperlänge auf etwa 50−51 cm, die Zunahme im ersten Lebensjahr beträgt ca. 25 cm, im zweiten ca. 12,5 cm. Ab dem dritten Lebensjahr findet dann ein deutlicher Rückgang auf im Schnitt 5−8 cm jährlich statt.

In den ersten Lebensjahren wächst das Kind sehr rasch

Das Körperwachstum nach der Geburt wird vor allem durch

1. Abschnitt

Einflußfaktoren auf das Längenwachstum

Wachstumshormone gesteuert, des weiteren spielen Erbanlagen und äußere Einflüsse wie die Ernährung, die Jahreszeit – April bis Juni ist die Wachstumsgeschwindigkeit am größten – und der allgemeine Lebensstandard eine Rolle. In den letzten 100 Jahren ist eine Zunahme der durchschnittlichen Körperlänge beim Erwachsenen um 7–10 cm festzustellen sowie eine deutliche Wachstumsbeschleunigung, die sich besonders deutlich im Säuglingsalter zeigt. Einjährige sind heute im Schnitt ca. 5 cm größer als Kinder vor 100 Jahren. Ebenso ist der Zeitpunkt der Geschlechtsreifung heute deutlich vorverlegt. Dieses als ‚säkulare Akzeleration' bezeichnete Phänomen ist überall da anzutreffen, wo sich die Lebensbedingungen verbessert haben. Die Zunahme des Eiweißkonsums scheint hierbei eine besondere Rolle zu spielen.

Zunahme des Körpergewichtes

Im Säuglingsalter ist die relative Gewichtszunahme am größten

Die Entwicklung des Körpergewichtes ähnelt dem Längenwachstum, d. h. die Gewichtszunahme ist ebenfalls im ersten Lebensjahr am größten, ein neuer Schub findet in der Pubertät statt. Das durchschnittliche Geburtsgewicht beträgt ca. 3,3–3,5 kg, es hat sich bei einer normalen Entwicklung mit 4–5 Monaten verdoppelt und mit einem Jahr verdreifacht. Danach beträgt die Gewichtszunahme im Schnitt 2–3 kg pro Jahr.

Zunahme des Übergewichtes schon in früher Kindheit

Der normal entwickelte Säugling weist bei der Geburt ein gut ausgebildetes Fettgewebe auf, welches die Anpassung an die erschwerte Wärmeregulation außerhalb des Mutterleibes erleichtert und bereits in der zweiten Hälfte des ersten Lebensjahres deutlich abnimmt. Ein Problem in den westlichen Industrienationen ist heute allerdings die Zunahme des Übergewichtes in früher Kindheit. Dieses führt nicht erst im Erwachsenenalter zu Problemen in Form von Herz-Kreislauferkrankungen, sondern bedingt auch schon für das Kind wesentliche Beeinträchtigungen, z. B. eine geringe körperliche Leistungsfähigkeit und Geschicklichkeit sowie mangelnde physische Attraktivität, was die sozialen Beziehungen belasten und zu psychischen Problemen führen kann.

Formwandel des Organismus

Die menschliche Entwicklung ist durch eine starke Veränderung der Körperproportionen gekennzeichnet: der Kopf macht beim Neugeborenen rund ¼, beim Erwachsenen nur noch ⅛ der Gesamtgröße aus. Hingegen entfällt auf die Beine beim Neugeborenen nur rund ⅓ der Körperlänge, beim Erwachsenen die Hälfte.

Die Entwicklung des Kindes in den ersten drei Lebensjahren

Entwicklung der Zähne

Die Verkalkung der Milchzähne beginnt bereits in der 12. Schwangerschaftswoche, die der bleibenden Zähne zur Zeit der Geburt. Etwa im 5.–8. Lebensmonat brechen als erste Milchzähne meist die unteren mittleren Schneidezähne durch, es folgen die oberen Schneidezähne, als letztes erscheinen in der Regel die Backenzähne. Das Milchgebiß umfaßt insgesamt 20 Zähne und die Zahnung ist zumeist mit etwa 2½ Jahren abgeschlossen. Der Zeitpunkt des Erscheinens der einzelnen Zähne wie auch die Abfolge bei der Zahnung unterliegen allerdings beträchtlichen individuellen Schwankungen.

Das Milchgebiß

Das Zahnen ist bei manchen Kindern von leichtem Fieber, Unwohlsein, schlechtem Appetit etc. begleitet. Bei anderen merkt man den Durchbruch eines neuen Zahnes oft erst dann, wenn beim Füttern der Löffel an einer anderen Stelle klappert.

Mögliche Begleiterscheinungen des Zahnens

Entwicklung des Zentralnervensystems

Das Gehirn ist bei der Geburt schon relativ weit entwickelt: es nimmt bis zum Erwachsenenalter nur noch das 5fache des Geburtsgewichtes zu, der menschliche Körper hingegen das 20–25fache. Bereits beim sechs Monate alten Säugling hat das Gehirn die Hälfte seines Endgewichtes erreicht und im fünften Lebensjahr sind 80% der endgültigen Gehirnmasse vorhanden.

Frühe Entwicklung des Gehirns

Dem raschen Gehirnwachstum im ersten Lebensjahr entspricht die starke Größenzunahme des Kopfes in dieser Zeit: der Kopfumfang, der bei der Geburt im Schnitt ca. 35 cm beträgt, entwickelt sich auf ca. 46–47 cm mit einem Jahr und 49–50 cm mit drei Jahren, wobei Schwankungen von ± 2 cm normal sind. Die große Fontanelle ist zumeist mit 18 Monaten geschlossen, oft früher.

Zunahme des Kopfumfanges

Die Massenentwicklung des Gehirns erfolgt also wesentlich rascher als die des Gesamtorganismus. Auch wichtige Schaltungen zwischen den Gehirnzellen vollziehen sich bereits endgültig in früher Kindheit. Daraus resultiert die besondere Bedeutung der ersten, insbesondere des ersten Lebensjahres für den Ausgleich von Schäden, z. B. cerebralen Bewegungsstörungen.

Die Erfassung und Beurteilung der meisten körperlichen Auffälligkeiten und Erkrankungen setzt entsprechende medizinische Fachkenntnisse voraus. Auf einige Anzeichen können aber auch die Mitarbeiter in altersgemischten Gruppen achten, wobei hier insbesondere die Kinderkrankenschwe-

1. Abschnitt

ster ihre Kenntnisse und Berufserfahrungen einbringen kann.

Ein Kind sollte dem Kinderarzt vorgestellt werden, wenn es eines oder mehrere der folgenden Symptome zeigt:[2]

Anzeichen für körperliche Auffälligkeiten und Erkrankungen

— wenn die Zunahme an Körpergewicht und Körperlänge, insbesondere im Säuglingsalter, stark unter bzw. über dem Durchschnitt liegt;

— wenn die Haut des Babys übermäßig blaß oder bläulich aussieht;

— wenn sein Kopf auffallend geformt, besonders groß oder klein ist;

— wenn das Baby trinkschwach ist und schlecht schlucken kann;

vgl. dazu auch S. 112

— wenn es häufig erbricht;

— wenn es oft wimmert oder lange andauernd schreit;

— wenn es unter Atemnot leidet.

1.4 Die Entwicklung der Motorik

1.4.1 Bedeutung und allgemeine Grundlagen der motorischen Entwicklung

Die Entwicklung der Motorik, d. h. die Ausbildung von Bewegungsmustern sowie der Erwerb der Fähigkeit, die zahlreichen Einzelbewegungen zu koordinieren, hat in frühester Kindheit eine Schlüsselrolle im Entwicklungsprozeß. Den Kopf heben, greifen, sich fortbewegen können ... geben dem kleinen Kind die Möglichkeit, sich immer aktiver mit der Umwelt auseinanderzusetzen und sich diese auch geistig zu erschließen. Motorische und geistige Entwicklung sind somit in den ersten zwei Lebensjahren sehr eng miteinander verbunden. Am deutlichsten zeigt sich dies vielleicht beim Greifen: das Kind begreift, indem es Dinge ergreift, betastet, damit hantiert, d. h. es erfährt Eigenschaften und Zusammenhänge. Das Greifen ist beim Menschen also nicht nur eine motorische Fähigkeit, sondern auch eine Erkenntnishandlung.

Die Bedeutung der motorischen Entwicklung für die Auseinandersetzung mit der Umwelt

Der Stellenwert der motorischen Entwicklung für die psychische Gesundheit

Die motorische Entwicklung ist zugleich aber auch von großer Bedeutung für die psychische Gesundheit, und zwar in mehrfacher Hinsicht:

— Die wachsende Körperbeherrschung läßt das kleine Kind

---
2) Vgl. Kiphard, 1975/76, S. 113f.

Die Entwicklung des Kindes in den ersten drei Lebensjahren

immer unabhängiger werden, und der Erwerb jeder neuen Bewegungsfunktion steigert sein Selbstvertrauen. Von Anfang an ist die motorische Entwicklung somit sehr wichtig für den **Aufbau eines positiven Selbstbildes:** zunächst vor allem durch die Freude über jede weitere Bewegungs- und Aktivitätsmöglichkeit und die Bestätigung, die das Kind durch die Umwelt dabei erfährt, später dann durch den Stellenwert, den körperliche Beweglichkeit und Geschicklichkeit für die soziale Anerkennung in der Kindergemeinschaft haben. Denn gerade in der Kindheit nehmen Bewegungsspiele einen breiten Raum bei den gemeinsamen Aktivitäten von Kindern ein.

– Die körperliche Beweglichkeit ist auch von großer Bedeutung für die **gefühlsmäßigen Ausdrucksmöglichkeiten** des Kindes, denn das kleine Kind drückt seine Gefühle ‚ganzkörperlich' aus. Es springt z. B. vor Freude in die Luft und hüpft umher.

– Körperbeherrschung und Beweglichkeit ermöglichen es dem Kind, seinen Bewegungsdrang durch körperliche Aktivitäten verschiedenster Art auszuleben und sich so zugleich auch **emotional zu entspannen.**

Schließlich hängt auch die Gesundheit des Kindes zu einem wesentlichen Teil von der Möglichkeit ab, seinen Körper auf vielfältige Weise zu bewegen. Körperliche Aktivitäten, besonders auch an frischer Luft, regen z. B. Atmung und Blutkreislauf an, so daß die Zellen besser ernährt und ihre Abfallprodukte wirksamer entfernt werden.

Der Zusammenhang zwischen motorischer Entwicklung und körperlicher Gesundheit

Die Entwicklung der Motorik ist in den ersten Lebensjahren stark reifungsabhängig, d. h. das Erlernen neuer Fähigkeiten ist erst ohne Probleme möglich, wenn Reifungsprozesse des zentralen Nervensystems und der Muskulatur die Voraussetzungen dafür geschaffen haben. Verfrühtes Üben – das Kind hinsetzen, bevor es dieses selbst kann, der Einsatz von Lauflerngeräten ... – hat beim Erwerb der grundlegenden Bewegungsformen eher schädliche Wirkungen, indem dem Kind durch zwangsläufig enttäuschende Erfahrungen Lernfreude und Selbstvertrauen verloren gehen und evtl. auch falsche Bewegungsmuster angebahnt werden.

Reifungsbedingte Voraussetzungen der motorischen Entwicklung

vgl. Bd. III, Kap. 4

Das kleine Kind durchläuft die Bewegungsentwicklung selbsttätig, wenn man ihm die Zeit dazu gewährt und für eine Umgebung sorgt, die ihm genügend Bewegungsraum, anregende Materialien und ausreichend menschliche Zuwendung und Bestätigung gibt. Unter diesen Voraussetzungen ist ein gesundes Kind fast unablässig von sich aus aktiv und übt sich dabei. Ein zunächst eher zufällig gelungener Ver-

Das Kind soll die Bewegungsentwicklung selbsttätig durchlaufen

such, z. B. etwas zu ergreifen, wird aus Freude daran viele Male und in unendlichen Variationen wiederholt und auf diese Weise vervollkommnet. Neue Bewegungsformen ersetzen nach dem ersten Erscheinen erst allmählich die vorhergehenden, z. B. krabbeln Kinder im Spiel zunächst noch sehr viel, auch wenn sie bereits laufen können, weil sie diese Fähigkeit sicherer beherrschen. Kleine Kinder sollten also eine Bewegungsform solange bevorzugen dürfen, bis sie sich von selbst etwas Neues zutrauen. Nur so ist auch sichergestellt, daß die Übergangsstufen, z. B. zwischen dem Stehen und dem Laufen, ausreichend durchlebt werden. Ist dies nicht der Fall, kann Bewegungsunsicherheit entstehen, die evtl. zu muskulären Verspannungen, Haltungsschäden, Fußdeformationen etc. führt. Erst in späterem Alter, wenn es um den Erwerb spezifischer grob- oder feinmotorischer Fertigkeiten wie Fahrradfahren, mit einer Schere schneiden, Hände waschen, Klavierspielen etc. geht, ist Anleitung durch den Erwachsenen und gezieltes Üben sinnvoll.

Gegebenheiten, die die motorische Entwicklung beeinträchtigen können

Aber auch noch andere Gegebenheiten können sich negativ auf die motorische Entwicklung auswirken wie ein schlechter allgemeiner Gesundheitszustand aufgrund häufiger und/oder schwerer Erkrankungen, Übergewicht und dadurch bedingte Unbeweglichkeit und Ungeschicklichkeit sowie Verwöhnung und Überbehütung, z. B. wenn dem Kind jede Anstrengung erspart bleibt und es ständig daran gehindert wird, eigene Erfahrungen zu machen.

Allgemeine Merkmale der motorischen Entwicklung

Die motorische Entwicklung ist in den ersten Lebensjahren durch einen bestimmten, **vorhersehbaren Verlauf** gekennzeichnet, d. h. die Abfolge der Entwicklungsschritte ist für alle Kinder gleich. **Große individuelle Unterschiede bestehen allerdings im Zeitpunkt des Auftretens bestimmter Fähigkeiten,** unterschiedlich ist auch die Dauer, die Kinder auf einer Entwicklungsstufe, z. B. dem Krabbeln, verharren. Geschlechtsunterschiede treten in frühester Kindheit in der Bewegungsentwicklung nicht auf, später dann, wohl auch durch Erziehungseinflüsse bedingt, sind Mädchen eher in Fähigkeiten überlegen, die Genauigkeit erfordern, und Jungen in solchen, wo es auf Geschwindigkeit und Stärke ankommt.

Die motorische Entwicklung umfaßt grob- und feinmotorische Bewegungsformen

Im folgenden wird auf den Ablauf der Entwicklung von Grob- und Feinmotorik in den ersten drei Lebensjahren eingegangen. Der Grobmotorik sind dabei die gröberen Bewegungsformen wie Sich-Drehen, Krabbeln, Laufen, später dann Springen, Klettern etc. zuzuordnen. Die Feinmotorik hingegen bezieht sich auf die Handgeschicklichkeit, zunächst die verschiedenen Formen des Greifens, später dann Malen,

Handhabung von Werkzeugen, Spielen eines Instrumentes... Diesen Darstellungen vorangestellt werden einige kurze Anmerkungen zur vorgeburtlichen Entwicklung im Bereich der Motorik sowie Ausführungen zu den Reflexen, einem wichtigen Bereich von Bewegungsreaktionen insbesondere im Säuglingsalter.

1.4.2 Das motorische Verhalten in der vorgeburtlichen Entwicklungsphase

Die Entwicklung der Motorik beginnt lange vor der Geburt. Schon ab dem dritten Schwangerschaftsmonat sind die Muskeln des Feten so gut ausgebildet, daß vielfältige Bewegungen auftreten: er strampelt mit den Beinen und bewegt die Arme (auch wenn die Mutter dies noch nicht spüren kann), er kann die Lippen öffnen und schließen, die Stirn runzeln, den Kopf drehen, die Zehen bewegen und spreizen und eine Faust machen. Auch Räkeln, Sich-Strecken und Gähnen sind bereits in der 12.–16. Schwangerschaftswoche zu beobachten. Kurze Zeit später wird der Daumen zum Mund geführt und die Nabelschnur umfaßt. Saugbewegungen treten am Ende des sechsten vorgeburtlichen Monats auf. Die Aktivität des Feten nimmt bis ca. vier Wochen vor der Geburt stetig zu, ab etwa der 14. Schwangerschaftswoche stellt sich auch ein gewisser Rhythmus von Bewegungsphasen und Ruhepausen ein.

Bewegungsformen des Feten im Mutterleib

Bereits im Mutterleib bestehen beträchtliche individuelle Unterschiede im Hinblick auf Art und Ausprägung der kindlichen Aktivitäten. Plötzliche Angst oder Wutgefühle der Mutter führen unmittelbar zu einer deutlichen Zunahme der Zahl und Heftigkeit der Kindsbewegungen. Eine dauerhaft übermäßig starke Aktivität des Feten kann bewirken, daß dieser bei der Geburt für seine Körperlänge zu wenig wiegt, da die Nährstoffe nicht für die Speicherung von Fett verwandt, sondern sofort aufgebraucht werden.

Einflußfaktoren auf die pränatale Bewegungsaktivität

1.4.3 Die Reflexe

Das Neugeborene verfügt über eine Reihe spezifischer Bewegungsreaktionen, die sog. primitiven Reflexe. Reflexe sind festgelegte Verhaltensmuster, die in der Regel als unmittelbare Reaktionen auf einen spezifischen Reiz hin auftreten, und zwar ohne jede willentliche Kontrolle, z. B. schließt der Säugling in den ersten Monaten reflexartig die Hand, wenn seine Handinnenfläche berührt wird. Die meisten dieser Reflexe verlieren sich bei einer normalen Entwicklung im Verlauf des ersten Lebensjahres und geben so

Der Säugling verfügt über eine Vielzahl von Reflexen

1. Abschnitt

den Weg frei für den Erwerb gelernter, willkürlich gesteuerter Bewegungsformen. Einige Reflexe treten auch erst im Verlauf der weiteren Entwicklung auf, z. B. der Landaureflex (vgl. S. 16). Auch der Erwachsene verfügt über verschiedene Reflexe, z. B. den Kniesehnen- oder den Lidschlußreflex. Etliche der Reflexe des Säuglingsalters haben eine wichtige Funktion für das Überleben des Kindes, beispielsweise der Schluck- und der Saugreflex, bei anderen ist die Bedeutung nicht so eindeutig erkennbar.

Die diagnostische Bedeutung der Reflexe

Die Reflexe geben dem Kinderarzt wichtige Hinweise auf den neurologischen Reifestand und die neurologische Unversehrtheit des Kindes, sie sind somit, insbesondere im ersten Lebensjahr, von großer diagnostischer Bedeutung. **Treten einzelne Reflexe bei einem Kind nicht auf oder dauern über die dafür vorgesehenen Altersspannen hinaus an, kann dies ein Hinweis auf Verletzungen des motorischen oder anderer Gehirnzentren sein.**

vgl. S. 1

Die systematische Überprüfung der Reflexe ist Aufgabe des Kinderarztes und wird bei den Vorsorgeuntersuchungen (U 1 bis U 9) vorgenommen. Aber auch die Erzieher in altersgemischten Gruppen sollten wichtige, auch in Alltagssituationen leicht erkennbare Reflexe von ihrem Erscheinungsbild und der Dauer ihres Auftretens her kennen. Die folgende tabellarische Übersicht zeigt das normale Auftreten und Verschwinden einiger Reflexe des Säuglingsalters. Diese werden im Anschluß kurz beschrieben.

Dauer des Auftretens der verschiedenen Reflexe

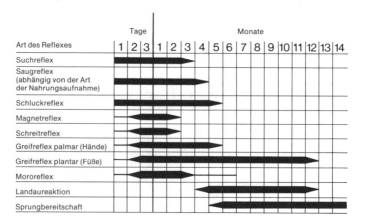

Die Entwicklung des Kindes in den ersten drei Lebensjahren

Suchreflex

Auf Bestreichen der Wange hin wird der Mund verzogen und der Kopf zum Reiz gewendet.

Saugreflex

Bei Berühren der Lippen beginnt das Kind zu saugen.

Schluckreflex

Dieser Reflex wird ausgelöst, wenn sich Nahrung im Mund des Kindes befindet.

Der Saug- und der Schluckreflex müssen mit dem 4./5. Monat verschwinden, damit das Kind zum willentlichen Saugen kommt und seinen Mund gebrauchen kann, um Gegenstände zu erforschen.

Magnetreflex

Wenn der Erwachsene dem Kind, das mit gebeugten Hüften und Knien in Rückenlage liegt, den Daumen auf die Fußsohle drückt und diesen dann langsam zurückzieht, bleibt der Fuß am Finger ‚kleben', das Bein des Kindes streckt sich.

Schreitreflex

Wird das Kind mit beiden Händen unter den Achseln gehalten und auf eine feste Unterlage gestellt, macht es automatische Schreitbewegungen. Das Abklingen dieses Reflexes ist Voraussetzung dafür, daß die Beine das Körpergewicht übernehmen und das Kind stehen und laufen lernen kann.

Greifreflex palmar

Bei Berühren der Handinnenfläche des Säuglings werden die Finger gebeugt und kräftig zur Faust geschlossen. Besteht dieser Reflex über den 5. Monat hinaus, kann das Kind sich nicht auf die offene Hand abstützen und nicht gezielt greifen und loslassen lernen.

Greifreflex plantar

Wird der Fußballen des Säuglings berührt, krallen sich die Zehen zusammen, wird er losgelassen, spreizen sie sich. Dauert dieser Reflex über den 12. Monat hinaus an, kann das Kind nicht mit flachem Fuß stehen und beim Gehen nicht abrollen.

Beschreibung der Reflexe

1. Abschnitt

Mororeflex

Dieser Reflex tritt auf bei plötzlichem Senken des in Rückenlage gehaltenen Kindes (scheinbares Fallenlassen), bei stärkeren Erschütterungen der Unterlage, z. T. auch bei lauten Geräuschen (Erschrecken). Die Arme des Kindes fahren nach beiden Seiten auseinander und die Finger spreizen sich. Anschließend werden die Arme etwas langsamer über der Brust wieder zusammengeführt.

Landaureaktion

Hält man den Säugling schwebend in Bauchlage (der Erwachsene umgreift den Rumpf des Kindes), dann wird automatisch der Kopf gehoben und die Beine folgen der Streckung. Wird der Kopf plötzlich gebeugt, entsteht eine totale Beugung des gesamten Körpers. Dieser Reflex muß für ein paar Monate im ersten Lebensjahr aufgetreten sein, da das Kind hierdurch seine Stellung im Raum erfährt.

Sprungbereitschaft

Wenn man den Säugling mit beiden Händen von hinten in der Taille hält und ihn, den Kopf voran, relativ schnell nach unten auf eine Unterlage/den Boden hin bewegt, werden die Arme wie zum Abstützen ausgestreckt. Später erfolgt auch die Gewichtsübernahme durch die Arme.

1.4.4 Der Ablauf der Entwicklung von Grob- und Feinmotorik

Das motorische Verhalten des Neugeborenen

Typisch für das Neugeborene ist eine **allgemeine Beugehaltung.** Von den Fingern bis zu den Zehen sind alle Gliedmaßen gebeugt, die Knie sind angezogen. In Bauchlage kann das Kind seinen Kopf aber schon leicht anheben und allein zur Seite drehen. Liegt es auf dem Rücken, bleibt der Kopf nicht in der Mitte, sondern kippt zur Seite. Die Hände sind überwiegend geschlossen, das Kind greift reflexhaft (vgl. S. 15).

Das wache und gesunde Neugeborene liegt aber nicht regungslos. In Bauchlage streckt es z. B. abwechselnd die Beine und bringt die Arme in die Nähe des Gesichtes. Allerdings sind die meisten Bewegungen wegen des geringen Entwicklungsstandes des Nervensystems unkoordiniert und noch nicht gesteuert, und ein großer Teil des Körpers ist zumeist beteiligt. Diese Gesamtaktivität entwickelt sich jedoch schon im Verlauf der ersten Monate zu koordinierten, willkürlichen Bewegungen.

Die Entwicklung des Kindes in den ersten drei Lebensjahren

Im ersten Lebensvierteljahr steht die Entwicklung der **Kopfkontrolle** im Vordergrund. In Bauchlage gelingt es dem Kind, den Kopf zunehmend länger und höher anzuheben, zuerst noch schwankend, am Ende des dritten Monats wird der Kopf aber schon für etwa eine Minute sicher gehalten. Aufgrund der zunehmenden Streckung von Nacken-, Schulter- und oberer Rückenmuskulatur kann sich das Kind zu diesem Zeitpunkt bereits auf die Unterarme aufstützen. In Rückenlage wird der Kopf schon nach wenigen Wochen immer häufiger in der Mitte gehalten und so das Gesicht nach vorne gerichtet. Dadurch ist das Kind in der Lage, einen Menschen, der sich über es beugt, anzusehen. Auch in aufrechter Haltung, z. B. auf dem Arm des Erwachsenen, wird der Kopf am Ende des dritten Lebensmonates eine kurze Zeit stark balancierend aufrecht getragen, was für das Kind allerdings noch eine ziemliche Anstrengung bedeutet.

Das erste Vierteljahr

Im Liegen **streckt sich der Körper des Kindes** im Verlauf des ersten Vierteljahres immer mehr. Die Beine sind am Ende des dritten Lebensmonates nicht mehr unter den Bauch gezogen, in Bauchlage ruht das Becken fast flach auf der Unterlage. Auf dem Rücken liegend strampelt das Kind kräftig mit den Beinen. Wird es in aufrechter Haltung z. B. auf den Schoß des Erwachsenen gestellt, sind die Beine gebeugt, der Schreitreflex (vgl. S. 15) ist nun erloschen.

Die anfänglich überwiegend zur Faust geschlossenen **Hände werden im Verlauf der ersten Monate immer häufiger und für immer längere Zeiträume leicht geöffnet.** Im dritten Monat bewegt der Säugling schon ein Spielzeug, das man ihm in die Hand legt, er versucht, dieses zum Mund zu führen oder es mit der anderen Hand zu ergreifen. Diese zumeist noch erfolglosen Bemühungen enden häufig in einem aufgeregten Zappeln. Das Spielzeug fällt dem Kind auch noch unbeabsichtigt aus der Hand, bewußt loslassen kann es noch nicht. Allerdings ist der Säugling am Ende des ersten Vierteljahres schon in der Lage, den Daumen oder einzelne Finger in den Mund zu stecken, nicht mehr nur die ganze Hand.

Sicherer Unterarmstütz

1. Abschnitt

Das zweite Vierteljahr

Zu Beginn des zweiten Vierteljahres beherrscht der Säugling den **Unterarmstütz** sicher. Viele Kinder geben diesen auch schon häufig auf, indem sie Kopf, Brustkorb und Arme hochheben und die Beine ruckartig strecken. Der Säugling **schaukelt dann auf dem Bauch,** was so aussieht, als wenn er schwimmen würde. Wird das Kind in Schwebelage gehalten, hebt es den Kopf kräftig an und streckt die Beine.

Die Hände sind im vierten Monat **fast immer geöffnet,** und der Säugling beginnt, sie **zu betrachten** und sie, zunächst noch zufällig, **zusammenzuführen.** Das Kind ist jetzt in der Lage, mit den Händen die Körpermittellinie zu erreichen. Das Spielen mit den Händen – später auch mit den Füßen – ist wichtig für die Entwicklung des Körperbewußtseins. Spielzeug, das man dem Kind in die Hand gibt, wird nun gezielt in den Mund gesteckt und durch Mund und Hand begriffen.

Im fünften Lebensmonat rollt sich der Säugling schon vom Bauch auf den Rücken. Dies ist allerdings noch keine aktive Körperdrehung, sondern eher ein **Umkippen,** z. B. wenn das Kind etwas über ihm Hängendes betrachtet und dabei den Kopf und den Oberkörper so weit dreht, daß es das Gleichgewicht verliert. In Bauchlage beginnt das Kind nun, **sich auf die geöffneten Hände zu stützen.** Wird es vom Erwachsenen gehalten und beispielsweise auf die Wickelunterlage gestellt, **übernehmen die Beine jetzt kurzfristig das Körpergewicht,** wobei die Hüfte zunächst noch etwas gebeugt ist. In der Regel steht das Kind dabei auf den Zehen, die sich in die Unterlage krallen.

Die Hände kann der Säugling in Rückenlage schon zu einem hingehaltenen bzw. über ihm hängenden Spielzeug führen und dieses berühren. Mit etwa einem halben Jahr ist die Koordination von Händen und Augen so weit entwickelt, daß das Kind **gezielt und ohne Mühe einen Gegenstand ergreifen kann.** Dabei greift es zunächst mit der **ganzen Handfläche** (palmares Greifen).

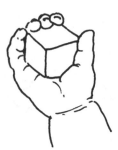

Palmares Greifen

Die Entwicklung des Kindes in den ersten drei Lebensjahren

Sehr kleine Gegenstände kann das Kind mit dieser Form des Greifens allerdings noch nicht erfassen.

In Bauchlage stützt sich das sechs Monate alte Kind nun sicher und beliebig lange **mit gestreckten Armen auf die geöffneten Hände,** wobei sich in der Regel der ganze Brustkorb von der Unterlage hebt.

Abstützen mit gestreckten Armen und geöffneten Handflächen

Es greift in dieser Stellung auch schon mit einer Hand nach einem hingehaltenen Spielzeug. In Rückenlage kann sich der Säugling **von einer Seite zur anderen rollen.**

Zu Anfang des zweiten Lebenshalbjahres lernt das Kind, **sich vom Rücken auf den Bauch zu drehen.** Es ist damit erstmalig fähig, seine Körperlage aktiv zu verändern und sich bald durch Drehen auch ein wenig fortzubewegen. Das Sich-Drehen und Rollen sind wertvolle, die Rumpfmuskulatur und den Gleichgewichtssinn entwickelnde Bewegungsformen. In Rückenlage **spielt das Kind nun gerne mit seinen Füßen** und steckt diese häufig auch in den Mund, wie das Photo auf der folgenden Seite zeigt.

Das dritte Vierteljahr

Eine neue Bewegungsform, die den meisten Kindern viel Spaß macht, ist das **Federn:** wird das Kind vom Erwachsenen unter den Achseln gehalten und auf eine Unterlage/den Schoß gestellt, geht es in die Hocke und stößt sich durch Streckung der Hüfte, der Knie und der Sprunggelenke ab.

Beim Greifen besteht der nächste Entwicklungsschritt darin, daß ein Gegenstand **in den Händen hin- und hergewendet** und **von einer Hand in die andere gegeben** wird.

1. Abschnitt

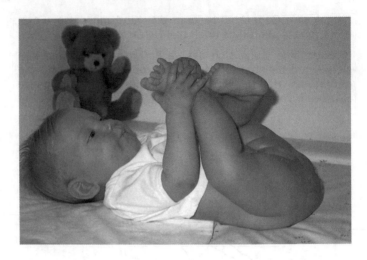

Viele Säuglinge können jetzt auch schon ihre Flasche selber halten, wenn der Erwachsene sie ihnen in den Mund gibt, bald kann das Kind auch dies alleine.

Mit etwa acht Monaten zieht sich der Säugling selbständig an den Fingern des Erwachsenen zum Sitzen hoch. Er kann jetzt auch schon **einen kurzen Moment frei sitzen,** wobei er sich häufig noch mit den Händen abstützt. Der Rücken ist dabei noch nicht ganz gerade. Einige Wochen später sitzt das Kind dann etwa eine Minute frei mit aufrecht gehaltenem Kopf, wobei es sich noch sehr konzentrieren muß, um im Gleichgewicht zu bleiben. Um diese Zeit beginnen viele Kinder auch, sich durch **Robben** fortzubewegen. Dabei zieht das Kind, auf seine Unterarme gestützt, den Körper auf dem Boden nach. Die Phase des Robbens ist zumeist kurz und wird vom Krabbeln abgelöst.

Feinmotorisch ist der Säugling jetzt in der Lage, Gegenstände nicht mehr nur zufällig, sondern **willkürlich fallenzulassen.** Nun beginnt die Zeit der bei Kindern dieser Entwicklungsstufe so beliebten ‚Wegwerfspiele'. Der Säugling zeigt auch mit dem Zeigefinger schon auf Einzelheiten am Spielzeug und steckt sich selbst kleine Happen Essen in den Mund.

Das letzte Vierteljahr des Säuglingsalters

Im letzten Vierteljahr des Säuglingsalters stehen das Sich-Aufrichten und die Fortbewegung im Vordergrund. Zunächst erhebt sich das Kind in den **Vierfüßlerstand** und schaukelt auf Händen und Knien. Dabei erprobt es seine Gleichgewichtsreaktionen. Eines Tages wird dann ein Arm oder ein

Die Entwicklung des Kindes in den ersten drei Lebensjahren

Bein nach vorne gebracht – **der Beginn des Krabbelns** ist da. Anfänglich fällt das Kind dabei noch häufig um. Aus dem Vierfüßlerstand zieht sich das Kind bald auch an Möbeln **zum Stehen** hoch, wobei es zunächst noch oft auf Zehenspitzen steht. Viele Kinder haben bei ihren ersten Stehversuchen Schwierigkeiten, wieder auf den Boden zurückzugelangen. Mit etwa zehn Monaten kann sich der Säugling auch **selbständig aus der Bauchlage aufsetzen** und er **sitzt frei mit geradem Rücken und locker gestreckten Beinen** (Langsitz).

Langsitz

Beim Greifen ist das Kind nun in der Lage, auch kleine Gegenstände, z. B. Rosinen oder Brotkrumen mit Daumen und Zeigefinger zu greifen. Dabei sind Daumen und Zeigefinger zunächst gestreckt. Diese Art des Greifens wird ‚**Pinzettengriff**' genannt und ist der Beginn der für die gesamte Feinmotorik so wichtigen Fingerkoordination.

Pinzettengriff

Das Zusammenspiel der beiden Hände ist nun so weit entwickelt, daß das Kind **Gegenstände aneinanderklopfen** kann. Es reicht dem Erwachsenen auch Dinge, kann diese aber noch nicht willkürlich loslassen. Es **macht auch mit den Händen Gesten** wie ‚winke – winke' nach und nimmt sich ein Tuch oder eine Papiermütze selbständig vom Kopf herunter.

1. Abschnitt

Mit etwa elf Monaten sind die meisten Kinder in der Lage, **koordiniert und sicher auf allen Vieren zu krabbeln.** Das Krabbeln ist sehr wichtig für die Entwicklung von Raumgefühl und bedeutet zugleich eine wertvolle Übung für die gesamte Muskulatur, die Koordinationsfähigkeit und die Gleichgewichtsreaktionen. Auch beim Stehen erlangt das Kind zunehmend Sicherheit: **es geht seitwärts an Möbeln entlang,** steht manchmal auch kurze Zeit auf einem Fuß, z. B. wenn es sich reckt, um einen hoch gelegenen Gegenstand zu erreichen. Wird das Kind an beiden Händen gehalten, macht es die ersten unsicheren und breitbeinigen Schritte.

Feinmotorisch entwickelt sich nach dem Pinzettengriff noch eine weitere Art des Greifens: **der Zangengriff.** Dabei sind Daumen und Zeigefinger gebeugt.

Zangengriff

Mit dem Zangengriff kann das Kind auch kleinste Dinge greifen und festhalten. Es ißt jetzt auch selbständig aus der Hand.

Am Ende des ersten Lebensjahres machen die meisten Kinder die ersten, noch sehr wackeligen Schritte vorwärts, wenn sie sich z. B. am Kinderwagen oder an einer Hand des Erwachsenen festhalten können. Mit Festhalten können sie auch mühelos in die Hocke gehen und einen Gegenstand aufheben. Frei zu laufen beginnt die Mehrzahl der Kinder zwischen dem elften und dem dreizehnten Lebensmonat.

Feinmotorisch kann das Kind jetzt einen Gegenstand in einen Behälter legen oder einem Erwachsenen in die Hand geben. Es beherrscht nun auch das **willkürliche Loslassen.** Eine Tasse hält das Kind schon für einen Moment selber, und es beginnt, allein mit dem Löffel zu essen, wobei es auf dem Weg zum Mund aber noch viel verliert. Auch einen Stift kann das Kind jetzt in der Hand halten.

Während im Säuglingsalter die grundlegenden Bewegungsformen im grob- und feinmotorischen Bereich ausgebildet werden, geht es im zweiten und dritten Lebensjahr um den

Die Entwicklung des Kindes in den ersten drei Lebensjahren

Erwerb von Fertigkeiten, die eine **Verfeinerung und Ausdifferenzierung der Bewegungsgrundformen** darstellen, z. B. Klettern, Werfen, mit einer Schere schneiden ... Das Repertoire an Fertigkeiten, über die ein Kind verfügt und der Grad, in dem diese beherrscht werden, hängen sehr stark von der Umgebung des Kindes ab, von seinen Lernmöglichkeiten und seiner Motivation, z. B. werden Kinder, die im Gebirge aufwachsen, in der Regel besser klettern lernen als Kinder im Flachland. Einige Fertigkeiten wie selber essen, schneiden, eine Treppe steigen ... werden aber von den meisten Kindern in unserem Kulturkreis in bestimmten Altersstufen erworben, weil diese Fähigkeiten allgemein erwartet und gefördert werden.

<small>Der Erwerb von grob- und feinmotorischen Fertigkeiten im zweiten und dritten Lebensjahr</small>

Die Bewegungen sind beim Erlernen von Fertigkeiten zunächst noch grob, ungeschickt und unkoordiniert, und es treten viele unnötige Begleitbewegungen auf, z. B. wirft ein kleines Kind einen Ball buchstäblich mit dem ganzen Körper. Im weiteren Entwicklungsverlauf **nimmt die Geschwindigkeit, die Genauigkeit und die Ökonomie der Bewegungen deutlich zu.** Da beim Erwerb von Fertigkeiten häufiges Üben sehr wichtig ist, bietet das Kleinstkindalter dafür sehr gute Voraussetzungen, da das Kind in diesem Alter mit Freude die gleichen Tätigkeiten unzählige Male wiederholt.

<small>Der Entwicklungsverlauf beim Erwerb von Fertigkeiten</small>

Im folgenden wird auf den Verlauf der motorischen Entwicklung im zweiten und dritten Lebensjahr eingegangen, wobei die Altersangaben nur eine noch gröbere Orientierung als im Säuglingsalter geben können, da der Erwerb motorischer Fähigkeiten nun wesentlich von entsprechenden Lernmöglichkeiten abhängt.

Am Anfang des zweiten Lebensjahres steht bei vielen Kindern noch das **Erlernen des freien Stehens und Laufens** im Vordergrund. Zunächst macht das Kind sehr kurze und unregelmäßige Schritte, die Zehen sind anfänglich meist noch nach außen gewendet, erst mit zunehmender Sicherheit werden die Füße parallel gesetzt. Ein Kind, das gerade Laufen gelernt hat, braucht dazu noch sehr viel Energie, denn es hebt seine Beine höher als später und stellt einen Fuß fest auf den Boden, bevor es den anderen bewegt.

<small>Die erste Hälfte des zweiten Lebensjahres</small>

Im Verlauf der ersten Hälfte des zweiten Lebensjahres lernen die meisten Kinder dann auch beim Laufen ein Spielzeug hinter sich herzuziehen, seitwärts und rückwärts zu gehen (dies tun sie automatisch, wenn sie sich nach einem Nachziehspielzeug umschauen), einen leichten Gegenstand zu tragen, Dinge aus der Hocke aufzuheben, Treppen mit Hilfe hinauf und hinunter zu gehen, auf Stühle u. ä. zu klettern und einen Ball mit zwei Händen zu werfen.

1. Abschnitt

Auch in der Handgeschicklichkeit macht das Kind große Fortschritte: es lernt zu trinken, ohne viel zu verschütten (dabei umfaßt es die Tasse mit beiden Händen) und mit dem Löffel zu essen, ohne viel auf dem Weg zum Mund zu verlieren; es beginnt einige Sachen wie Schal, Mütze und Socken selbst auszuziehen; es zeigt jetzt mit dem Zeigefinger auf Dinge, die es haben möchte oder die seine Aufmerksamkeit erregen; es kann mit einem Stift kritzeln und den Deckel von einem Kasten/einem Karton öffnen. Gerne räumt es Dinge aus und ein, schlägt Gegenstände aneinander oder schichtet sie aufeinander. Aus zwei bis drei Klötzen kann es schon einen Turm bauen.

Die zweite Hälfte des zweiten Lebensjahres

In der zweiten Hälfte des zweiten Lebensjahres kann das Kind einige Schritte rennen, ohne hinzufallen, eine Treppe mit Festhalten am Geländer hinauf und hinunter gehen, von einer Treppenstufe hüpfen, ganz kurz auf einem Bein stehen und einen Ball kräftig mit dem Fuß wegstoßen. Gerne ahmt es auch die Bewegungen von Tieren nach.

Feinmotorisch macht das Kind Fortschritte beim Ausziehen von schwierigeren Kleidungsstücken wie Hose oder Jacke; es kann einen Reißverschluß selbständig öffnen; es benutzt Seife zum Händewaschen und versucht, sich die Hände selbst abzutrocknen; es imitiert auch schon die Putzbewegungen beim Zähneputzen, schluckt allerdings noch viel Wasser. Einige Kinder essen jetzt auch schon mit der Gabel. Einen kleinen Hammer oder Bauklötze benutzt das Kind nun als Werkzeug, es schaltet an Lichtschaltern und schraubt die Deckel von Gläsern oder Flaschen ab. Gerne rollt es Ton oder Knete und fädelt große Perlen auf eine Schnur mit festem Ende.

Die erste Hälfte des dritten Lebensjahres

In der ersten Hälfte des dritten Lebensjahres kann das Kind Treppen frei hinauf und mit Festhalten hinuntergehen, es klettert ein Stück eine Leiter hinauf, es kann auf der Stelle hüpfen und Dreirad fahren. Einen Ball wirft es jetzt auch in ein einfaches Ziel, z. B. einen großen Korb, und es beginnt, einen Ball mit beiden Händen zu fangen.

Feinmotorisch ist das Kind nun in der Lage, einige Kleidungsstücke selbst anzuziehen (es achtet aber noch nicht auf den richtigen Sitz), es kann Kleidung selbst auf- und zuknöpfen, sich ohne Hilfe die Hände waschen und abtrocknen, es macht Fortschritte beim Zähneputzen – Paste auf die Zahnbürste drücken, Erlernen der Putzbewegungen – und es kann einen Wasserhahn öffnen und schließen. Mit dem Löffel ißt es jetzt selbständig und ohne zu kleckern, und es beginnt, mit einer Schere umzugehen. Es imitiert einen Strich oder einen Kreis, wenn er ihm vorgezeichnet wird, und blättert Buchseiten einzeln um. Jetzt kann das Kind auch schon einen Turm aus etwa vier Würfeln bauen.

Das dritte bis fünfte Lebensjahr ist die kritische Periode für die Entwicklung der Händigkeit. Während das Kind in den ersten zwei Jahren in der Bevorzugung noch häufig von der einen zur anderen Hand wechselte, sollte es nun anfangen, eine Hand – möglichst die rechte – kontinuierlich zu bevorzugen.

Bis zu seinem dritten Geburtstag schließlich kann das Kind auch frei treppab gehen, es rennt zunehmend längere Strecken, es kann auf Zehenspitzen gehen, mit Anlauf über ein niedriges Seil springen und sich im Schrittempo dem Erwachsenen anpassen.

Die zweite Hälfte des dritten Lebensjahres

Seine Handgeschicklichkeit ist jetzt so weit entwickelt, daß es ohne Betreuung essen und trinken kann (Tasse in einer Hand, der Löffel wird mit dem Daumen nach oben umfaßt), es streicht Butter und Marmelade aufs Brot, gießt Wasser o. ä., ohne etwas zu verschütten, z. B. von Becher zu Becher, es kann ein Tablett mit mehreren Gegenständen tragen und sich die Schuhe allein anziehen (ohne sie zuzuschnüren). Es faltet Papier mit beiden Händen, malt spontan und auf Aufforderung runde Formen sowie horizontale und vertikale Linien. Es kann aus drei Klötzen eine Brücke und aus etwa acht Klötzen einen Turm bauen.

Die geschilderte Normalentwicklung der Motorik kann durch zahlreiche Faktoren verzögert oder gestört werden. Folgende Symptome, die der Erzieher beim Wickeln, Füttern, Spielen oder in anderen Alltagssituationen beobachten kann, können auf Entwicklungsrückstände und -störungen, insbesondere im ersten Lebensjahr, aufmerksam machen:[3]

Anzeichen möglicher Entwicklungsverzögerungen oder -störungen

- Der Säugling **ist sehr steif**, d. h. er zeigt eine verkrampfte Streckhaltung mit aneinander gepreßten oder überkreuzten Beinen und nach vorne gestreckten Fußspitzen. Oft lassen sich auch beim Wickeln die Beine nur schwer abspreizen. Die extreme Überstreckung des Körpers kann auch zur Hohlkreuzhaltung führen, wobei der Kopf stark nach hinten in den Nacken genommen wird. Feinmotorisch kann sich die Steifheit darin äußern, daß das Kind nach dem vierten Monat die Hände noch ständig geschlossen hält und der Erwachsene kaum einen Gegenstand hineinlegen kann bzw. daß es im zweiten Lebenshalbjahr noch nicht in der Lage ist, auch **einzelne** Finger zu bewegen.

---

3) Vgl. dazu auch: Kiphard, 1975/76, S. 93–97 und Flehmig, 1979.

1. Abschnitt

- Das Kind **ist sehr schlaff,** es kann z. B. nach dem vierten Monat in Bauchlage den Kopf noch nicht hochhalten bzw. es läßt in Schwebelage Kopf und Glieder kraftlos nach unten hängen. Der ältere Säugling sinkt in sich zusammen, wenn er hingesetzt wird. Bei den Händen zeigt sich die Schlaffheit darin, daß der Säugling nicht die Kraft hat, einen Gegenstand wie eine Rassel eine Weile festzuhalten bzw. daß das Kind im Kleinstkindalter Dinge wie ein Quietschtier, einen Stoffball etc. nur schlecht zusammendrücken kann.

- Der Säugling **bewegt eine Körperseite schwächer;** er strampelt beispielsweise nur mit einem Bein kräftig oder dreht in Rückenlage den Kopf immer zur gleichen Seite. Beim Stehen und Laufen erscheint ein Bein deutlich steifer oder schwächer bzw. eine Hand wird beim Hantieren, Essen etc. nie zur Hilfe genommen (die Bevorzugung einer Hand ist allerdings schon im Säuglingsalter bei vielen Kindern anzutreffen).

- Der Säugling **verharrt in einer Beugehaltung,** d. h. das Kind hält auch nach dem vierten Lebensmonat in Bauchlage die Hüften noch nicht gestreckt bzw. liegt in Rückenlage in Froschhaltung mit gespreizten Beinen und leicht angezogenen Knien.

- Der ältere Säugling oder das Kleinstkind zeigen eine **ausgeprägte Gleichgewichtsunsicherheit** z. B. beim Krabbeln oder Laufen (dies ist allerdings normal, wenn das Kind diese Fähigkeiten gerade erst erworben hat). Oft ist gleichzeitig die Kopfkontrolle schlecht.

- Das Kind **bleibt in seiner Entwicklung deutlich zurück:** es kann bis zum Ende des siebten Monats ein Spielzeug noch nicht gezielt ergreifen; sich bis zum Ende des achten Monats noch nicht vom Rücken auf den Bauch drehen; bis zum Ende des elften Monats noch nicht krabbeln und noch nicht sicher sitzen; es kann zum Ende des ersten Lebensjahres noch keine kleinen Gegenstände zangenartig ergreifen und noch keine Schritte nach vorne machen mit Festhalten an einer oder beiden Händen (das Kind muß die Beine selbst heben).

Die Entwicklung des Kindes in den ersten drei Lebensjahren

1.5 Die Entwicklung der Wahrnehmung

1.5.1 Bedeutung und allgemeine Kennzeichen

Der Säugling ist vom ersten Lebenstag an einer Vielzahl von Eindrücken ausgesetzt. Diese mit Hilfe seiner Sinne – den Augen, dem Gehör, dem Tast-, Geschmacks-, Geruchs- und Gleichgewichtssinn – aufnehmen und verarbeiten zu lernen, d. h. wahrnehmen zu lernen, ist eine wichtige Entwicklungsaufgabe in den ersten Lebensjahren. Der gesamte Wahrnehmungsbereich wird auch als sensorischer Bereich bezeichnet.

Die verschiedenen Wahrnehmungsbereiche

Ein normaler Entwicklungsverlauf in den verschiedenen Wahrnehmungs- oder Sinnesbereichen hängt von wichtigen Voraussetzungen ab: die **Aufnahmeorgane** – die Augen, das Gehör... – müssen gesund sein, die **Weiterleitung der aufgenommenen Reize** über das Nervensystem an das Gehirn muß funktionieren, und die **Informationsverarbeitung,** an der vor allem das Gehirn beteiligt ist, muß gelingen. Störungen sind grundsätzlich bei allen diesen Funktionen möglich.

Voraussetzungen für einen normalen Entwicklungsverlauf

Die Wahrnehmung ist, ebenso wie die bereits dargestellte Motorik, von großer Bedeutung für andere Entwicklungsbereiche. So ist die geistige Entwicklung, insbesondere in den ersten Lebensjahren, sehr eng an die der Wahrnehmung gebunden: über seine Sinne sammelt das Kind konkrete Erfahrungen mit den Menschen und Dingen der Umwelt, es erfährt Eigenschaften und Zusammenhänge und baut auf dieser Grundlage seine Vorstellungswelt auf. Dabei ist in frühester Kindheit der Tastsinn besonders wichtig für die Informationsaufnahme. Greifen, Betasten und Manipulieren sind wesentliche Formen erforschenden und entdeckenden Tuns. Wie bedeutsam die Wahrnehmung für die geistige Entwicklung ist, zeigt sich auch darin, daß Sinnesschäden häufig zu Lernbehinderungen führen, wenn sie nicht früh erkannt und behandelt werden.

Die Bedeutung der Wahrnehmung für die geistige Entwicklung

Unerkannte Sinnesschäden führen leicht zu Lernbehinderungen

Auch im Hinblick auf die sozial-emotionale Entwicklung spielt die Wahrnehmung eine wichtige Rolle. Haut- und Blickkontakt, Wiegen und Schaukeln, ruhiges Sprechen und Singen wie auch der Geruch der vertrauten Personen geben dem kleinen Kind ein **Gefühl der Geborgenheit,** und die mit diesen Erfahrungen verbundenen Wahrnehmungen des Kindes sind zugleich die **Grundlagen für den Aufbau von Bindungen** an die Bezugspersonen. Leicht kommt es zu Beziehungsstörungen, wenn ein Kind seine Mitmenschen nicht richtig wahrnehmen kann.

Der Stellenwert der Wahrnehmung für die sozial-emotionale Entwicklung

1. Abschnitt

Die Wahrnehmung als Grundlage für den Spracherwerb

Schließlich ist die Wahrnehmung, insbesondere das Hören, die Grundlage für den Erwerb der Sprache. Da die Aufnahmefähigkeit für sprachliche Inhalte in den ersten Lebensjahren am größten ist, ist das frühe Erkennen von Hörschäden und Hörstörungen sehr wichtig. Man weiß heute, daß die meisten hochgradig schwerhörigen oder sogar als taub eingeschätzten Kinder tatsächlich noch über Hörreste verfügen. Wenn diese Hörreste rechtzeitig und fachgerecht genutzt werden, kann in vielen Fällen die Entstehung von Taubstummheit vermieden werden. Elektroakustische Verstärkung des Hörrestes und systematische Hörschulung stehen dabei im Vordergrund der Behandlung.

Die volle Ausbildung der Wahrnehmungsfähigkeiten erfordert Übungs- und Erfahrungsmöglichkeiten

Zahlreiche differenzierte Untersuchungen während der letzten Jahrzehnte haben zu der gesicherten Erkenntnis geführt, daß die Sinne des Menschen bereits bei der Geburt aufnahmefähig sind. Zur vollen Ausbildung der Wahrnehmungsfähigkeiten bedarf es jedoch noch zahlreicher Erfahrungsmöglichkeiten. So müssen z. B. die Augen des Kindes erst lernen, Dinge in der Umwelt zu fixieren und optisch festzuhalten. Dazu ist ein längeres Üben der Augenmuskeln notwendig, das sich normalerweise im Verlauf der Entwicklung durch den Aufforderungscharakter der optisch erfaßbaren Umwelt von selbst ergibt. Eine der Hauptleistungen beim Sehenlernen ist zudem das gute Zusammenwirken beider Augen, denn nur so können Doppelbilder vermieden werden. Auch die Zusammenarbeit der verschiedenen Sinne sowie von Wahrnehmungstätigkeit und Motorik entwickeln sich erst im Lauf der Zeit (z. B. die Hand-Auge-Koordination).

Die frühe Kindheit als sensible Periode für etliche Wahrnehmungsfähigkeiten

Für die Entwicklung etlicher Wahrnehmungsfähigkeiten scheint die frühe Kindheit eine sensible Periode (vgl. S. 4 f.) zu sein. So ist z. B. das Tiefensehen angeboren, es kann jedoch nur durch Erfahrung, d. h. durch Eigenbewegung im Raum, voll ausgebildet werden. Blindgeborene, die durch eine Operation sehend werden, können das Tiefensehen nicht mehr richtig erlernen.

Allgemeine Kennzeichen der Wahrnehmungsentwicklung

Insgesamt geht es bei der Entwicklung der Wahrnehmung sowohl um die **Selbst-** als auch die **Fremdwahrnehmung** (Menschen und Dinge der Umwelt). Dieser Entwicklungsprozeß ist durch eine **zunehmende Strukturierung und Differenzierung** gekennzeichnet. Dabei gelangt das Kind

— von einer eher passiven oder reaktiven zu einer immer aktiveren Betätigung seiner Sinnesfunktionen;

— von Nähe zu distanzierterer Wahrnehmung;

— von globaler zu differenzierter Umwelt- und Selbstwahrnehmung.

Die Entwicklung des Kindes in den ersten drei Lebensjahren

Um die Wahrnehmungsentwicklung zu unterstützen, kommt es weniger auf die Anzahl der Umweltanregungen an als auf deren Qualität, d. h. das Kind braucht nicht möglichst viele Reize zum Sehen, Hören..., sondern solche, die auf seinen jeweiligen Entwicklungsstand abgestimmt sind und es zu intensiver Auseinandersetzung herausfordern.

Nicht primär die Menge, sondern die Qualität der Umweltanregungen ist wichtig vgl. Bd. III, Kap. 1

Im folgenden soll der Ablauf der Wahrnehmungsentwicklung dargestellt werden. Dabei wird vorrangig auf die visuelle (das Sehen) und die auditive (das Hören) Wahrnehmung eingegangen, da sich in diesen Bereichen nach der Geburt noch sehr wesentliche, in Alltagssituationen beobachtbare Entwicklungsprozesse vollziehen und hierzu die meisten eindeutigen Forschungsergebnisse vorliegen. Insgesamt haben verbesserte Meß- und Beobachtungstechniken in jüngerer Zeit viele neue Befunde zur Wahrnehmungsentwicklung erbracht, allerdings stimmen diese in Einzelaspekten nicht immer überein. Dies ist darin begründet, daß die Wahrnehmung, vor allem solche Bereiche wie der Geruchs- und der Geschmackssinn, bei jungen Kindern, die sich noch nicht sprachlich äußern können, wesentlich schwerer zu erforschen ist als beispielsweise die motorische oder die sprachliche Entwicklung. Auch vom Erzieher erfordert das Verfolgen der Wahrnehmungsentwicklung ein intensives Beobachten in verschiedenen Situationen des Gruppenalltags.

Die Erforschung der Wahrnehmungsfähigkeiten ist relativ schwierig

1.5.2 Der Ablauf der Wahrnehmungsentwicklung

Bei der Geburt bestehen in der Leistungsfähigkeit der Sinnesorgane große Unterschiede, wobei die Fernsinne deutlich geringer entwickelt sind als die Nahsinne. **Sehr ausgeprägt ist beim Neugeborenen die Ansprechbarkeit der Haut,** die dem Kind **Berührungs-, Druck-, Temperatur- und Schmerzempfindungen** vermittelt. Vor allem die Mundregion ist sehr sensibel. Der Körperkontakt zum Erwachsenen, d. h. das Erfahren von Berührung und Wärme, ist ein zentrales Bedürfnis des Säuglings vom ersten Lebenstag an. Während das Kind auf Temperaturunterschiede (z. B. beim Ausziehen) von Anfang an sensibel reagiert, scheint das Schmerzempfinden zwar vorhanden, aber noch nicht voll ausgebildet zu sein. Dadurch wird dem Kind der Geburtsvorgang erleichtert.

Die Wahrnehmungsfähigkeiten des Neugeborenen

Auch der **Geschmacks- und der Geruchssinn** sind bei **der Geburt schon gut entwickelt.** Die vier Grundgeschmacksqualitäten – süß, salzig, bitter und sauer – werden von Anfang an erlebt, wobei die süße Geschmacksrichtung in der Regel bevorzugt wird. Der junge Säugling reagiert auch schon auf verschiedenartige Gerüche, wobei allerdings große individuelle Unterschiede darin bestehen, welche

1. Abschnitt

Gerüche ein abwehrendes Verhalten des Kindes auslösen. Schon nach wenigen Lebenstagen kann das Kind, wie neuere Untersuchungen gezeigt haben, die Mutter am Geruch erkennen.

Positionsveränderungen, die den Gleichgewichtssinn ansprechen, kann vermutlich bereits das Neugeborene wahrnehmen, allerdings sind seine motorischen Fähigkeiten noch zu gering entwickelt, um darauf reagieren zu können. Dies ändert sich jedoch schon nach wenigen Lebenswochen.

Das **Hören** ist nicht erst bei der Geburt möglich, sondern **bereits im Mutterleib.** Man hat festgestellt, daß der Fötus in den letzten Schwangerschaftsmonaten sensitiv auf Musik und andere Geräusche reagiert. So treten z. B. bei Konzertbesuchen Hochschwangerer häufig verstärkte Kindsbewegungen auf. Auch die Stimme der Mutter scheint das Kind schon vor der Geburt wahrzunehmen, da diese bereits in den ersten Lebenstagen eine deutlich beruhigendere Wirkung auf das Neugeborene ausübt als die Stimme fremder Personen.

Das Gehör ist bei der Geburt aber noch nicht voll entwickelt. Der bevorzugte Frequenzbereich liegt in der Höhe der menschlichen Stimme und leicht darüber. Auf laute Geräusche reagiert das Neugeborene zumeist mit Blinzeln, Erschrecken oder Weinen.

Das Sehen ist bei der Geburt der unreifste Sinn. Das Neugeborene reagiert zwar schon mit Unwillen auf helles Licht, scharfes Sehen ist ihm aber noch nicht möglich, denn es kann seine Augen noch nicht auf Nähe und Ferne einstellen, und auch das koordinierte Zusammenspiel beider Augen funktioniert noch nicht. Nur in einem Abstand von ca. 20 cm und bei mittlerer Helligkeit sieht das Neugeborene ziemlich scharf. Diesen Abstand nimmt die Mutter in der Regel spontan ein, wenn sie Kontakt zu ihrem Kind aufnimmt. Auch das Farbunterscheidungsvermögen ist bei der Geburt noch nicht voll entwickelt.

Die größte Faszination auf das Neugeborene übt das menschliche Gesicht aus. Dieses wird allen anderen visuellen Reizen vorgezogen. Schon sofort nach der Geburt erkundet das Kind mit großer Aufmerksamkeit das Gesicht der Mutter. Am besten erfaßt es dabei zunächst die Gesichtskonturen. Die Wahrnehmung ist also schon bei der Geburt selektiv, d. h. bestimmte Reize – die menschliche Stimme, das menschliche Gesicht ... – werden gegenüber anderen bevorzugt.

Die Entwicklung des Kindes in den ersten drei Lebensjahren

Im ersten Lebensvierteljahr macht der Säugling in seiner Fähigkeit, Dinge und Menschen in der Umwelt wahrzunehmen, deutliche Fortschritte. Im ersten Lebensmonat wendet er sich gerne angenehmen Lichtquellen zu, und er kann einen vorgehaltenen Gegenstand, z. B. eine Rassel, **schon kurzzeitig fixieren** und diesem, wenn er bewegt wird, **mit den Augen bis zur Mittellinie** (bis zu einem Winkel von 45°) **folgen.** Häufig wird dabei der Kopf mitgedreht. Im dritten Monat verweilt er mit seinen Augen schon eine ganze Weile auf einem Gegenstand. Ein vor dem Kind bewegtes Objekt wird bereits **von einem Augenwinkel bis zum anderen verfolgt.** Das Kind schaut auch zwischen Dingen hin und her. Die **Koordination der Augenbewegungen** schreitet im ersten Vierteljahr deutlich voran, das anfänglich gelegentlich auftretende Schielen wird immer seltener. Ebenso entwickelt sich die Fähigkeit der Augen, sich auf die jeweilige Sehentfernung einzustellen, in den ersten Lebensmonaten rasch. Dadurch **sieht das Kind zunehmend schärfer.** Gern und häufig schaut der Säugling ins Gesicht der Mutter und anderer Menschen, vor allem beim Stillen bzw. Füttern.

Das erste Vierteljahr

Auch die Reaktionen auf Laute und Geräusche werden im Verlauf der ersten Lebensmonate immer differenzierter. Schon in den ersten Lebenswochen **reagiert das Kind auf die Stimme der Mutter,** und schon bald kann es diese von der einer fremden Person unterscheiden. Auf ein Geräusch, z. B. den Ton einer Glocke, antwortet der Säugling im dritten Monat nicht mehr nur mit Erschrecken oder Blinzeln, sondern er hält für einen Moment mit seinen Bewegungen oder seinem Blick inne und lauscht.

Im zweiten Vierteljahr spielt die Haut in der Wahrnehmung zwar immer noch eine wichtige, aber längst nicht mehr die Hauptrolle. Im vierten Lebensmonat kann der Säugling in einem Bereich von 25–100 cm fast so scharf sehen wie der Erwachsene. Er zeigt ein **zunehmendes Interesse an Gegenständen,** z. B. einem Mobile, und fixiert diese immer längere Zeiträume. Bewegte Objekte werden nun **in fast allen Ebenen verfolgt** – nach rechts, links, oben und unten. Das Kind entdeckt auch seine Hände und verfolgt diese mit den Augen, wenn es die Arme bewegt. Gern **betrachtet es ein Spielzeug, das es in der Hand hält.** Einen Monat später kann der Säugling optische Reize schon für einige Minuten fixieren, und er nimmt auch schon kleine Dinge, z. B. eine Rosine auf dem Tisch, wahr. Gegen Ende des ersten Lebenshalbjahres kann das Kind **gezielt, durch die Augen gesteuert greifen.** Auch die **Koordination der Augenmuskeln ist jetzt gut entwickelt,** d. h. das Kind richtet seine Augen parallel, wenn es einen Gegenstand betrachtet. Der

Das zweite Vierteljahr

1. Abschnitt

Säugling beobachtet intensiv die Personen und Dinge in seiner Umgebung.

Beim Hören wird das Kind **auf immer feinere akustische Reize aufmerksam,** und es kann sie **zunehmend besser lokalisieren,** d. h. die Richtung, aus der ein Geräusch kommt, erkennen. So sucht es im vierten Monat durch Kopfdrehen nach der Geräuschquelle. Einige Wochen später reagiert es auch auf leisere Geräusche, z. B. Papierrascheln. Es freut sich über Singen und Musik und lauscht aufmerksam. Gegen Ende des ersten Lebenshalbjahres kann das Kind sicher feststellen, aus welcher Richtung ein Geräusch kommt, und es dreht suchend und interessiert den Kopf danach. Es beginnt in diesem Entwicklungsabschnitt auch zu lallen (vgl. S. 50 f.) und sich an den eigenen Lauten zu erfreuen. Das Lallen tritt auch bei hörgeschädigten Kindern auf, diese hören aber nach und nach wieder damit auf, weil sie sich selbst bzw. die sprachlichen Reaktionen und Anregungen der Umwelt nicht wahrnehmen können und somit bei ihren Lalläußerungen nicht positiv verstärkt werden.

Das dritte Lebensvierteljahr

Im dritten Lebensvierteljahr entwickelt sich mit der beginnenden Fortbewegung (Robben und Krabbeln) das Raumgefühl. Das Kind lernt nun, **räumliche Entfernungen und Beziehungen wahrzunehmen** – es greift z. B. nach entfernt liegenden Gegenständen und bemüht sich, diese heranzuholen, und es verfolgt gehende Personen oder einen rollenden Ball mit den Augen. Auch **einem hinuntergefallenen Gegenstand blickt der Säugling jetzt nach.** Dies ist ein Zeichen dafür, daß das Kind anfängt zu begreifen, daß Dinge existieren, selbst wenn man sie momentan weder hören noch sehen kann (vgl. S. 40 f.). Manche Kinder **unterscheiden nun schon deutlich zwischen vertrauten und fremden Personen** – ein wichtiger Entwicklungsschritt auch in der sozial-emotionalen Entwicklung (vgl. S. 65 f.). Am Ende des neunten Monats nimmt das Kind bereits **Dinge in einem Behälter wahr,** z. B. Kekse in einer Dose, und greift hinein. Es reagiert auf sein Spiegelbild und betatscht es mit den Händen. Gerne macht es Guck-Guck und Versteckspiele mit vertrauten Personen.

Von seiner Hörfähigkeit her ist das Kind bis zum achten/ neunten Monat in der Lage, auch sehr **leise Geräusche wahrzunehmen.** Es lauscht z. B. auf Schritte oder das Flüstern anderer Menschen und interessiert sich für das Ticken einer Uhr u. ä.

Der **Tastsinn ist in dieser Entwicklungsphase sehr bedeutsam für die Erforschung der Umwelt.** Der Säugling, der nun gezielt greifen kann, will alle Dinge befühlen, alles wird in der Hand gedreht und gewendet und auch in den Mund gesteckt und belutscht.

In den letzten Monaten bis zum Ende des ersten Lebensjahres nehmen Aufmerksamkeit und Konzentrationsfähigkeit des Kindes stetig zu, was sich darin zeigt, daß es **mit immer mehr Ausdauer seine Umwelt beobachtet,** und ein **zunehmendes Interesse für Einzelheiten** entwickelt, z. B. die Augen der Puppe, die Knöpfe an seiner Jacke. Gesten, die das Kind bei anderen Menschen sieht, werden bald nachgeahmt, beispielsweise ‚Winke-winke'. Das Kind **sucht nun auch nach Dingen,** die der Erwachsene − vor seinen Augen − für es versteckt, und es **holt begehrte Gegenstände mit Hilfe anderer Dinge zu sich heran,** z. B. zieht das Kind an der Tischdecke, um eine darauf stehende, für es unerreichbare Tasse zu erlangen. Dies zeigt, daß das Kind in der Lage ist, Zusammenhänge zu erfassen und andere Dinge als Werkzeug zu benutzen. Damit kündigt sich zugleich ein wichtiger Schritt in der geistigen Entwicklung (vgl. S. 41 f.) an. Gern steckt das Kind gegen Ende des ersten Lebensjahres kleine Dinge in enge Gefäße bzw. läßt sie durch schmale Öffnungen von Behältern fallen.

Das letzte Vierteljahr des Säuglingsalters

Im Bereich des Hörens nimmt das Kind nun **den unterschiedlichen Tonfall** der Stimme seiner Bezugspersonen wahr und verhält sich verschieden bei freundlicher Ansprache bzw. Schimpfen. Auch **einige Wortbedeutungen versteht es,** es reagiert z. B. auf die Frage „Wo ist . . ." durch Hinschauen, Zeigen oder Holen des Gegenstandes.

Im Kleinstkindalter werden die Wahrnehmungsfähigkeiten des Kindes immer mehr verfeinert und differenziert, und ihre Entwicklung ist eng mit der geistigen und sprachlichen Entwicklung verknüpft. So erkennt das Kind in der ersten Hälfte des zweiten Lebensjahres bekannte Menschen immer besser wieder, nun auch schon aus einiger Entfernung. Es beginnt, einfache Aktivitäten Erwachsener nachzuahmen, z. B. in einer Schüssel rühren oder mit einem Handfeger kehren. Gern betrachtet es sich im Spiegel und schaut ein einfaches Bilderbuch an. Es erkennt − wenn auch noch nicht ganz zuverlässig − einige, ihm vertraute Gefahrenquellen, z. B. den heißen Heizkörper oder Herd und verhält sich vorsichtig. Das Kind reagiert auf seinen Namen und blickt/zeigt zu vertrauten Personen, wenn man deren Namen nennt. Einfache Aufforderungen, z. B. herzukommen oder sich hinzusetzen, werden verstanden.

Die erste Hälfte des zweiten Lebensjahres

In der zweiten Hälfte des zweiten Lebensjahres beobachtet das Kind Erwachsene schon sehr aufmerksam und genau bei der Arbeit und imitiert deren Aktivitäten. Es weiß, wo im

Die zweite Hälfte des zweiten Lebensjahres

1. Abschnitt

Raum Dinge aufbewahrt werden und legt sie zurück. Sich deutlich unterscheidende Dinge kann es einander zuordnen, z. B. Löffel zu Löffel, Dose zu Dose. Es sammelt gerne Gegenstände, die es auf Spaziergängen findet und nimmt Veränderungen draußen wahr, z. B. wenn es zu regnen beginnt. Einige Körperteile kann es bei sich bzw. bei einer Puppe zeigen, und es legt verschiedene Formen in ein Formbrett. Bekannte Dinge ordnet es deren Abbildung zu, z. B. einen Apfel dem Bild von einem Apfel. Das Kind reagiert nun auch auf die Frage „Möchtest Du...", und es versteht die Ankündigung vertrauter Aktivitäten, z. B. Spazierengehen, Schlafen.

Die erste Hälfte des dritten Lebensjahres	In der ersten Hälfte des dritten Lebensjahres kann das Kind zwei Größen, zwei Farben und zwei Formen einander zuordnen. Es erkennt nun auch Personen und Dinge wieder, die es nicht täglich sieht, und es sortiert Gegenstände, die sich nicht so deutlich unterscheiden, z. B. Löffel und Gabeln.
Die zweite Hälfte des dritten Lebensjahres	Bis zum Ende des dritten Lebensjahres erkennt das Kind Orte seiner näheren und weiteren Umgebung wieder und Tätigkeiten und Geschehnisse im Bild. Es kennt seine Kleidung und findet sie unter fremder heraus. Es versteht nun auch schwierigere Aufforderungen, z. B. die Puppe im Kinderzimmer in die Wiege zu legen. Einfache Klatschgeräusche, die der Erwachsene dem Kind vormacht, kann es nachmachen, z. B. einmal oder zweimal klatschen.

Der geschilderte normale Ablauf der Wahrnehmungsentwicklung kann durch unterschiedliche Faktoren gestört oder stark verzögert werden. Wie bereits einleitend kurz angesprochen, kommen dafür als eine Hauptursache **Schädigungen der Wahrnehmungsorgane** in Betracht, z. B. unterschiedliche Grade von Schwerhörigkeit, evtl. auch nur in bestimmten Tonlagen, Augenmuskelschwäche oder Sehschäden verschiedenen Ausmaßes. Zum anderen können **Störungen in der Informationsweiterleitung und der Informationsverarbeitung** vorliegen, die auf Störungen im Nervensystem, insbesondere auf Hirnfunktionsstörungen zurückzuführen sind. Dies kann sich im Bereich des Hörens z. B. darin äußern, daß ein Kind Verständnisschwierigkeiten bei sprachlichen Anweisungen hat oder daß im Bereich des Sehens die optischen Erscheinungen der Umwelt unvollkommen erfaßt werden oder große Probleme beim Erkennen von Abbildungen bestehen.

Ursache und Ausmaß von Wahrnehmungsschäden kann nur ein Fachmann feststellen, wobei z. T. die Zuhilfenahme komplizierter Meßinstrumente notwendig ist. Da aber gerade das frühe Erkennen sehr wichtig ist, z. B. für eine normale

Die Entwicklung des Kindes in den ersten drei Lebensjahren

Sprachentwicklung, sollten auch die Erzieher im Gruppenalltag auf folgende Anzeichen möglicher Wahrnehmungsstörungen[4] achten:

Anzeichen möglicher Wahrnehmungsstörungen

— Das Kind reagiert in den ersten Lebensmonaten **nicht bei lauten Geräuschen** (Telefon, Wecker, Geklapper von Schlüsseln oder Geschirr...), z. B. durch Innehalten in der Bewegung, Blinzeln, Auftreten des Moro-Reflexes (vgl. S. 16) oder Schreien.

— Der vier bis sechs Monate alte Säugling reagiert nicht, z. B. durch Innehalten im Tun oder durch Kopfbewegungen in Richtung der Geräuschquelle, wenn der Erwachsene hinter oder neben ihm mit Papier raschelt, mit einer Rassel klappert oder ähnliche, **relativ leise Geräusche** erzeugt.

— Das vier bis sechs Monate alte Kind **folgt einem Gegenstand nicht mit den Augen,** den der Erwachsene vor ihm bewegt.

— Das Kind beginnt entwicklungsgemäß — etwa mit vier bis sechs Monaten — zu lallen, **hört aber nach und nach wieder damit auf.**

— Der Säugling kann in der zweiten Hälfte des ersten Lebensjahres **noch nicht gezielt greifen,** er greift z. B. ständig an Gegenständen vorbei (dies kann auf Störungen der Wahrnehmung oder der Motorik beruhen).

— Das Kind **nimmt** in der zweiten Hälfte des ersten Lebensjahres **kleine Dinge noch nicht wahr.**

— Das Kind hält Gegenstände beim Betrachten **sehr nah an die Augen.**

— Das einjährige Kind **lauscht nicht bei leisen Geräuschen,** z. B. dem Ticken einer Uhr, und es beginnt nicht, erste Worte zu bilden.

— Das Kind kann im zweiten Lebensjahr **einfachen Aufforderungen,** z. B. einen bekannten Gegenstand zu zeigen oder zu holen, **nicht nachkommen.**

— Das Kind **schielt.** Das Schielen ist die häufigste Erkrankung des Sehapparates, die in vielen Fällen leider immer noch zu spät behandelt wird. Denn bei frühzeitiger Behandlung — eine Brille, meist unterstützt durch das Ruhigstellen eines Auges, evtl. auch eine Operation — ist diese Störung gut heilbar. Beim Schielen handelt es sich nicht, wie oft angenommen wird, nur um einen Schön-

---
4) Vgl. auch Kiphard, 1975/76, S. 97—104.

heitsfehler, vielmehr stört die Fehlstellung eines oder beider Augen das räumliche oder plastische Sehen. Zudem nimmt das schielende Auge häufig nicht mehr am Sehen teil und verliert als Folge oft an Sehkraft bis zur Erblindung. Nur in den ersten Lebensmonaten beruht ein **gelegentliches** Schielen in der Regel noch auf der nicht voll entwickelten Koordination und Parallelstellung der Augen.

1.6 Die geistige Entwicklung

1.6.1 Allgemeine Merkmale

Zum Prozeß der geistigen Entwicklung in den ersten Lebensjahren gehört das Entstehen des Gedächtnisses und der beginnende Aufbau einer Vorstellungs- und Begriffswelt. Dadurch wird das Kind zunehmend fähig, die vielfältigen Eindrücke und Erfahrungen, die es mit sich selbst bzw. mit den Menschen und Dingen in der Umwelt sammelt, in eine sinnvolle Ordnung zu bringen. Obwohl auch die geistige Entwicklung mit der Geburt des Kindes beginnt, werden ihre Anfänge oft zu wenig wahrgenommen und beachtet, da sich die Entwicklungsfortschritte im Säuglings- und Kleinstkindalter nicht so leicht wie später, wenn sich das Kind sprachlich äußern kann, beobachten lassen.

Die Beziehungen zwischen geistiger Entwicklung und anderen Entwicklungsbereichen

In frühester Kindheit sind die Motorik und die Wahrnehmung die Grundlagen der geistigen Entwicklung (vgl. dazu die Ausführungen zur sensu-motorischen Phase auf S. 37 ff.). Mit zunehmendem Spracherwerb wird dann auch die sprachliche Entwicklung für das geistige Durchdringen der Welt bedeutsam, da zwischen Sprache und Denken ein enger Zusammenhang besteht (vgl. S. 46). Schließlich ist auch für die geistige – wie für die Gesamtentwicklung überhaupt – die sozial-emotionale Entwicklung sehr wichtig, denn das Gefühl von Sicherheit und Geborgenheit ist eine grundlegende Voraussetzung für die Erforschung und Eroberung der Umwelt.

Die Bedeutung J. Piagets für die Erforschung der geistigen Entwicklung

Unsere heutigen Vorstellungen zur geistigen Entwicklung basieren sehr wesentlich auf den Beobachtungen und Erkenntnissen des Schweizer Psychologen Jean Piaget (1896–1980), der den Aufbau der menschlichen Erkenntnisfähigkeit u. a. intensiv bei seinen eigenen Kindern verfolgte. An der grundlegenden Bedeutung der Theorie Piagets ändert auch die Tatsache nichts, daß die jüngere Forschung ergänzende Beiträge – vor allem im Bereich der Wahrnehmung – geliefert hat und durch andere methodische Vorgehensweisen in Einzelaspekten auch zu von Piaget abweichenden Befunden gekommen ist.

Die Entwicklung des Kindes in den ersten drei Lebensjahren

Für Piaget ist die Entwicklung des Verstehens und der Aufbau der Vorstellungswelt ein Prozeß, den das Kind in aktiver Auseinandersetzung mit der Umwelt vollzieht. Dabei kommt es zu einem ständigen Wechselspiel zwischen der Aufnahme neuer Informationen in vorhandene Handlungs- und Denkschemata bzw. deren Veränderung und Erweiterung, um neue Erfahrungen integrieren zu können. Dazu ein Beispiel:

Piagets Grundgedanken zum Prozeß der geistigen Entwicklung

> Ein kleines Kind, das greifen gelernt hat, erprobt und festigt diese Fähigkeit im Umgang mit vielfältigen Gegenständen – leichten, schweren, großen, kleinen, runden, eckigen ... Kommt das Kind in Kontakt mit Wasser oder trockenem Sand, macht es die Erfahrung, daß es diese Elemente auf die ihm bisher vertraute Weise nicht ergreifen kann. Das Kind muß sein Handlungsschema erweitern, nämlich lernen, die Finger geschlossen zu halten. Hat es diese neue Form des ‚Greifens' erst einmal entdeckt, wird es sie durch Wiederholungen und immer neue Variationen solange erproben, bis sie ebenfalls fester Bestandteil seines Handlungsrepertoires geworden ist.

Da nach Auffassung Piagets Wissen und Erkenntnisse vom Kind nicht passiv empfangen werden, es vielmehr seine geistige Welt durch eigene Aktivität aufbaut, betont er **die große Bedeutung des Lernens durch die eigenen Entdeckungen und Erfahrungen.** Der Erwachsene soll dem Kind nicht vorschnell alles zeigen, denn ‚was man dem Kind vormacht, kann es nicht mehr selbst entdecken'. Da die Vorstellungswelt des Kindes in den ersten Lebensjahren auf konkreten Erfahrungen mit den Dingen und Menschen der Umwelt aufbaut, braucht das Kind in diesem Alter viele Möglichkeiten, seine Umgebung mit allen Sinnen und durch aktives Begreifen und Hantieren zu erforschen. Eine wichtige Rolle des Erwachsenen sieht Piaget allerdings darin, das Kind auf Dinge und Geschehnisse aufmerksam zu machen, seine Beobachtungsfreude anzuregen und ihm vor allem die gefühlsmäßige Sicherheit für seine selbsttätige Auseinandersetzung mit der Umwelt zu geben.

Gesichtspunkte für die Unterstützung und Förderung der geistigen Entwicklung vgl. auch Bd. I, S. 68 ff.

1.6.2 Der Ablauf der geistigen Entwicklung

Piaget beschreibt den Ablauf der geistigen Entwicklung als einen stufenweisen Aufbau, wobei stets komplexere Denk- und Handlungsformen auf weniger komplexen aufbauen. Die Reihenfolge der wesentlichen Entwicklungsschritte ist, dies haben Untersuchungen an Kindern verschiedenster Kulturen gezeigt, bei allen Kindern gleich. Individuell unterschiedlich ist allerdings die Geschwindigkeit der Entwicklung und der Zeitpunkt des Auftretens bestimmter Fähigkeiten.

Die geistige Entwicklung als stufenweiser Aufbau

Den ersten Abschnitt der geistigen Entwicklung, etwa die ersten zwei Lebensjahre, bezeichnet Piaget als **sensu-moto-**

1. Abschnitt

Erkenntnisfähigkeit und Vorstellungswelt basieren auf der sensu-motorischen Erfahrung der Welt

rische Phase: durch Handeln mit und an Objekten und deren Wahrnehmung mit allen Sinnen entwickelt das Kind in dieser Lebensphase Handlungsmuster und Denkschemata. Durch konkrete sinnliche Erfahrungen – Sehen, Hören, Riechen, Schmecken, Betasten – und das Hantieren mit den Dingen der Umwelt erfährt das Kind deren Eigenschaften, und es entdeckt und erprobt Zusammenhänge. Auf dieser Basis von Anschauung und handgreiflichem Erleben wird es dem Kind dann möglich, den Gegenständen Eigenschaften und Reaktionsweisen bald ‚anzusehen'. Dazu einige Beispiele:

– Der 10 Monate alte B. stützt sich beim Aufstehen an einem Heizkörper ab, der im unteren Teil nur lauwarm, oben aber schon unangenehm heiß ist. Am nächsten Tag benutzt er den Heizkörper wieder als Aufrichtungshilfe, aber erst, nachdem er ihn vorsichtig mit seinen Händen abgetastet hat.

– Die 12 Monate alte A. untersucht den Inhalt eines Küchenschrankes. Dabei ist zu beobachten, wie sie auf die verschiedenen Gegenstände – Geschirrtücher, Eierwärmer, Flaschenbürsten, Topfreiniger, Topflappen – auch immer wieder prüfend ihren Kopf legt. Als sie am nächsten Tag wieder am gleichen Schrank spielt und dabei müde wird, ergreift sie gezielt einen mit weichem Vlies gepolsterten Grillhandschuh, legt mit einem wohligen Lächeln ihren Kopf darauf und ruht sich eine Weile aus.

– Die 14 Monate alte M. untersuchte zum wiederholten Male einige Zwiebeln: sie betastet diese, schält die Schalen ab und untersucht sie, riecht an der Zwiebel, läßt sie über den Boden rollen ... und beißt einmal auch kurz hinein. Die Reaktion darauf ist ein heftiges ‚Bah' – und die Zwiebel fliegt in hohem Bogen durch die Küche. Einige Stunden später spielt sie wieder mit den Zwiebeln; sie packt sie in eine Tüte, schält wieder die Schalen ab. Zwischendurch unterbricht sie ihr Tun mehrfach, betrachtet intensiv die Zwiebel in ihrer Hand, sagt dazu laut ‚bah' und schüttelt sich angewidert.

– Der zweijährige J. spielt mit dem Schneeball, den ihm sein Bruder gegeben hat. Er wirft ihn, rollt ihn über den Boden ... Da er den Schneeball dabei zwischendurch auch immer längere Zeit in den Händen hält, wird dieser immer kleiner und tropft als Wasser von J.'s Händen. Als J. dies bemerkt, betrachtet er intensiv den Schneeball in seiner Hand und die Wassertropfen, er befühlt beides, leckt daran. In den nächsten Tagen ergreift er immer wieder Schnee, drückt diesen zusammen und beobachtet, wie dieser in seinen Händen zu Wasser wird.

Die auf sensumotorischen Erfahrungen basierende Vorstellungswelt geht der sprachlichen Begriffsbildung voraus

Die angeführten Beispiele sollen verdeutlichen, wie das Kind mit Hilfe seiner Sinne und durch sein Handeln Vorstellungen über die Dinge und Geschehnisse in der Umwelt aufbaut, noch bevor es die sprachlichen Begriffe dafür erlernt. Erst im Verlauf des zweiten Lebensjahres beginnt das Kind, die sprachlichen Symbole für die Gegenstände, ihre Eigenschaften und die Zusammenhänge in der Umwelt zu erlernen, die es bereits vorher durch sinnenhafte und handgreifliche

Die Entwicklung des Kindes in den ersten drei Lebensjahren

Erfahrungen zum Bestandteil seiner Denk- und Handlungsschemata gemacht hat. Für den Aufbau der Begriffswelt braucht das Kind andere Menschen, die seine Erlebnisse und Sinneserfahrungen in Worte kleiden.

Piaget untergliederte die sensu-motorische Phase in verschiedene, aufeinander aufbauende Entwicklungsschritte:

Der Entwicklungsaufbau in der sensu-motorischen Phase

Beim Neugeborenen und im ersten Lebensmonat zeigen sich die Anfänge der geistigen Entwicklung vor allem in der Übung der angeborenen Reflexmechanismen (vgl. S. 13 ff.). Denn obwohl es sich bei den Reflexen um unwillkürlich ablaufende Reaktionen auf bestimmte Reize hin handelt, sind doch etliche der Neugeborenenreflexe zu einer Anpassung an die Wirklichkeit fähig, und sie werden schon nach einigen Lebenstagen durch Umwelteinflüsse verändert. Dies soll am Beispiel des Saugreflexes verdeutlicht werden: Zuerst saugt das Kind nur, wenn ihm die Brustwarze/der Sauger unmittelbar in den Mund gegeben wird. Bereits nach wenigen Tagen sucht es von sich aus aktiv nach der Nahrungsquelle, sobald seine Mundregion berührt wird. Auch spielerisches Saugen tritt schon nach kurzer Zeit auf: am Zipfel der Bettdecke, an den Fingern etc. Dabei lernt das Kind, die Saugbewegungen unterschiedlichen Gegenständen anzupassen. Auf diese Weise werden die angeborenen Verhaltensweisen gefestigt und, zum Zwecke der Anpassung an Umweltgegebenheiten, bereits differenziert.

Übung angeborener Reflexmechanismen

In Ergänzung zu den Erkenntnissen Piagets hat die jüngere Forschung gezeigt, daß der Säugling bereits in den ersten Lebenswochen über vielfältige Wahrnehmungs- und elementare Erinnerungsfähigkeiten verfügt: er kann z. B. Menschen/Dinge anschauen, er unterscheidet zwischen neuen und vertrauten Reizen, er reagiert auf Geräusche (vgl. auch S. 30 ff.). Das Kind in diesem Alter unterscheidet allerdings noch nicht zwischen der inneren erlebten Welt und der äußeren Wirklichkeit, **es erlebt sich vielmehr als Einheit mit der Umwelt,** die zunächst vor allem durch die Hauptbetreuungsperson des Kindes verkörpert wird.

Wahrnehmungs- und Erinnerungsfähigkeiten des jungen Säuglings

Im nächsten Entwicklungsabschnitt, etwa dem zweiten bis vierten Lebensmonat, werden Handlungen, die – zunächst zufällig – zu einem für das Kind angenehmen oder interessanten Ergebnis geführt haben, unzählige Male wiederholt, beispielsweise das Öffnen und Schließen der Hände, das Erzeugen von Bläschen mit Speichel, das Schütteln einer Rassel, das Betrachten eines sich bewegenden Gegenstandes... Reflexhaftes Verhalten wird so zunehmend durch willkürliches ersetzt, und die ersten Fähigkeiten und Gewohnheiten bilden sich aus. Bereits beherrschte Hand-

Handlungen mit angenehmem Ergebnis werden viele Male wiederholt

lungsformen wie Saugen, etwas anschauen oder einen Gegenstand festhalten werden auf immer mehr Objekte und weitere Umweltbereiche angewandt und gegen Ende dieses Entwicklungsabschnittes auch bereits koordiniert, z. B. führt das Kind die Hand in Richtung des Gegenstandes, den es anschaut (Anfänge der Hand-Auge-Koordination). Der Säugling erlebt sich allerdings in diesem Alter **noch nicht als Auslöser seiner Wirkungen auf die Umwelt,** z. B. lauscht er zwar dem Rasselton, wenn er eine Rassel schüttelt, ihm fehlt aber noch das Bewußtsein, daß er selbst der Erzeuger ist.

Während des folgenden Entwicklungsabschnittes, der etwa die Zeit zwischen dem vierten und dem achten Lebensmonat umfaßt, beginnt das Kind zunehmend, **Ereignisse miteinander zu verknüpfen.** Der Säugling entdeckt, daß eine Handlungsweise immer wieder zu einem bestimmten Ergebnis führt, daß sie ein Mittel zum Erreichen eines bestimmten Zweckes ist. Beispielsweise strampelt ein Kind nun nicht mehr nur aus Freude am Strampeln, sondern weil es bemerkt hat, daß es auf diese Weise einen an seinem Bett befestigten Luftballon bewegen kann. Die Wirkungen der eigenen Handlungen auf die Umwelt werden nun immer mehr wahrgenommen, und Aktivitäten, die zu Umweltveränderungen führen, werden gerne und oft wiederholt.

<small>Handlungsweisen werden eingesetzt, weil sie zu einem bestimmten Ergebnis führen</small>

Aufgrund der inzwischen deutlich fortgeschrittenen Entwicklung und Koordination der verschiedenen Wahrnehmungs- und Handlungsfähigkeiten kann das Kind die Dinge der Umwelt nun intensiv und mit allen Sinnen erforschen. Durch das Greifen und Betasten erfährt das **Raumerleben** des Kindes eine wesentliche Erweiterung: es sammelt vielfältige Erfahrungen mit der Dreidimensionalität der Gegenstände.

<small>Gegenstände werden intensiv und mit allen Sinnen erforscht</small>

Ein wichtiger Schritt in der geistigen Entwicklung, der sich in dieser Lebensphase anbahnt, ist der sog. ‚Objektbegriff', d. h. das Verständnis für die dauerhafte, von der eigenen Wahrnehmung unabhängige Existenz von Menschen und Dingen. Während der Säugling im ersten Lebenshalbjahr nicht nach Gegenständen sucht, die aus seinem Blickfeld verschwinden, beginnt er mit etwa sieben Monaten zunächst Hinuntergefallenem nachzublicken. Dies ist für das Kind anfänglich am leichtesten, wenn es den Gegenstand selbst fallengelassen hat. Diese beginnende Suche nach Verschwundenem setzt das **Entstehen eines Gedächtnisses** voraus.

<small>Allmähliches Entstehen des ‚Objektbegriffes'</small>

Die Entwicklung des Kindes in den ersten drei Lebensjahren

Die Vorstellung, daß Menschen und Dinge auch dann noch existieren, wenn man sie mit seinen Sinnen nicht wahrnehmen kann, scheint der Säugling für den Menschen eher zu entwickeln als für Gegenstände. Versteck- und Guck-Guck-Spiele sind die Lieblingsbeschäftigungen von Kindern um den achten Lebensmonat. Das wiederholte Verschwinden und Wiederauftauchen vertrauter Menschen hilft dem Kind, Einsicht und Zuversicht in deren beständiges Dasein zu entwickeln. Dabei lernt der Säugling, der sich bis dahin noch weitgehend als Einheit mit der Mutter erlebte, auch zunehmend zu begreifen, daß die Mutter und er selbst zwei getrennte Wesen sind.

Das Verständnis für die dauerhafte Existenz entwickelt sich für Menschen eher als für Dinge

Auf der Grundlage von vielfältigen Erfahrungen mit Objekten, die hinunterfallen, wegrollen etc. und wiederauftauchen, zeigt das Kind im nächsten Entwicklungsabschnitt, der etwa vom achten bis zwölften Lebensmonat reicht, ein deutlich erkennbares Verständnis für die dauerhafte Existenz von Gegenständen. Es sucht nun aktiv nach Dingen, die aus seinem Blickfeld verschwunden sind, z. B. nach einem Ball, der unter einen Schrank gerollt ist oder einem Bauklotz, den der Erwachsene vor den Augen des Kindes unter einer Dose o. ä. versteckt hat.

Deutliche Anzeichen des ‚Objektbegriffes' um den 8./9. Lebensmonat

Ein entwicklungstypisches Verhalten in dieser Altersstufe ist des weiteren die systematische Anwendung verschiedener Handlungs- und Wahrnehmungsweisen auf den gleichen Gegenstand, z. B. wird ein Holzklotz betrachtet, belutscht, geschüttelt, beklopft, geworfen... Es scheint so, als wolle das Kind ausprobieren, wozu ein Objekt zu gebrauchen ist. Dadurch lernt das Kind, sein Handeln immer mehr den Dingen anzupassen, d. h. zunehmend spezifischer mit diesen umzugehen. Beispielsweise wird ein Quietschtier bald nicht mehr geschüttelt, sondern gezielt zusammengedrückt – mit den Händen, indem das Kind darauf beißt, es auf den Boden drückt etc.

Anwendung verschiedener Handlungs- und Wahrnehmungsweisen auf einen Gegenstand

Durch die nun auch erworbene Fähigkeit zum Sich-Aufrichten und zur Fortbewegung wird die Raumauffassung des Kindes immer differenzierter: es erfährt die Dreidimensionalität des Raumes, erlebt oben und unten und lernt Gegenstände aus unterschiedlichsten Blickwinkeln kennen.

Fortschritte in der Raumauffassung

Ein wichtiger Entwicklungsschritt in dieser Lebensphase ist schließlich noch das erste Werkzeugdenken. Gegen Ende des Säuglingsalters beginnt das Kind, etwas als Mittel zu gebrauchen, um einen bestimmten Zweck zu erreichen. Es zieht z. B. an einer Schnur, um einen daran befestigten Gegenstand zu erlangen, oder es führt die Hand der Mutter in Richtung eines Objektes, das es gerne haben möchte, selbst aber nicht erreichen kann.

Entwicklung des ersten Werkzeugdenkens

1. Abschnitt

Zieht begehrtes Spielzeug an Schnur heran

Dieses Verhalten zeigt, daß das Kind nun auch **Beziehungen zwischen Objekten,** nicht mehr nur zwischen einem Objekt und dem eigenen Verhalten begreift. Es kann jetzt mit Absicht und Ziel handeln. Das Werkzeugdenken ist ein wichtiger Schritt auf dem Weg **zum Verständnis kausaler Beziehungen.**

Entdeckung neuer Handlungsschemata durch aktives Experimentieren

Die erste Hälfte des zweiten Lebensjahres ist dadurch gekennzeichnet, daß neue Handlungsweisen nicht mehr nur durch die Wiederholung zufällig erzielter Resultate erworben werden, sondern durch aktives Experimentieren und Ausprobieren. Dabei beobachtet das Kind intensiv die erzielten Ergebnisse bzw. die Reaktionsweisen der Gegenstände. Dazu ein Beispiel:

> Die vierzehn Monate alte A. spielt mit einer Steckpyramide aus Holz. Nachdem sie mehrfach die hölzernen Ringe auf den Stab gesteckt und wieder heruntergekippt hat, nimmt sie den Steckstab waagerecht in eine Hand und versucht, die Ringe in dieser Haltung auf den Stab zu setzen. Nach anfänglichen Schwierigkeiten – die Ringe rutschten ihr mehrfach hinunter, weil sie den Stab wiederholt nach unten neigte – gelingt es ihr, die Steckpyramide auch bei dieser Vorgehensweise zu vollenden. Am nächsten Tag kann man beobachten, wie sie den Stab in eine Hand nimmt und die am Boden liegenden Ringe ‚aufzuspießen' versucht, was zwar immer nur für einen Ring gelingt, sie aber dennoch mit großer Befriedigung erfüllt.

Das Kind erkennt sich selbst als handelndes Wesen

Bei seinen Tätigkeiten erkennt sich das Kind nun auch selbst als handelndes Wesen, d. h. als derjenige, der z. B. ein Spielzeug in Bewegung setzt, ein Geräusch mit einer Rassel erzeugt ... Dieser Fortschritt in der geistigen Entwicklung zeigt sich u. a. darin, daß das Kind jetzt immer mehr selber tun möchte.

In dieser Entwicklungsphase werden im Spiel die räumlichen Beziehungen von Objekten intensiv erfahren. Aus- und Einräumen, Öffnen und Schließen, Nebeneinanderlegen, Aufeinanderschichten... sind typische Handlungsformen, bei denen das Kind die Raumkategorien der Nachbarschaft, des Ineinander, des Aufeinander etc. durch sein Tun erlebt. Die Richtungen und Lagen von Dingen bleiben für das Kind aber noch lange verschieb- und austauschbar, was sich z. B. darin zeigt, daß Bilderbücher häufig ‚auf dem Kopf‘ angeschaut werden, ohne daß dies das Erkennen der Abbildungen wesentlich zu beeinträchtigen scheint.

Das Erfahren räumlicher Beziehungen

Die Fähigkeit zur Nachahmung, deren Anfänge sich bereits in den ersten Lebensmonaten zeigen (z. B. die Lippen spitzen, einfache Laute nachahmen, später auch Gesten wie ‚Winke-winke‘), nimmt im Kleinstkindalter deutlich zu. Das Kind ahmt jetzt schon einfache Tätigkeiten nach, z. B. in einer Schüssel rühren. Das nachahmende Verhalten tritt dabei nicht mehr nur unmittelbar nach dem Erleben des Vorbildes auf, sondern oft auch erst Stunden oder Tage später. Dies zeigt, daß das Kind eine innere Vorstellung von einer Verhaltensweise entwickelt hat. Auch erste symbolische Spiele finden statt, z. B. führt das Kind im Spiel einen Rührlöffel zum Mund und macht Kaubewegungen. Zugleich erwacht das Symbolverständnis: das Kind versteht zunehmend mehr sprachliche Begriffe, und es erkennt bald auch schon vertraute Gegenstände auf Abbildungen wieder.

Entwicklung der Nachahmung und des Symbolverständnisses

Die zweite Hälfte des zweiten Lebensjahres — für Piaget der letzte Entwicklungsabschnitt in der sensu-motorischen Phase — ist bereits durch eine innere Repräsentation, d. h. eine innere bildliche Vorstellung von Handlungen und Gegenständen gekennzeichnet. Das Ausprobieren mit der Hand wird immer mehr durch verinnerlichtes Problemlösen mit Hilfe von bildhaften Vorstellungen ersetzt. Die Ergebnisse von Handlungen werden in der Vorstellung vorweggenommen, es kommt zu einem plötzlichen Verstehen einer Situation, einen ‚Aha-Erlebnis‘. Letzteres zeigt sich oft auch deutlich in der Mimik des Kindes. Dieser Entwicklungsabschnitt kennzeichnet den Übergang zum eigentlichen Denken, das als ein innerliches Handeln und Umgehen mit innerlich repräsentierten Gegenständen zu verstehen ist. Das Kind ist jetzt fähig, vorauszusehen, welche Handlung zum Erfolg führen wird und welche nicht. Dadurch kann es Probleme wesentlich schneller lösen als durch Ausprobieren. Einfache Ursache-Wirkungs-(Kausal-)Beziehungen werden nun allein

Ergebnisse von Handlungen werden in der Vorstellung vorweggenommen

43

1. Abschnitt

über die Wahrnehmung erkannt, und das Kind kann sich Abwandlungen zu vertrauten Handlungsformen vorstellen, ohne sie praktisch auszuführen.

Anfänge des Zahl- und Zeitverständnisses

In diesem Alter zeigen sich auch elementare Anfänge des Zahlverständnisses. Das Kind bemerkt nun z. B., wenn von seinen Strümpfen oder Schuhen einer fehlt oder wenn man ihm von einer kleinen Menge von Spielobjekten – etwa drei Autos – eines fortnimmt. Auch das Wort ‚mehr' wird vom Kind verstanden und gebraucht. Ebenso beginnt das Zeitverständnis sich allmählich zu entwickeln, wobei der Zeitbegriff für das Kind wegen seiner Abstraktheit besonders schwierig ist. Erste Anzeichen für das Zeiterleben zeigen sich, wenn das Kind anfängt, die Bedeutung von ‚jetzt' zu verstehen, was zumeist in der zweiten Hälfte des zweiten Lebensjahres der Fall ist.

Die Phase des vorbegrifflichen, symbolischen Denkens

Im dritten Lebensjahr beginnt für Piaget eine neue Phase in der geistigen Entwicklung: die Zeit des vorbegrifflichen, symbolischen Denkens. Dieser Entwicklungsabschnitt ist vor allem durch den Erwerb der Sprache und der Symbolfunktion – des ‚so-tun-als-ob' im Spiel – gekennzeichnet. Handlungen oder Gegenstände, die nicht gegenwärtig sind, kann das Kind jetzt durch Symbole oder Zeichen ersetzen: ein Klotz wird zum Auto, zum Seifenstück... Auch durch die Sprache kann das Kind symbolisch Wünsche, Erfahrungen und Bewertungen zum Ausdruck bringen. Allerdings sind viele sprachliche Begriffe bei Kindern dieser Altersstufe noch sehr subjektiv geprägt, z. B. kann das Wort ‚ata' Spazierengehen, das Geschehen draußen, den Regenmantel etc. bezeichnen.

Merkmale der kindlichen Denkhaltung in dieser Entwicklungsphase

Die Denkhaltung des Kindes unterscheidet sich in dieser Entwicklungsphase, die bis ins Kindergartenalter hineinreicht, deutlich von der älterer Kinder und Erwachsener. Das Kind kennt die Welt nur so, wie es sie selbst wahrnimmt und erlebt. Es befindet sich auf einer vorobjektiven Stufe der Erkenntnis, die vom Gesetz der Erscheinungen bestimmt ist, z. B. hält das Kind das, was nahe ist, für groß. Sein Denken und Urteilen **basiert auf Anschauung, nicht auf logisch-abstrakten Überlegungen.** Dies führt häufig zu völlig falschen Urteilen über die Ursache-Wirkungs-Zusammenhänge in der Umwelt, indem die zeitliche oder räumliche Nähe von Ereignissen als Kausalzusammenhang begriffen wird, z. B. kann es sein, daß ein Kind, dessen Turm gerade in dem Moment umfällt, als es draußen donnerte, glaubt, daß der Donner den Turm umgeworfen hat. Typisch für diese Entwicklungsphase ist auch, daß **unbelebte Gegenstände häufig als belebt wahrgenommen werden,** z. B. ist der Stuhl böse, weil man sich daran gestoßen hat. Die eigenen Gefühle, Bewertungen etc. werden in die Außenwelt projiziert.

Das Verständnis für Menge, Größe und Zeit schreitet im dritten Lebensjahr allmählich voran. So kann das Kind jetzt zwischen ‚eins' und ‚vielen' unterscheiden und z. B. nur einen Apfel reichen, wenn es darum gebeten wird. Es versteht die Begriffe ‚groß' und ‚klein' und bemerkt bzw. spricht über Größenunterschiede, besonders, wenn es selbst betroffen ist. In vertrauten Situationen lernt das Kind nun den Sinn des Wortes ‚bald' zu begreifen, z. B. wenn es auf das Essen warten muß.

Fortschritte im Mengen-, Größen- und Zeitverständnis

Die hier in den wesentlichsten Merkmalen geschilderte geistige Entwicklung des Kindes kann durch vielfältige Faktoren verzögert bzw. gestört werden. So können angeborene geistige Behinderungen (z. B. Down-Syndrom) vorliegen oder leichtere Hirnschädigungen (z. B. durch Komplikationen während der Schwangerschaft oder der Geburt). Des weiteren können Verzögerungen/Störungen in der motorischen und der Wahrnehmungsentwicklung, die in den ersten Lebensjahren die Grundlage der geistigen Entwicklung sind, letztere beeinträchtigen, dies vor allem, wenn Schädigungen der Motorik und der Wahrnehmung nicht rechtzeitig erkannt und fachgerecht behandelt werden (vgl. dazu die Symptome für Verzögerungen/Störungen in der Entwicklung von Motorik und Wahrnehmung). Ab dem zweiten Lebensjahr können auch Probleme in der Sprachentwicklung das geistige Verstehen und Durchdringen der Welt behindern (vgl. dazu S. 55 ff.).

Über das bisher Angesprochene hinausgehend sollten die Erzieher in altersgemischten Gruppen auf folgende mögliche Anzeichen von Verzögerungen/Störungen in der geistigen Entwicklung achten:

Anzeichen möglicher Verzögerungen/Störungen in der geistigen Entwicklung

— Die bzw. einige der **normalen Reflexe des Säuglingsalters fehlen** oder **bleiben länger als die normale Zeitdauer bestehen** (vgl. S. 14 ff.).

— Das Kind **blickt** nach dem achten Monat **noch nicht nach hinuntergefallenen Dingen** bzw. sucht am Ende des ersten/Anfang des zweiten Lebensjahres noch nicht nach Gegenständen, die aus seinem Blickfeld verschwunden sind.

— Das Kind **ahmt** im ersten Lebensjahr **keine Geräusche/ Gesten nach,** die es unmittelbar zuvor bei einem anderen Menschen wahrgenommen hat, bzw. es ahmt im zweiten Lebensjahr noch keine Tätigkeiten/Handlungen/Gesten/ Laute nach, die es einige Zeit zuvor (Stunden/Tage) bei anderen miterlebt hat.

1. Abschnitt

– Das Kind benutzt am Ende des ersten/Anfang des zweiten Lebensjahres **Dinge noch nicht als Mittel zum Zweck,** z. B. eine Schnur, um etwas heranzuziehen, einen Stock, um einen über ihm hängenden Gegenstand in Bewegung zu setzen.

1.7 Die Entwicklung der Sprache

1.7.1 Bedeutung und allgemeine Merkmale

Die Bedeutung der Sprache

Die Sprache ist für den Menschen das **wichtigste Ausdrucks- und Kommunikationsmittel,** um Informationen, Gedanken, Gefühle, Wünsche und Einstellungen anderen mitzuteilen. Dabei gehört es zu den spezifischen Leistungen der Sprache, die geistige Überbrückung von Zeit und Raum zu ermöglichen, d. h. durch die Sprache können sich Menschen vom ‚Hier und Jetzt' lösen, sich über Zukunft, Vergangenheit und abwesende Dinge austauschen. Das heranwachsende Kind wird über die Sprache mit den **Sichtweisen der Menschen seiner Umgebung** und **mit den Normen und Werten der Kultur,** der es angehört, vertraut. Dadurch werden sowohl sein **Selbst-** als auch sein **Weltbild** entscheidend geformt.

Der Zusammenhang zwischen sprachlicher und geistiger Entwicklung

Obwohl das Verhältnis von Sprache und Denken immer wieder aufs Neue Gegenstand wissenschaftlicher Diskussionen ist, geht man heute überwiegend von einem **engen Wechselbezug** aus. Von daher kann die sprachliche Entwicklung nicht losgelöst von der geistigen gesehen werden. Zwar hat die Sprache ein vorintellektuelles Stadium – die Zeit, in der das Kind noch keine Bedeutung mit seinen Äußerungen verbindet (etwa das erste Lebensjahr) – wie auch das Denken eine vorsprachliche Phase hat (z. B. das erste Werkzeugdenken mit etwa 10 Monaten). Im Verlauf des zweiten Lebensjahres fallen aber die Entwicklungslinien für das Denken und die Sprache zusammen. Das Kind entdeckt nun, daß jedes Ding einen Namen hat. Die Sprache wird zum Bedeutungsträger, d. h. Begriffe stehen für bestimmte Vorstellungsinhalte. Zugleich wird das Denken des Kindes immer mehr sprachlich, d. h. das Kind denkt zunehmend auch in sprachlichen Begriffen. Der enge Zusammenhang zwischen sprachlicher und geistiger Entwicklung zeigt sich sehr deutlich im sog. Fragealter, in dem sich das Kind die Welt mit ihren vielfältigen Erscheinungen und Zusammenhängen immer mehr über die Sprache erschließt.

Der Bezug zur sozial-emotionalen Entwicklung

Des weiteren kann der Spracherwerb auch nicht losgelöst von der sozial-emotionalen Entwicklung gesehen werden. Kinder, die nicht genügend menschliche Zuwendung erhalten, bleiben auch sprachlich deutlich zurück, da ihnen die Anregung und Motivation zum Spracherwerb fehlen.

Die Entwicklung des Kindes in den ersten drei Lebensjahren

Der Prozeß der Sprachentwicklung, der sich bis ins Schulalter und noch weiter erstreckt, umfaßt vier wichtige Bereiche:

1. Die **Entwicklung von Sprachverständnis.** Der passive Wortschatz ist auf jeder Altersstufe größer als der aktive. Beim Säugling spielen die Situation, die Geste, die Tonlage für das Verstehen zunächst eine größere Rolle als das gesprochene Wort.

2. Der **Aufbau des Wortschatzes.** Die Größe des Wortschatzes nimmt ab der zweiten Hälfte des zweiten Lebensjahres rasch zu. Ein reichhaltiges, auf konkreten Erfahrungen basierendes Wortwissen ist wichtig, um sich in seinen Erfahrungen, Wünschen etc. differenziert mitteilen zu können.

3. Das **Erlernen der Aussprache.** Diese wird durch Nachahmung gelernt und beinhaltet die Fähigkeit, Laute in Verbindungen zu erzeugen. Zwischen 12 und 18 Monaten, wenn das Kind die ersten Worte spricht, ist die Aussprache oftmals noch sehr undeutlich. Konsonanten und Konsonantenverbindungen sind am schwierigsten für das Kind. Deren richtige Aussprache erwirbt es z. T. erst im Verlauf des dritten/vierten Lebensjahres.

4. Das **Erlernen der Satzbildung.** Sprechenlernen heißt immer auch Regellernen. Wenn ein Kind seine Muttersprache erwirbt, erlernt es auch die Grammatik dieser Sprache: Satzbau, Wortfolge, Deklinations- und Konjugationsformen, die Konstruktion zusammengesetzter Sätze etc. Satzlänge, Vollständigkeit und Komplexität der Sätze nehmen mit dem Alter zu, wobei sich hier sehr wesentliche Entwicklungsprozesse noch im Kindergartenalter vollziehen.

Der Spracherwerb umfaßt vier wichtige Bereiche

Das kleine Kind hat eine angeborene Bereitschaft, Sprache zu erlernen. Voraussetzungen für den Spracherwerb sind **Reifungsprozesse der einzelnen Teile des Gehirns,** die sich allerdings in früher Kindheit sehr rasch vollziehen. Die motorischen Bedingungen sind etwas früher vorhanden als die geistigen, letztere erst mit etwa 1–1½ Jahren, wenn das Kind Beziehungen herstellen kann. Neben diesen neurophysiologischen Voraussetzungen ist **das Vorbild und die sprachliche Anregung durch andere Menschen** eine grundlegende Bedingung des Spracherwerbs. Wo diese fehlen, erwirbt auch der Mensch keine Sprache, wie die Beispiele von Kindern zeigen, die ohne jeden Kontakt zur menschlichen Sprache aufwachsen.

Voraussetzungen für den Spracherwerb

1. Abschnitt

Allgemeine Merkmale der Sprachentwicklung

Der Prozeß der Sprachentwicklung ist durch **große individuelle Unterschiede** hinsichtlich der Geschwindigkeit der Entwicklung, der Größe des Wortschatzes, der Aussprache- und Satzbildungsfähigkeit etc. gekennzeichnet. Dabei spielen die Motivation zum Sprechenlernen und die Anregung durch die Umwelt eine sehr wesentliche Rolle. Bei fast allen Kindern ist die Sprachentwicklung durch einen häufigen Wechsel zwischen Zeiten schnellen und langsamen Fortschrittes gekennzeichnet, z. B. kann der Erwerb des freien Gehens mit einem gewissen Stillstand im Spracherwerb verbunden sein. Ob Mädchen, wie oft behauptet wird, Jungen in allen Phasen und Bereichen der Sprachentwicklung voraus sind, ist umstritten. Was das flüssige Sprechen und die Größe des Wortschatzes angeht, scheinen sich aber geschlechtsspezifische Unterschiede zugunsten von Mädchen zu zeigen.

Gesichtspunkte für die Unterstützung der Sprachentwicklung
vgl. dazu auch: Bd. I, S. 64 ff.

Für den Verlauf der Sprachentwicklung spielt, wie bereits angedeutet wurde, die Anregung durch die Umwelt eine höchst bedeutsame Rolle. Schon im ersten Lebenshalbjahr wirken sich das **Aufgreifen der spontanen Äußerungen** des Säuglings sowie das **Ausmaß der Ansprache durch den Erwachsenen** auf die Art und Häufigkeit der Lautproduktion aus. Auch Anlächeln, Blick- und Körperkontakt fördern die Ausdrucksfreude des kleinen Kindes. Jenseits des Säuglingsalters wird dann auch die **Qualität des sprachlichen Vorbildes** bedeutsam. Studien zeigen, daß Erwachsene spontan ihre Sprache verändern, wenn sie mit sehr jungen Kindern sprechen. Bei dieser sog. Ammensprache werden einfachere, kürzere Sätze gebildet, Worte und Satzteile werden oft wiederholt, das verwendete Vokabular ist begrenzt, die Stimmlage ist höher als üblich, es werden längere Pausen zwischen den Äußerungen gemacht und viele Fragewörter benutzt. Durch dieses Sprachverhalten wird für das kleine Kind das Verstehen der Äußerungen des Erwachsenen sowie die Nachahmung erleichtert. Damit das Kind aber nicht nur leere Worte lernt, sondern wirkliches Sprachverständnis aufbauen kann, ist es wichtig, daß der Erwachsene für das Kind die **Verbindung von Wort und Inhalt** herstellt, z. B. Dinge und deren Eigenschaften, die das Kind über seine Sinne wahrnimmt, in Worte kleidet.

Für das Sprechenlernen ist auch die **Motivation** von grundlegender Bedeutung. Diese fehlt z. B. bei Zwillingen oft, die untereinander einfache Verständigungsformen entwickeln. Um die Sprechfreudigkeit zu unterstützen, muß das Kind vom Säuglingsalter an Dialoge mit dem Erwachsenen führen können, bei denen es immer wieder selbst zu Wort kommt. Auch Bilderbücher, Reime, Lieder, Geschichten etc. fördern die Motivation, sich zu äußern und somit auch die Sprachent-

Die Entwicklung des Kindes in den ersten drei Lebensjahren

wicklung. Bei alledem braucht das kleine Kind **eine möglichst ruhige Umgebung,** in der es seine eigenen Laute/ Worte bzw. die Äußerungen anderer Menschen deutlich wahrnehmen kann. Denn die Bereitschaft und Fähigkeit zu lauschen und zuzuhören, ist eine wesentliche Voraussetzung für den Spracherwerb.

1.7.2 Der Ablauf der Sprachentwicklung

Die sprachliche Entwicklung des Kindes läßt sich in eine vorsprachliche Phase und die Zeit des eigentlichen Spracherwerbs unterteilen. **Die Vorstufen des Sprechens** – Schreien, Explosivlaute, Lallen, Gebärden ... – **sind ein wichtiger Abschnitt auf dem Weg zur Sprache.** Das Kind macht hier die Erfahrung, sich mitteilen und anderen antworten zu können, und es übt zugleich die Stimmorgane. Der eigentliche Spracherwerb beginnt mit 1–1½ Jahren, wenn das Kind eine Verbindung zwischen Wort und Inhalt herstellen kann.

Die Sprachentwicklung läßt sich in eine vorsprachliche Phase und die Zeit des eigentlichen Spracherwerbs unterteilen

Die Sprachentwicklung des Menschen beginnt mit dem Schreien, das bei der Geburt zudem die wichtige Funktion hat, die Lungenatmung in Gang zu setzen. Das gesunde Neugeborene reagiert auf jede Unlustempfindung – Hunger, Schmerz, laute Geräusche, helles Licht, Kälte etc. – mit Schreien, **das zunächst noch undifferenziert ist.** Schon nach wenigen Wochen treten Unterschiede in der Frequenz, der Intensität und der Tonhöhe, bald auch in der Klangqualität und dem Rhythmus des Schreiens auf, z. B. ist das Schreien wegen Hungers zumeist laut und intensiv und oft durch Saugbewegungen unterbrochen. **Das Schreien wird also zunehmend differenzierter** und zeigt die unterschiedlichen Bedürfnisse und Stimmungen des Kindes an. Allerdings ist das Schreirepertoire bei jedem Kind verschieden. Um die Schreilaute richtig interpretieren zu können, muß der Erwachsene den Säugling gut beobachten und kennen. Je jünger das Kind ist, desto mehr wird das Schreien durch körperliche Bewegungen begleitet.

Das erste Vierteljahr

Die erste Mitteilungsform des Menschen ist also das Schreien, es ist Ausdruck und zugleich Appell an die Umwelt. Bis zum Ende des dritten Lebensmonats hat der Säugling gelernt, das Schreien auch als Mittel der Aufmerksamkeitserregung einzusetzen. Beobachtungen haben gezeigt, daß Säuglinge weniger schreien, wenn die Betreuungspersonen in den ersten Lebensmonaten des Kindes zuverlässig und einfühlsam auf dessen Schreien reagierten. Das Schreien bzw. später das Weinen bleibt aber noch bis ins zweite Lebensjahr hinein eine Form der Mitteilung, bis das Kind in

1. Abschnitt

der Lage ist, seine Wünsche, Empfindungen und Bedürfnisse sprachlich auszudrücken.

Neben dem Schreien äußern Säuglinge in den ersten Lebensmonaten noch eine Reihe anderer Laute: **Vokallaute** (a, ä,), die häufig mit ‚h' verbunden werden (z. B. ähä, hä) sowie **Gurr- und Explosivlaute** (rrr-Ketten, Kehllaute wie ech, gu, gr, ng). Alle diese Laute werden zumeist durch zufällige Bewegungen des Stimmechanismus (Mund, Zunge, Kehlkopf) hervorgerufen, sie sind nicht gelernt und treten auch bei tauben Kindern auf. Sie sind **kein Mittel der Verständigung,** sondern eine Begleitung der allgemeinen körperlichen Aktivität und eine Reaktion auf körperliche Bedürfnisse. Mit der Weiterentwicklung des Stimmechanismus verschwindet der größere Teil dieser frühen Laute.

Gegen Ende des ersten Vierteljahres werden, parallel zu den sich ausdehnenden Wachzeiten, die Lautäußerungen des Kindes immer häufiger. Es treten nun auch vermehrt **lustvolle Äußerungsformen** wie Quietschen, Kreischen, Grunzen und Lachen auf. Gesten werden jetzt ebenfalls als Mitteilungsform eingesetzt, z. B. den Sauger der Flasche wegschieben.

Das zweite Vierteljahr

Zu Beginn des zweiten Vierteljahres äußert das Kind **Blasreiblaute,** indem es die Luft zwischen den geschlossenen Lippen durchpreßt. Die entstehenden Laute ähneln einem ‚f', ‚w' oder ‚s' bzw. dem englischen ‚th'.

Als Ausdruck der Freude, vor allem bei Ansprache durch andere Menschen, juchzt das Kind. Das **Juchzen** ist charakterisiert durch kurze, hervorbrechende Laute mit plötzlichem Stimmlagenwechsel. Es ist häufig von Zappelbewegungen begleitet.

Zwischen dem dritten und sechsten Lebensmonat entstehen bei den meisten Kindern auch die **ersten Lautverbindungen** wie ‚da', ‚de', ‚ra', ‚ge', die aus einer Verknüpfung von Vokalen und Konsonanten bestehen. Diese werden im weiteren Entwicklungsverlauf zunehmend zu rhythmischen Silbenketten verbunden, z. B. ‚da – da – da', ‚ma – ma – ma', ‚ge – ge – ge'. Diese als **Lallen** bezeichnete Art der Äußerung ist eine spezifisch menschliche Vorbereitung der Lautsprache. Das Kind produziert dabei einen Laut, hört ihn und ahmt ihn nach. Dadurch entsteht oft zufällig oder infolge der fortschreitenden neuromuskulären Reifung ein neuer Laut, den das Kind wiederum nachahmt und spielerisch mit dem schon erworbenen kombiniert. Da zur Weiterentwicklung des Lallens die Rückmeldung über das Gehör wichtig ist, hören taube Kinder, die zunächst auch zu lallen anfangen, nach und nach wieder damit auf.

Die Entwicklung des Kindes in den ersten drei Lebensjahren

Das **Lallen ist eine Art Funktionsspiel,** das häufig in Zeiten ruhigen, zufriedenen Wachseins auftritt, z. B. wenn das Kind allein in seinem Wagen liegt. Säuglinge lallen aber auch als Reaktion auf liebevolle Ansprache bzw. wenn andere Menschen in ihrer Umgebung sich unterhalten. **Eine direkte Mitteilungsfunktion hat das Lallen,** im Gegensatz zum Schreien, **aber nicht.** Obwohl manche Lallketten Wörtern ähneln, verbindet das Kind keine Bedeutung damit. Der Wert des Lallens liegt vielmehr darin, **eine Art Stimmgymnastik zu sein.** Das Kind übt beim Lallen vielfältige Lautverbindungen, und es kann Veränderungen der Tonhöhe und der Modulation hervorbringen. Alle Kinder der Erde produzieren das gleiche Inventar an Lall-Lauten. Erst beim Erlernen der Muttersprache werden die dafür notwendigen Laute selektiv verstärkt, die überflüssigen gelöscht. Viele der beim Lallen produzierten Laute gehören also nicht der künftigen Sprache an.

Im Verlauf des zweiten Vierteljahres beginnt das Kind auch **einfache Laute,** die es bei anderen Menschen hört, **zu imitieren** (z. B. r-r-r-) und es fängt an, **auf den Tonfall der Sprache zu reagieren.** Für den Säugling ist also zunächst weniger wichtig, was der Erwachsene sagt als vielmehr **wie** er es sagt.

Die folgenden Lebensmonate sind durch die Weiterentwicklung der bisher erworbenen Laute gekennzeichnet. Der Säugling **plaudert** viel und gern, z. B. rrr-Ketten, Vokal-Konsonanten (p, b, m, g, d, h)-Verbindungen, die in Silbenform aneinandergereiht werden (e-pa, ga-ga). Lautstärke und Tonhöhe werden dabei häufig gewechselt. Mit acht bis neun Monaten beginnt das Kind auch zu **flüstern** und hört sich dabei selbst aufmerksam zu. Zur etwa gleichen Zeit geht das Lallen immer mehr zu **klaren Doppelsilben** über, die als erste ‚Wortabgrenzung' verstanden werden können (z. B. ma-ma, ba-ba, da-da).

Das dritte Vierteljahr

In den letzten Monaten des Säuglingsalters zeigt das Kind schon ein **erstes deutliches Sprachverständnis.** Es versteht jetzt den Inhalt einiger, ihm vertrauter Worte und wendet suchend den Kopf zu dem entsprechenden Gegenstand bzw. der Person, wenn man fragt „Wo ist . . .?". Zugleich reagiert es auch auf Verbote, unterbricht z. B. bei dem Wort ‚nein' kurzzeitig seine Tätigkeit und schaut evtl. auf. Bevor es eine verbotene Handlung wiederholt, blickt es zuvor meist kurze Zeit fragend oder schelmisch lächelnd zum Erwachsenen. Verbote werden in diesem Alter rasch wieder vergessen und müssen häufig wiederholt werden. Gegen Ende des ersten Lebensjahres verstehen die meisten Kinder **schon einfache Sätze und Aufforderungen** wie „Bring mir . . .", „Zeig

Das letzte Vierteljahr des Säuglingsalters

51

mir ...". Leicht lassen sie sich aber bei deren Ausführung von anderen Dingen und Geschehnissen ablenken.

Von den Lautäußerungen her führt das Kind in diesem Alter gerne **Zwiegespräche** mit anderen Menschen: der Erwachsene sagt dem Kind Silben vor, die dieses schon öfter gehört hat und das Kind antwortet.

Gegen Ende des ersten Lebensjahres, bei manchen Kindern erst einige Monate später, werden auch die **ersten sinnvollen Silben oder Kinderwörter gebildet,** das Kind sagt z. B. ‚ham', wenn es das Essen erblickt oder ‚Auto', wenn es ein Fahrzeug sieht. Dies ist der **Beginn des eigentlichen Sprechens,** das auf zwei Voraussetzungen beruht: **einem bestimmten Reifegrad der Sprechmuskulatur** (motorischer Aspekt des Sprechens) und **der Fähigkeit, Beziehungen zu erfassen,** d. h. Begriffe mit spezifischen Inhalten/Bedeutungen zu verbinden (geistiger Aspekt des Sprechens). Um diesen Entwicklungsschritt von bedeutungslosen Lauten/Lautverbindungen zum ersten sinnvollen Wort zu vollziehen, braucht das Kind den Erwachsenen, der das, was das Kind über seine Sinne wahrnimmt – Personen, Gegenstände und deren Eigenschaften, Geschehnisse ... – in Worte kleidet.

Die erste Hälfte des zweiten Lebensjahres

Die erste Hälfte des zweiten Lebensjahres **ist die Zeit der Einwortäußerungen.** Zuerst treten zumeist Substantive für Personen/Lebewesen und Gegenstände der näheren Umgebung auf, des weiteren Hinweisworte (‚da') und bald auch Verben, die häufige Handlungen bezeichnen. Die Einwortäußerungen **erfüllen viele Funktionen,** d. h. je nach Tonfall und Gesten, die sie begleiten bzw. je nach Situation erkennt der Erwachsene sie als Frage, Hinweis, Wunsch, Ausdruck von Gefühlen, Feststellung etc. Die ersten Einwortäußerungen setzen sich meist aus **einem Wechsel von Konsonanten und Vokalen** zusammen. Vokale wie ‚a' und ‚e' bzw. Konsonanten wie ‚b', ‚p' und ‚m' sind für das Kind relativ leicht auszusprechen, wohingegen Laute wie ‚k', ‚s' und ‚sch' besonders schwierig sind und deshalb in der Regel auch erst viel später gesprochen werden. Der Ablauf der Sprachentwicklung ist ab dem Auftreten der ersten Einwortäußerungen sehr verschieden: dieses Entwicklungsstadium kann nur einige Monate dauern und dann in Zwei- und bald auch Mehrwortsätze übergehen, es kann aber auch ein Jahr und mehr betragen.

Im Alter von 1 bis 2½ Jahren treten auch viele **Bedeutungserweiterungen** auf, das Kind sagt z. B. ‚Auto' für alle Fahrzeuge, ‚gack-gack' für alle vogelähnlichen Lebewesen oder ‚wau-wau' zuerst für den Hund, dann für alles, was haarig-stachelig ist (Besen, Flaschenbürste, Rasierpinsel etc.).

Die Entwicklung des Kindes in den ersten drei Lebensjahren

Das Kind versucht jetzt auch zunehmend, **Worte nachzusprechen,** zunächst oft, ohne sie zu verstehen. Da dabei schwierige Laute häufig ausgelassen oder ersetzt werden, haben diese Äußerungen nicht selten wenig Ähnlichkeit mit der Vorlage und können nur von den unmittelbaren Bezugspersonen verstanden werden. Geräusche hingegen, z. B. Tierlaute, werden schon recht gut und deutlich nachgeahmt. Seine Tätigkeiten begleitet das Kind nun häufig durch **ausdrucksvolle Monologe.**

Das **Sprachverständnis nimmt in der ersten Hälfte des zweiten Lebensjahres rasch zu.** Das Kind versteht auch schon kompliziertere Aufforderungen, z. B. holt es Dinge und gibt diese dem Erwachsenen. Es versteht ‚ja' und ‚nein', Lob und Tadel, und es zeigt auf einen ihm bekannten Körperteil bzw. auf vertraute Dinge/Lebewesen in Bilderbüchern, wenn es dazu aufgefordert wird.

Mit etwa eineinhalb Jahren vollzieht das Kind einen sehr wichtigen Schritt in der sprachlichen Entwicklung: **es entdeckt, daß jedes Ding einen Namen hat,** und es fragt nun bald von sich aus nach Bezeichnungen („Ist das?"). Dadurch nimmt sein Wortschatz in der Folge rasch zu.

Die zweite Hälfte des zweiten Lebensjahres ist **bei den meisten Kindern durch Zweiwortäußerungen charakterisiert,** die sich vorwiegend aus Substantiven, Verben im Infinitiv und wenigen Adjektiven zusammensetzen, z. B. ‚balla haben', ‚wau-wau bös'. Bei den ersten Zweiwortäußerungen **wird noch jedes Wort einzeln gesprochen** und durch eine Pause vom anderen abgesetzt (‚auto-fahren'), sie bestehen somit aus einer Aneinanderreihung zweier Einwortäußerungen. Im nächsten Entwicklungsstadium werden die Wörter dann betonungsmäßig als zusammengehörig geäußert. Bei den Zweiwortäußerungen werden auch die verschiedenen Funktionen, die sie erfüllen, für den Zuhörer schon deutlicher erkennbar, z. B. ‚gack-gack da' (Feststellung), ‚bitta Teddy' (Verlangen/Wunsch), ‚nicht tun' (Negierung). Um den zweiten Geburtstag treten oft die ersten Fragesätze durch Umstellung eines Aussagesatzes bzw. mit Hilfe von Fragepronomen auf. Schwierigere Konsonanten wie ‚n', ‚t' und ‚f' können jetzt zumeist ausgesprochen werden.

Die zweite Hälfte des zweiten Lebensjahres

Gleichzeitig **wird das Sprachverständnis immer differenzierter.** Das Kind versteht nun Aufforderungen, die zwei unterschiedliche Handlungen beinhalten (z. B. einen Gegenstand holen und ihn auf den Tisch stellen), und es reagiert auf die Fragen „Wer . . " bzw. „Was ist das?".

1. Abschnitt

Das dritte Lebensjahr

Im Verlauf des dritten Lebensjahres **treten Mehrwortsätze von drei und mehr Wörtern auf.** Die Sprache ist dabei zunächst noch telegrammstilartig, d. h. es werden die wichtigsten Worte genannt, die für das Verständnis weniger wichtigen ausgelassen (z. B. ‚Mama, Teddy haben'). Häufig werden auch Worte zusammengezogen, beispielsweise ‚bin gangen' für ‚ich bin gegangen'. Außer Substantiven, Verben und Adjektiven treten jetzt auch Adverben (z. B. hier), später auch schwierigere Wortarten wie Fürwörter (z. B. mein), Verhältniswörter (z. B. auf, in), Bindewörter etc. auf. Die bestimmten und unbestimmten Artikel werden zunehmend benutzt, ebenso unbestimmte Mengen- und Zeitbezeichnungen. Die Wortstellung im Satz weicht zunächst noch häufig von der Erwachsenensprache ab, so werden oft Worte, die dem Kind besonders wichtig sind, vorangestellt (z. B. ‚Ball gib mir' statt ‚Gib mir den Ball').

Das Kind bildet im dritten Lebensjahr **vorwiegend Hauptsätze,** dies aber auf verschiedene Art, beispielsweise als Ausruf-, Aussage- oder Fragesatz, wobei schon Fragesätze vorkommen, die mit ‚Wo' und ‚Was' eingeleitet werden. Auch die ersten Nebensätze treten auf, die aber oft noch gar nicht als solche erkannt werden, da das Kind sie mit ‚ä' oder ‚mm' einleitet. Bald kommen dann Verknüpfungen mit ‚damit', ‚wenn ... dann', ‚als', ‚daß' etc. vor.

In dieser Altersstufe lernt das Kind auch die **Hauptformen der Wortabwandlungen** wie Beugung des Substantivs, des Verbs und die Steigerungsformen. Dabei hat es zunächst noch Schwierigkeiten mit den stark gebeugten Wörtern und den unregelmäßigen Steigerungsformen. Fehler sind hier häufig, z. B. ‚getrinkt' statt ‚getrunken', ‚guter' statt ‚besser'.

Der **Wortschatz** nimmt im dritten Lebensjahr stark zu. Durch Ableitungen und Zusammensetzungen ist das Kind dabei auch selbst wortschöpferisch tätig, z. B. ‚dunkelweiß' für ‚grau', ‚kaffig' für eine Serviette mit einem Kaffeefleck. Die **Aussprache** verbessert sich zunehmend. Bis zum dritten Geburtstag werden die meisten schwierigen Laute richtig ausgesprochen (z. B. ‚r' und ‚s').

Zugleich löst sich die Sprache des Kindes immer mehr von der aktuellen Situation: **es beginnt zu erzählen.** Besonders beim Einschlafen/beim Aufwachen plappern viele Kinder gerne vor sich hin. Dies ist für sie eine Art Spiel mit der Sprache. Auch der Klang bestimmter Worte kann für ein Kind sehr faszinierend sein, und diese werden dann viele Male wiederholt.

Die Entwicklung des Kindes in den ersten drei Lebensjahren

Die **Fortschritte im Sprachverständnis** zeigen sich darin, daß das Kind jetzt auch Fragen nach dem ‚Warum', ‚Wie' und ‚Wozu' versteht, und durch Bemerkungen und Fragen beweist, daß es den Inhalt von Liedern und Geschichten versteht.

Die Sprachentwicklung ist mit Ende des Kleinstkindalters noch lange nicht abgeschlossen, diese reicht vielmehr bis ins Schulalter hinein. Beispielsweise wird das Verständnis für Passivkonstruktionen und bestimmte Wortbedeutungen (doppeldeutige Worte) erst im Schulalter erworben. Der Schwerpunkt in der Entwicklung des Satzbaus liegt aber im 4./5. Lebensjahr: das Kind lernt, in überwiegend vollständigen Sätzen zu sprechen, in der Regel sind alle Wortklassen vorhanden und Nebensätze werden zunehmend häufiger gebildet.

<small>Die Sprachentwicklung ist mit Ende des Kleinstkindalters noch lange nicht abgeschlossen</small>

Da der Spracherwerb ein langer und komplizierter Prozeß ist und ein störungsfreier Verlauf von vielerlei Faktoren abhängt, ist es nicht verwunderlich, daß zahlreiche Formen von Verzögerungen und Störungen in der Sprachentwicklung auftreten können. Zwar sind einige Probleme mit der Sprache, z. B. nicht alle Laute richtig und flüssig aussprechen zu können, am Ende des Kleinstkindalters noch normal, es zeigen sich in den ersten drei Lebensjahren aber auch schon Auffälligkeiten, die einer frühzeitigen Behandlung bedürfen, um die weitere sprachliche Entwicklung nicht zu gefährden. Denn ernsthafte Sprachschwierigkeiten nehmen mit der Zeit nicht ab, sondern verfestigen sich eher. Sie führen in der Folge leicht zu Lernschwierigkeiten und sozialen Problemen, wenn sie nicht richtig behandelt werden. Wo ein begründeter Verdacht auf eine Verzögerung/Störung in der Sprachentwicklung besteht, sollte das Kind deshalb beim Kinderarzt oder sofort in einer speziellen Beratungsstelle vorgestellt werden, die es an Hals-Nasen-Ohren-Kliniken oder an Sprachheilschulen gibt.

<small>Es gibt vielfältige Formen von Verzögerungen/Störungen in der Spachentwicklung</small>

Die Ursachen und Erscheinungsbilder sprachlicher Auffälligkeiten im Kindesalter sind für den Laien verwirrend vielfältig. Starke Verzögerungen in der Sprachentwicklung können z. B. durch schwere und lang andauernde Krankheiten bedingt sein (fehlende Gesprächspartner, geringe Motivation zum Sprechenlernen, wenn dem Kind jeder Wunsch ‚von den Augen abgelesen wurde') oder auf unzureichende sprachliche Anregung bzw. seelische Belastungen zurückzuführen sein. Ein deutlich verzögerter Sprachbeginn liegt beispielsweise vor, wenn die ersten Worte erst gegen Ende des zweiten Lebensjahres gebildet werden.

<small>Mögliche Ursachen von Entwicklungsverzögerungen</small>

55

1. Abschnitt

Hauptgruppen von Sprachstörungen

Bei den Sprachstörungen sind drei Hauptgruppen zu unterscheiden:

- **Hör- und Verständnisstörungen bei der akustischen Sprachwahrnehmung.** Dabei handelt es sich im eigentlichen Sinne nicht um eine Sprach-, sondern um eine akustische Störung, die sich aber in sprachlichen Problemen zeigt. Bei sprachlichen Auffälligkeiten sollte deshalb als erstes das Gehör gründlich überprüft werden. Dies gilt auch schon für Säuglinge, wenn diese nach und nach wieder aufhören zu lallen. Sprachverständnisstörungen fallen meist erst am Ende des ersten bzw. im Verlauf des zweiten Lebensjahres auf, z. B. wenn das 12 Monate alte Kind noch keine einzige Wortbedeutung erfaßt (vgl. S. 34 ff.).

- **Denkstörungen bei der Sprachplanung und Sprachformulierung.** Hierbei ist der geistige Prozeß der Sprachbildung gestört, es liegt eine echte Sprachstörung vor, die sich z. B. in Wortfindungsproblemen oder Schwierigkeiten mit dem Satzbau äußern kann.

- **Bewegungsstörungen beim Sprechen.** Dabei handelt es sich um Sprechstörungen, die häufig auf anatomischen Ursachen wie Lippen-/Gaumenspalten, Gebißanomalien etc. beruhen. Es kann aber auch eine hirnorganisch bedingte Schwäche der Muskeln, die für das Sprechen wichtig sind, zugrundeliegen.

Während Hör- und Verständnis- bzw. Sprechbewegungsstörungen relativ leicht festzustellen sind, ist dies bei den echten Sprachstörungen schwieriger und zumeist erst im Alter von drei bis vier Jahren möglich.

Die Ursachen sprachlicher Auffälligkeiten können nur durch entsprechende Fachleute festgestellt werden

Da viele sprachliche Auffälligkeiten verschiedene Ursachen haben können, kann die Aufgabe der Erzieher in Tageseinrichtungen nur darin bestehen, auf die Erscheinungsformen sprachlicher Auffälligkeiten und die Situationen, in denen sie auftreten, zu achten. Beispielsweise kann das Stammeln, bei dem Sprachlaute ausgelassen oder durch andere ersetzt werden, dadurch entstehen, daß ein Kind einzelne schwierige Laute noch nicht bilden kann. Es kann aber auch durch Schwerhörigkeit verursacht werden, aufgrund derer das Kind bestimmte Laute nicht hören und infolgedessen auch nicht aussprechen kann. Die Ursachen sprachlicher Auffälligkeiten können qualifiziert nur durch entsprechende Fachleute festgestellt werden.

Die Entwicklung des Kindes in den ersten drei Lebensjahren

Auf folgende Anzeichen möglicher Verzögerungen/Störungen in der Sprachentwicklung[5] sollte im Gruppenalltag in Tageseinrichtungen geachtet werden:

Anzeichen möglicher Verzögerungen/Störungen in der Sprachentwicklung

— Der Säugling zeigt **deutliche Probleme bei der Nahrungsaufnahme:** Saug- und Trinkschwierigkeiten, Herausbringen des Breies mit der Zunge (ist bei Einführung der ersten Löffelmahlzeit noch eine normale Anfangsschwierigkeit), ständiges Herausfließen des Speichels. Eß- und Trinkstörungen deuten sehr häufig auf spätere Sprachschwierigkeiten hin, da bei der Nahrungsaufnahme die gleichen Muskeln beansprucht werden wie beim Sprechen.

— Der Säugling bildet im zweiten Lebenshalbjahr noch keine Silben (Konsonant-Vokal-Verbindungen), d. h. **er lallt noch nicht,** und er zeigt noch keine Ansätze, **Laute,** die er bei anderen Menschen hört, **nachzuahmen.**

Die folgenden Auffälligkeiten zeigen sich frühestens im Kleinstkindalter.

— Das Kind hat Schwierigkeiten im Sprachgebrauch, **weil ihm beim Sprechen die Worte offensichtlich nur schwer einfallen,** es regelrecht nach Begriffen sucht, obwohl sein Sprachverständnis gut ist.

— Das Kind hat **Schwierigkeiten, grammatikalisch richtige Sätze zu bilden.** Hierbei kann es sich um eine starke Entwicklungsverzögerung oder um eine echte Störung in der Satzbildung handeln. Letztere zeigt sich in aller Deutlichkeit zumeist erst gegen Ende des dritten bzw. im Verlauf des vierten Lebensjahres. Das Kind bildet auch in diesem Alter noch sehr einfache und unvollständige Sätze mit z. T. völlig falscher Wortstellung. Der Wortschatz ist dabei oft groß, das Kind kann die einzelnen Wörter jedoch nicht zu einem Satz zusammenfügen.

— Das Kind **stammelt.** Das Stammeln ist eine Artikulationsstörung, die bis zum vierten Lebensjahr noch bei vielen Kindern anzutreffen ist. Dabei sind zwei Ausprägungsarten zu unterscheiden:

1. Eine Verzögerung der Lautbildung, was sich vor allem darin zeigt, daß bei längeren Worten Silben ausgelassen werden; daß Konsonantenverbindungen reduziert werden (‚deckig‘ statt ‚dreckig‘); daß entwicklungsmäßig späte Laute durch entwicklungsmäßig frühe ersetzt werden (‚Tüche‘ statt ‚Küche‘); daß ‚sch‘ durch ‚s‘ ersetzt wird

---

5) Vgl. auch Kiphard, 1975/76, S. 104—111.

1. Abschnitt

(‚Suhe' statt ‚Schuhe') und daß der Laut ‚h' ausgelassen wird (‚immel' statt ‚Himmel').

2. Eine abweichende Lautbildung, die insbesondere dann vorliegt, wenn vordere Laute (bezogen auf den Ort der Lautbildung im Mund) durch hintere ersetzt werden (‚gie' statt ‚die').

Ab dem vierten Lebensjahr sollten Kinder nicht viele Fehler der unter Punkt 1 genannten Arten machen und keine abweichende Lautbildung mehr zeigen. Wichtig ist, das Stammeln nicht mit einer undeutlichen Aussprache zu verwechseln. Bei letzterer handelt es sich nicht um eine Sprachstörung.

— Das Kind **spricht überhastet (sog. Poltern).** Das Poltern ist sehr häufig eine seelisch bedingte Redeflußhemmung, z. B. wenn die Eltern zuviel an der Sprache des Kindes herumkorrigieren.

— Das Kind **stottert.** Das Stottern ist ebenfalls eine Störung des Redeflusses, dessen Ursachen sehr vielschichtig sein können. Es tritt oft nur für eine kurze Zeit im dritten/vierten Lebensjahr auf, wenn das Kind schnell sehr viel erzählen will.

— Das Kind **lispelt.** Dabei werden die ‚s'-, ‚z'- und ‚sch'-Laute fehlerhaft gebildet. Die Ursachen sind häufig anatomischer Art (Verformungen des Kiefers, Gebißanomalien etc.) oder auch die Tendenz, an infantiler Sprechweise festzuhalten.

1.7.3 Die Sprachentwicklung bei ausländischen Kindern

Da in Tageseinrichtungen mit altersgemischten Gruppen erfahrungsgemäß viele ausländische Kinder betreut werden, soll im folgenden noch auf einige wichtige Fragen der Sprachentwicklung dieser zweisprachig aufwachsenden Kinder eingegangen werden. Vorauszuschicken ist dabei, daß gerade die Sprachentwicklung/-förderung ein Bereich in der Arbeit mit ausländischen Kindern ist, in dem noch viele unterschiedliche Auffassungen und offene Fragen bestehen.

Unterschiedliche Formen des Erwerbs der zweiten Sprache

Wie verläuft nun der Prozeß des Spracherwerbs bei ausländischen Kindern? In der Literatur[6] wird dabei zwischen den Kindern unterschieden, **die beide Sprachen parallel erwerben (Doppelspracherwerb)** und jenen, bei denen **die zweite Sprache erst später hinzukommt (Zweitspracherwerb),** wobei hier das dritte Lebensjahr zumeist als Altersgrenze

---

[6] Vgl. dazu die ausführlichen Darstellungen in: Heuchert, 1989, insbesondere auch zum Zweitspracherwerb.

Die Entwicklung des Kindes in den ersten drei Lebensjahren

angesehen wird. Da bei altersgemischten Gruppen die meisten Kinder im Säuglings- und Kleinstkindalter aufgenommen werden, wird der Doppelspracherwerb hier im Vordergrund der Betrachtung stehen.

Wie zahlreiche Untersuchungen an Kindern verschiedener Nationalitäten gezeigt haben, lassen sich bei einem parallelen Erwerb zweier Sprachen im Verlauf der ersten drei bis vier Lebensjahre mehrere Entwicklungsstufen beobachten:

Die erste Entwicklungsstufe, die etwa den Zeitpunkt des Sprachbeginns bis zum Alter von zwei Jahren umfaßt (die Zeit der Ein- und z. T. Zweiwortäußerungen), ist das **Stadium der Mischsprache.** Der aktive Wortschatz der Kinder ist zumeist eine Mischung aus beiden Sprachen, d. h. für viele Dinge, Ereignisse etc. kennt das Kind nur in einer der beiden Sprachen die Bezeichnung. Das Sprachverständnis ist hingegen in der Regel in beiden Sprachen ähnlich groß. Gegen Ende dieses Entwicklungsabschnittes werden die Bezeichnungen für ein Ding etc. zumeist in beiden Sprachen beherrscht und benutzt, oft wird dabei aber noch nicht nach dem Adressaten unterschieden, z. B. verwendet das Kind den muttersprachlichen Begriff gegenüber der deutschen Erzieherin.

Entwicklungsstufen beim parallelen Erwerb zweier Sprachen

In der zweiten Entwicklungsstufe, die etwa mit dem zweiten Geburtstag beginnt, verfügt das Kind **schon über einen größeren aktiven Wortschatz in beiden Sprachen,** und **es beginnt, die Sprachen zunehmend adressatenbezogen zu gebrauchen.** Häufig treten in Sätzen dabei noch einzelne Wörter aus der anderen Sprache auf, oder ein Wort wird in beiden Sprachen genannt. Auch Übertragungen aus den grammatikalischen Strukturen der anderen Sprache sind zu beobachten. Wann und wie gut die einzelnen sprachlichen Strukturen in beiden Sprachen benutzt werden, hängt wesentlich von der Komplexität der jeweiligen Sprachstrukturen und der Intensität der Benutzung der Sprachen ab.

In der dritten Entwicklungsstufe beherrscht das Kind beide Sprachen mit minimalen Übertragungen aus der einen in die andere Sprache, d. h. **es kann beide ausreichend voneinander trennen und adressatenbezogen benutzen.** Der Übergang von der zweiten zur dritten Stufe erfolgt schrittweise, er hängt von der jeweiligen Förderung der beiden Sprachen, deren Funktionen für das Kind, den Einstellungen der Umwelt zu den Sprachen etc. ab. Grundsätzlich ist beim parallelen Spracherwerb davon auszugehen, daß nur in ganz seltenen Fällen beide Sprachen ganz gleichmäßig erworben werden.

1. Abschnitt

Einige Merkmale des Zweitspracherwerbs

Bei Kindern, die erst um das dritte Lebensjahr in Kontakt zur fremden Sprache kommen, also schon einen gewissen Entwicklungsstand in der Beherrschung der Muttersprache haben, orientiert sich der Erwerb der zweiten Sprache grundsätzlich an den gleichen Prinzipien wie der der Muttersprache. Dabei werden allerdings in der Regel die ersten Entwicklungsstadien übersprungen, d. h. es wird rasch mit der Bildung einfacher Sätze begonnen. Weitgehend ungeklärt sind noch die Folgen, wenn die Muttersprache zu Beginn des Zweitspracherwerbs noch ungefestigt ist, durch die zweite Sprache in ihrer Entwicklung stagniert oder sogar durch diese verdrängt wird. Allgemein wird in der neueren Literatur die Bedeutung der Muttersprache für die Entwicklung des Kindes, gerade auch im sozial-emotionalen Bereich, betont. Eine durch den Zweitspracherwerb zurückgedrängte oder ganz abgeschnittene Entwicklung der Muttersprache scheint zu generellen Sprachschwierigkeiten (Problemen bei der Begriffsbildung, mangelnder Ausdrucksfähigkeit etc.) auch in der Zweitsprache zu führen. Der Erfolg beim Erwerb der zweiten Sprache kann also nicht losgelöst von den Bemühungen zur Förderung der Muttersprache gesehen werden.

Nach diesem kurzen Seitenblick auf die sprachliche Entwicklung bei späterem Kontakt zur zweiten Sprache soll nun der Frage nachgegangen werden, wie sich der parallele Erwerb zweier Sprachen auf die Entwicklung des Kindes auswirkt. Dabei werden auch die Beobachtungen und Erfahrungen der Erzieherinnen in den am Projekt beteiligten Tageseinrichtungen zugrundegelegt.

Auswirkungen des parallelen Erwerbs zweier Sprachen auf die Entwicklung des Kindes

Auf der Basis der vorliegenden Untersuchungen und Beobachtungen kann man sagen, daß der gleichzeitige Erwerb zweier Sprachen **nicht zwangsläufig zu Benachteiligungen oder Störungen in der Entwicklung des Kindes führt.** Gelegentlich werden leichte Verzögerungen im Beginn des aktiven Sprechens berichtet, d. h. manche doppelsprachig aufwachsende Kinder ‚sammeln' augenscheinlich länger, bevor sie beginnen, selbst zu sprechen. Ein gewisser Vorteil des frühen Kontaktes zu beiden Sprachen ist evtl. sogar darin zu sehen, daß das Kind genügend Möglichkeit und Zeit hat, in beide Sprachen hineinzuwachsen, bevor die Sprache zu einem sehr wichtigen Kommunikationsmittel innerhalb der Kindergemeinschaft wird.

Allerdings weisen die vorliegenden Erfahrungen weitgehend übereinstimmend darauf hin, daß für einen ungestörten gleichzeitigen Erwerb zweier Sprachen einige Gegebenheiten sehr wichtig sind, nämlich:

Die Entwicklung des Kindes in den ersten drei Lebensjahren

— Die **konsequente Förderung der Muttersprache und der Aufbau einer positiven Beziehung zum Herkunftsland und seiner Kultur durch das Elternhaus.** Ausländische Kinder, mit denen zu Hause neben der Muttersprache ein schlechtes Deutsch gesprochen wird, übernehmen oft die sprachlichen Fehler der Eltern bzw. sie verharren in einer Mischsprache. Wichtig für das Kind ist allerdings, daß die ausländischen Eltern der deutschen Sprache aufgeschlossen gegenüberstehen, selbst bemüht sind, diese zu erlernen und diese Haltung auch dem Kind vermitteln.

Wichtige Gegebenheiten für einen ungestörten Doppelspracherwerb

— Die **Schaffung getrennter Bezugsfelder/-personen für den Erwerb der beiden Sprachen,** was z. B. gegeben ist, wenn das Kind am Vorbild der Eltern die Muttersprache und an dem der deutschen Erzieherin/der deutschen Kinder Deutsch lernt bzw. wenn bei einer Mischehe jedes Elternteil konsequent seine Muttersprache mit dem Kind spricht (sofern überhaupt ein früher Erwerb beider Sprachen beim Kind angestrebt wird). Auf diese Weise hat das Kind für beide Sprachen ein gutes sprachliches Vorbild und Sprachverwirrungen können vermieden werden.

Abschließend sollen noch einige Gesichtspunkte genannt werden, die sich für die Sprachförderung ausländischer Kinder in altersgemischten Gruppen als besonders wichtig erwiesen haben.[7]

Gesichtspunkte für die Sprachförderung ausländischer Kinder

— Es dürfen nicht zu viele ausländische Kinder in einer Gruppe sein, d. h. die deutschen Kinder sollten deutlich überwiegen.

— Die ausländischen Kinder müssen sich in der Tageseinrichtung geborgen und von den Erzieherinnen angenommen fühlen.

vgl. dazu auch Bd. I, S. 55 ff.

— Die Sprachförderung sollte, wie auch bei den deutschen Kindern, in vielfältige Situationen des Tagesablaufs eingebunden werden (Gespräche beim Essen, Reime und Fingerspiele beim Wickeln, Bilderbücher ansehen, Singen etc.) und keinesfalls als isoliertes Sprachtraining durchgeführt werden.

— Das Erlernen von Begriffen sollte für das Kind stets mit konkreten Erfahrungen verbunden werden, z. B. benennt die Erzieherin die Dinge/ihre Eigenschaften, die das Kind

---

7) Für eine intensivere Auseinandersetzung mit Fragen der pädagogischen Arbeit bzw. der Sprachförderung mit ausländischen Kindern in Tageseinrichtungen liegt inzwischen eine recht umfangreiche Literatur vor.

1. Abschnitt

gerade wahrnimmt bzw. die Tätigkeiten, mit denen es beschäftigt ist.

– Die Erzieher sollten deutlich und langsam sprechen und für das Kind neue Worte häufig wiederholen.

– Die Erzieher sollten die Eltern darin bestärken, mit dem Kind zu Hause die Muttersprache zu sprechen und eine positive Beziehung zum Herkunftsland und dessen Kultur beim Kind aufzubauen.

1.8 Die sozial-emotionale Entwicklung

1.8.1 Bedeutung und allgemeine Kennzeichen

Die wechselseitige Bedingtheit von sozialer und emotionaler Entwicklung

Die soziale und die emotionale Entwicklung des Kindes bedingen sich, insbesondere in den ersten Lebensjahren, wechselseitig. Dies wird deutlich an wichtigen Entwicklungsschritten in diesem Alter, z. B. dem ersten ‚sozialen Lächeln‘, der ‚Angst vor fremden Personen‘, dem ‚Aufbau von Bindungen an die primären Bezugspersonen‘. Die Entwicklung der Gefühlswelt kann also nicht losgelöst von den sozialen Erfahrungen und Beziehungen des Kindes gesehen werden – und umgekehrt. Deshalb wird die soziale und die emotionale Entwicklung im folgenden, wie es in der entwicklungspsychologischen Literatur häufig anzutreffen ist, zusammengefaßt dargestellt.

Die grundlegende Bedeutung der sozial-emotionalen Entwicklung, vgl. dazu die ausführlicheren Darstellungen in Bd. I, S. 18 ff. und S. 55 ff.

Die sozial-emotionale Entwicklung ist, wie auch die Ergebnisse der Hospitalismus- und Deprivationsforschung in großer Deutlichkeit gezeigt haben, von grundlegender Bedeutung für die Gesamtentwicklung des Kindes. Kinder, die in den ersten Lebensjahren Liebe, Wärme und beständige soziale Beziehungen entbehren müssen, zeigen nicht nur starke Rückstände bzw. Störungen in der sozial-emotionalen Entwicklung, sondern ebenso in allen anderen Entwicklungsbereichen. Dies wird verständlich, wenn man sich z. B. verdeutlicht, wie elementar die (vor-)sprachliche Ausdrucksfreude des Kindes und seine Motivation zum Spracherwerb von liebevoller und beständiger menschlicher Ansprache abhängen bzw. wie sehr der Drang, die Umwelt zu erforschen, Neues auszuprobieren und sich selbst etwas zuzutrauen an das Gefühl emotionaler Sicherheit und Geborgenheit gebunden sind, welches zunächst vor allem durch die Anwesenheit vertrauter Menschen vermittelt wird.

Bezüge zu anderen Entwicklungsbereichen

Umgekehrt hängt der Verlauf der sozial-emotionalen Entwicklung aber auch von Fortschritten in den anderen Entwicklungsbereichen ab, z. B. wird das Kind im Zuge seiner Wahrnehmungsentwicklung immer fähiger, zwischen frem-

Die Entwicklung des Kindes in den ersten drei Lebensjahren

den und vertrauten Personen zu unterscheiden; Fortschritte in den geistigen Fähigkeiten (Erinnerungsvermögen, Verständnis für die dauerhafte, wahrnehmungsunabhängige Existenz von Personen und Dingen) ermöglichen es ihm, zunehmend ‚Bewußtseinskontakt' zu seinen Bezugspersonen zu halten; der Erwerb der Sprache eröffnet für das Kind ganz neue Wege, seine Gefühle auszudrücken und soziale Kontakte zu knüpfen. Auch hier zeigt sich also noch einmal sehr deutlich, wie schon mehrfach in den Ausführungen dieses Kapitels betont wurde, **daß die Entwicklungsschritte des Kindes in den verschiedenen Entwicklungsbereichen aufs engste miteinander verflochten sind.**

Die soziale Entwicklung des Kindes umfaßt im einzelnen den **Aufbau sozialer Beziehungen** unterschiedlicher Art (z. B. die engen primären Bindungen an die Bezugspersonen, Freundschaften zu anderen Kindern . . .), das **Erlernen sozialer Verhaltensweisen** und den **Erwerb sozialer Einstellungen** wie soziales Vertrauen, Hilfsbereitschaft, Einfühlungsvermögen, Kooperationsfähigkeit etc. Der Säugling verfügt von den ersten Lebenstagen an über wichtige Voraussetzungen für die Aufnahme sozialer Kontakte: er zeigt ein großes Interesse an menschlichen Gesichtern, er beruhigt sich, wenn er am Körper getragen wird und die menschliche Stimme hört. Schon bald gestaltet das Kind seine sozialen Beziehungen immer aktiver mit: es lächelt andere Menschen an, betatscht sie, schmiegt sich an, gibt zärtliche Äußerungen von sich (‚ei') etc. Lange Zeit stand in der Entwicklungspsychologie die Mutter-Kind-Beziehung im Vordergrund der Darstellungen zur sozialen Entwicklung in den ersten drei Lebensjahren. Erst in jüngerer Zeit wird auch den Beziehungen zum Vater, zu Geschwistern und zu Spielgefährten mehr Aufmerksamkeit geschenkt und eine höhere Bedeutung beigemessen.

Allgemeine Merkmale der sozialen Entwicklung

Die emotionale Entwicklung beinhaltet den Aufbau der menschlichen Gefühlswelt. Dazu gehört die Fähigkeit, **vielfältige Gefühle zu empfinden, sie angemessen auszudrücken** und **Gefühle anderer Menschen wahrzunehmen.** In den ersten Lebensmonaten ist die Entwicklung der Gefühle weitgehend durch Reifungsprozesse gesteuert, schon bald werden aber Lernprozesse (Vorbild, Bekräftigung durch die Umwelt) immer wichtiger. Einige Gefühlsreaktionen treten zu bestimmten Zeitpunkten in der Entwicklung auf und werden zumeist als ‚Meilensteine' in der emotionalen Entwicklung betrachtet, z. B. das erste soziale Lächeln, das Fremdeln, der Trotz. Die Gefühlsäußerungen kleiner Kinder unterscheiden sich in vielerlei Hinsicht von denen Erwachsener: sie dauern zumeist nur kurz, sind allgemein sehr intensiv (dies auch bei

Allgemeine Merkmale der emotionalen Entwicklung

1. Abschnitt

einem scheinbar unbedeutenden Anlaß) und wechseln schnell. Im Entwicklungsverlauf lernt das Kind, seine Gefühlsreaktionen zunehmend besser zu kontrollieren.

Voraussetzungen für einen ungestörten Verlauf der sozial-emotionalen Entwicklung vgl. auch Bd. I, S. 55−62

Voraussetzung für einen ungestörten Verlauf der sozial-emotionalen Entwicklung in den ersten Lebensjahren ist, daß das Kind Menschen hat, die sich ihm verläßlich und liebevoll zuwenden und zu denen es enge und dauerhafte Beziehungen entwickeln kann. Nur so kann das kleine Kind Vertrauen zu anderen Menschen und zu den eigenen Fähigkeiten entwickeln und sich mit Neugier und Tatendrang der Umwelt zuwenden. Mit fortschreitender Entwicklung braucht das Kind dabei aber auch die Freiheit, sich zunehmend aus den engen primären Bindungen zu lösen, Selbständigkeit zu entwickeln und den Kreis seiner sozialen Beziehungen immer mehr zu erweitern, auch durch frühe Kontakte zu anderen Kindern. Welche sozialen Einstellungen und Verhaltensweisen ein Kind im Verlauf seiner Entwicklung erwirbt und welche Gefühlsäußerungen es zeigt, hängt entscheidend davon ab, welches Vorbild das Kind bei den Erwachsenen findet, mit denen es zusammenlebt und wie sensibel diese seine sozialen und emotionalen Bedürfnisse wahrnehmen.

1.8.2 Der Ablauf der sozial-emotionalen Entwicklung

Das Neugeborene

Das Neugeborene zeigt noch keine qualitativ unterschiedlichen emotionalen Verhaltensweisen, sondern nur eine **allgemeine Erregung bei starker Reizung** (z. B. grellem Licht). Da diese auch bei Frühgeburten auftritt, ist davon auszugehen, daß die Fähigkeit, emotional zu reagieren, bereits einige Monate vor der Geburt vorhanden ist. Schon in den ersten Lebenstagen zeigt der Säugling durch eine entspannte Körperhaltung (beim Stillen, Wiegen) aber auch erste Anzeichen positiver Gefühlsreaktionen. Das **Lächeln,** das bei Neugeborenen zumeist im Schlaf auftritt, **wird durch innere Prozesse ausgelöst.** Es hat also noch keinerlei sozialen Bezug. Den ersten **sozialen Kontakt** nimmt das Neugeborene primär über **die Haut** auf. Es blickt die Eltern zwar auch schon an, allerdings sind seine visuellen Wahrnehmungsfähigkeiten noch nicht sehr weit entwickelt (vgl. S. 30). Das Neugeborene **beruhigt sich, wenn es gestreichelt, auf den Arm genommen oder gestillt wird.**

Das erste Vierteljahr

Im Verlauf des ersten Vierteljahres vollzieht der Säugling schon einen sehr wichtigen Schritt in der sozial-emotionalen Entwicklung: das **erste soziale Lächeln** tritt auf. Bereits im ersten Lebensmonat lächeln viele Kinder, wenn sie eine menschliche Stimme (vor allem eine helle Frauenstimme) hören. Einige Wochen später reagiert das Kind auf menschliche Zuwendung mit Anblicken, Körperbewegungen und manchmal auch schon einem flüchtigen Lächeln. Im dritten Lebensmonat zeigt der Säugling beim Anblick eines menschlichen Gesichts dann ein freudiges Lächeln. Umstritten ist dabei, ob das Lächeln ein angeborenes oder erlerntes Verhalten ist. Fest steht, daß es durch bestimmte Schlüsselreize ausgelöst wird, wobei in den ersten drei Lebensmonaten die obere Gesichtshälfte (die Augenpartie) entscheidend ist, um das Lächeln auszulösen. In diesem Alter unterscheidet das Kind in seinen Lächelreaktionen **noch nicht zwischen vertrauten und fremden Personen.**

Während der ersten Lebensmonate blickt das Kind auch andere Menschen zunehmend länger an und folgt ihnen mit den Augen. Behagen zeigt es durch eine entspannte Haltung beim Baden, Füttern etc., Unbehagen teilt es bereits durch differenziertes Schreien (vgl. S. 49) mit. Durch Aufnehmen, Streicheln, Wiegen, Körperwärme und liebevolle Ansprache läßt es sich beruhigen (außer, wenn es Hunger oder Schmerzen hat).

Zu Beginn des zweiten Vierteljahres **lacht das Kind schon laut und fröhlich,** z. B. wenn man es neckt. Es freut sich, wenn mit ihm gespielt wird, was es auch durch Strampeln und freudige Laute zum Ausdruck bringt. Im fünften Lebensmonat **unterscheidet** der Säugling schon **zwischen liebevollem und strengem Tonfall,** seine Gesichtszüge verraten bei letzterem zumeist eine gewisse Ratlosigkeit, Ängstlichkeit oder Erstaunen. **Sprechenden oder singenden Personen wendet sich das Kind zu,** und es hört oft schon auf zu weinen, wenn man es nur anspricht. Wenn es aufgenommen wird, freut es sich.

Das zweite Vierteljahr

Das Lächeln wird gegen Ende des ersten Lebenshalbjahres immer selektiver, d. h. das Kind **unterscheidet zunehmend zwischen fremden und vertrauten Personen,** Fremde werden oft zunächst abwartend beobachtet. Das Kind **nimmt jetzt auch aktiv Kontakt zu anderen Menschen auf** durch Arme-ausstrecken und lautliche Äußerungen. Es zeigt **erste Anzeichen von Angst und Ekel (z. B. bei bestimmten Speisen).**

Der wichtigste Entwicklungsschritt im dritten Vierteljahr ist das sog. **Fremdeln,** welches zumeist um den achten/neunten Lebensmonat auftritt. Das Kind unterscheidet jetzt deutlich zwischen fremden und vertrauten Personen und reagiert mit Scheu oder abwehrenden Verhaltensweisen (sich abwenden, weinen etc.) auf den Anblick bzw. die Annäherung von Fremden. Wie ausgeprägt diese Fremdelreaktionen sind, ist von Kind zu Kind sehr verschieden, in milderen Formen treten sie

Das dritte Vierteljahr vgl. Bd. I, S. 97

aber bei allen Kindern auf, auch bei solchen, die viel Kontakt zu anderen Personen außer den Eltern haben. Parallel zum Fremdeln oder kurze Zeit später zeigt das Kind auch **Trennungsangst,** wenn die vertraute Bezugsperson weggeht. Es hört dann z. B. auf zu spielen oder fängt an zu weinen. Fremdeln und Trennungsangst zeigen an, daß das Kind jetzt **eine spezifische Bindung an seine Bezugspersonen** entwickelt hat. Je sicherer und stabiler diese Bindung ist, desto leichter kann sich das Kind im Verlauf seiner weiteren Entwicklung wieder lösen und angstfrei Kontakte zu anderen Menschen aufnehmen.

In diesem Entwicklungsabschnitt hat das Kind auch viel **Freude an sozialen Spielen und Gesten** wie Guck-Guck- und Versteckspielen und ‚Winke-winke'. Es beginnt, andere Menschen nachzuahmen (Laute, Mimik) und beobachtet Erwachsene interessiert bei ihren Tätigkeiten. **Zärtlichkeiten werden** vom Kind **jetzt bereits erwidert** (Eia-Spiele), es schmiegt sich beispielsweise bei den vertrauten Personen an oder betatscht sie. Unterschiedliche Gefühle drückt das Kind auf verschiedene Art aus, es lacht, patscht in die Hände, schiebt mißliebige Dinge fort etc. Auf Eingriffe in seine Wünsche reagiert es nun häufig mit heftigem Geschrei. Das Kind lenkt jetzt die Aufmerksamkeit des Erwachsenen nicht mehr nur durch Laute auf sich, sondern auch, indem es ihn an seinen Kleidern zupft, ihn anstößt oder ihm Spielzeug hinhält. In diesem Alter zeigt sich bei vielen Kindern auch schon ein **deutliches Interesse an anderen Kindern.** Durch Anschauen, Anlächeln, Lautäußerungen werden erste Kontakte aufgenommen.

Das letzte Vierteljahr des Säuglingsalters

In den letzten Monaten des Säuglingsalters beginnt das Kind, **Lob und Tadel zu verstehen.** Es freut sich über Bestätigung und wiederholt gerne Tätigkeiten, für die es gelobt wurde bzw. über die andere Menschen gelacht haben. Wird es gescholten, unterbricht es für kurze Zeit sein Tun – solange der Erwachsene hinschaut. Seine Wünsche drückt das Kind nun deutlich aus, vor allem durch Gesten. Es **liebt gemeinsame Spiele mit Erwachsenen** (insbesondere Hasche-Spiele) und versucht auch schon von sich aus, den Erwachsenen dazu zu bringen, mit ihm zu spielen (zeigt ihm z. B. ein Spielzeug). Das Kind **äußert nun sehr spontan seine Zuneigung** zu anderen Menschen, es lacht, klatscht in die Hände etc., wenn es sich freut. Sein Spiegelbild übt eine große Faszination auf das Kind aus, es lächelt es an und betatscht es. Gern imitiert es Geräusche und Bewegungen Erwachsener. Gegen Ende des ersten Lebensjahres **kommt das Kind auch einfachen Aufforderungen nach,** z. B. der Bitte, einen Gegenstand zu reichen. **Sehen und Hören sind inzwischen**

Die Entwicklung des Kindes in den ersten drei Lebensjahren

zu wichtigen Formen des sozialen Kontaktes geworden. Die Möglichkeit, die vertraute Bezugsperson zu sehen oder zu hören, reicht inzwischen zumeist aus, um das Kind eine Weile ruhig spielen zu lassen. Beim Zusammensein mit Spielgefährten zeigen sich weitere Formen sozialer Kontaktaufnahme, vor allem das Hinhalten/Austauschen von Spielzeug und erste gegenseitige Nachahmungsversuche.

In der ersten Hälfte des zweiten Lebensjahres kann das Kind **Gefühle wie Zuneigung, Mitleid, Ärger und Eifersucht schon klar ausdrücken,** es umarmt z. B. andere Menschen, schaut betroffen, wenn ein Spielgefährte weint . . . Auch gegenüber Puppen und Stofftieren äußert das Kind Zärtlichkeit, es streichelt diese und drückt sie an sich. **Erwachsene werden nun sehr genau beobachtet und nachgeahmt,** z. B. wenn sie sich den Mund mit einer Serviette abwischen. Gern hilft das Kind im Haushalt und **führt einfache Aufträge aus.** Die Trennungsangst dauert im zweiten Lebensjahr noch an und nimmt z. T. noch an Intensität zu.

Die erste Hälfte des zweiten Lebensjahres

Zugleich wird aber das Interesse an Spielgefährten immer größer. Beim Zusammensein von Kindern dieser Altersstufe überwiegen zunächst noch **Allein- und Parallelspiele.** Beobachten, was andere tun, nachahmen, Spielzeug austauschen etc. sind dabei aber schon sehr wichtige Formen sozialen Lernens. Zwar treten im zweiten Lebensjahr auch verstärkt konkurrierende Verhaltensweisen auf, insgesamt überwiegen aber bei günstigen Rahmenbedingungen (u. a. genügend Bewegungsraum und Material) die positiven Kontakte der Kinder untereinander deutlich.

In der zweiten Hälfte des zweiten Lebensjahres zeigen sich **erste Ansätze von kooperativem Spiel** mit anderen Kindern. Material und Spielzeug werden häufig schon spontan geteilt und über eine kurze Zeitspanne ist ein gemeinsames Spiel, z. B. ein einfaches Kreisspiel, möglich.

Die zweite Hälfte des zweiten Lebensjahres

In diesem Alter **äußert das Kind auch deutlich seinen Willen,** z. T. treten schon heftige Trotzreaktionen (schreien, sich auf den Boden werfen etc.) auf. Der Trotz beruht auf der Entdeckung der eigenen Person, die sich nun in der Auseinandersetzung mit anderen Menschen weiterentwickelt. In den vorangehenden Entwicklungsabschnitten besaß das Kind noch kein deutliches Ichbewußtsein, sondern erlebte sich selbst rein gefühlsmäßig. Wo die Persönlichkeit des Kindes respektiert und sein Selbständigkeitsstreben unterstützt werden, sind Trotzreaktionen zumeist seltener und weniger heftig.

vgl. Bd. I, S. 61 f.

Im Verlauf des dritten Lebensjahres führt die Weiterentwicklung des Selbstbildes zum Auftreten von Gefühlen wie **Stolz**

Das dritte Lebensjahr

67

1. Abschnitt

und Scham. Das Kind zeigt jetzt auch ein **Verständnis für gut und schlecht** und macht selbst bewertende Kommentare. Es beginnt, **Höflichkeit und Rücksichtnahme** zu zeigen und äußert zumeist sehr **herzliche Gefühle gegenüber kleineren Kindern und Tieren.** Zuneigung und Abneigung gegenüber anderen Menschen werden deutlich gezeigt. Gegen Ende des dritten Lebensjahres verfügt das Kind auch schon über eine **gewisse Selbstkontrolle,** es kann z. B. offene Aggression (andere schlagen etc.) unterdrücken.

Im Zusammensein mit anderen Kindern entwickeln sich zunehmend kooperative Formen des Zusammenspiels. Das Kind kann jetzt eigene **Bedürfnisse zugunsten anderer Kinder einschränken** oder verändern (z. B. Dinge teilen, anderen helfen, warten, bis es an der Reihe ist). In der Beziehung zu den primären Bezugspersonen ist das dritte Lebensjahr durch ein **allmähliches Sich-Lösen** gekennzeichnet. Um den dritten Geburtstag können sich die meisten Kinder einige Stunden von den Eltern trennen.

Gründe für Verzögerungen oder Störungen in der sozial-emotionalen Entwicklung	Der hier in seinen wesentlichsten Merkmalen geschilderte Ablauf der sozial-emotionalen Entwicklung kann in den ersten Lebensjahren vor allem dadurch verzögert oder gestört werden, daß das Kind nicht genügend liebevolle Zuwendung bekommt, keine stabilen Beziehungen aufbauen kann, in seinen Gefühlsäußerungen nicht wahrgenommen und verstanden wird und zu wenig Möglichkeiten hat, sich mit fortschreitender Entwicklung allmählich wieder aus den engen primären Bindungen zu lösen und den Kreis seiner sozialen Beziehungen schrittweise zu erweitern. Für den Prozeß der sozial-emotionalen Entwicklung kann die Betreuung
vgl. Bd. I, S. 23 f.	in einer Tageseinrichtung nicht generell als Belastung angesehen werden, es sollte allerdings bei jedem Kind aufmerksam beobachtet werden, wie es den täglichen Wechsel zwischen Elternhaus und Einrichtung verkraftet und ob es eine stabile und sichere Beziehung zu seinen Eltern entwickelt. Hingewiesen sei auch noch auf den frühkindlichen Autismus (= auf sich selbst bezogen), eine schwierige Beziehungsstörung, deren Ursachen vielschichtig und noch nicht befriedigend erforscht sind, die nach heutigen Erkenntnissen aber auf jeden Fall nicht primär auf unzureichende Zuwendung zurückzuführen ist.
Anzeichen für mögliche Verzögerungen/Störungen in der sozial-emotionalen Entwicklung	Anzeichen für Verzögerungen/Störungen in der sozial-emotionalen Entwicklung können sein: — Der Säugling hat bis zum Ende des vierten Lebensmonates **noch nie andere Menschen angelächelt.** — Das Kind **nimmt keinen Kontakt auf,** es blickt z. B. nicht

Die Entwicklung des Kindes in den ersten drei Lebensjahren

ins Gesicht von anderen Menschen, reagiert nicht auf Ansprache, zeigt eine ausdruckslose Mimik, zieht sich auf sich selbst zurück bzw. interessiert sich nur für Dinge.

- Das Kind **wehrt Zärtlichkeiten,** auch von vertrauten Personen, **konstant ab.**
- Das Kind unterscheidet bis zum Ende des ersten Lebensjahres noch nicht zwischen vertrauten und fremden Personen. Es **drängt sich jedem auf** und zeigt ein völlig undifferenziertes Kontaktbedürfnis.
- Das Kind zeigt **stereotype Körperbewegungen,** z. B. teilnahmsloses Schaukeln mit dem Oberkörper/dem Kopf oder es äußert Formen von Selbstaggression wie sich die Haare ausreißen, sich beißen etc.

1.9 Anregungen zur Entwicklungsbeobachtung

Ein unverzichtbarer Bestandteil einer verantwortungsvollen und effektiven pädagogischen Arbeit in Tageseinrichtungen ist die Beobachtung. Die Beobachtungsinhalte sind dabei vielfältig: das Gruppengeschehen, die Nutzung von Material und Räumen, die Interessen und Gewohnheiten der Kinder in der Gruppe... Im folgenden soll auf einen besonders bedeutsamen Bereich – die Entwicklung der einzelnen Kinder – eingegangen werden. Da schon einleitend in diesem Kapitel auf die Notwendigkeit von Entwicklungsbeobachtungen hingewiesen wurde, werden die wichtigsten Gründe hier nur noch einmal kurz zusammengefaßt.

vgl. Bd. I, S. 157 f.

Die Beobachtung der Entwicklungsprozesse und der Fähigkeiten der einzelnen Kinder hilft der Erzieherin,

Die Bedeutung von Entwicklungsbeobachtungen

- die Anregung von Aktivitäten und das Bereitstellen von Materialien am Entwicklungsstand der einzelnen Kinder zu orientieren;
- die Entwicklung der Kinder ergänzend zum Elternhaus zu fördern, z. B. durch vermehrte sprachliche Anregungen, wenn das Kind in diesem Bereich wenig Begleitung und Unterstützung durch die Eltern erfährt;
- Verzögerungen und Störungen im Entwicklungsverlauf möglichst frühzeitig zu erkennen, so daß Folgeschäden vermieden bzw. die Chancen, die die ersten Lebensjahre für den Ausgleich vieler Auffälligkeiten bieten, optimal genutzt werden können;
- mit den Eltern kontinuierlich über den Entwicklungsprozeß ihres Kindes im Gespräch zu bleiben;

1. Abschnitt

— bei Personalwechsel neuen Erziehern Hilfen zu geben, die einzelnen Kinder rasch und gut kennenzulernen.

Entwicklungsbeobachtungen müssen kontinuierlich erfolgen

Schon allein die Tatsache, daß die Entwicklung des Kindes ein Prozeß ist und sich zudem in den ersten Lebensjahren besonders schnell vollzieht, macht deutlich, daß Entwicklungsbeobachtungen kontinuierlich erfolgen müssen. Keinesfalls sollten aus einmaligen oder gelegentlichen Beobachtungen Schlüsse, z. B. auf Entwicklungsrückstände, gezogen werden, denn gerade bei sehr jungen Kindern spielen Faktoren wie Motivation, Ausgeruhtsein etc. eine wichtige Rolle für das aktuelle Verhalten und das jeweils gezeigte Niveau ihrer Fähigkeiten.

Zur Durchführung von Entwicklungsbeobachtungen

Grundsätzlich scheint es in altersgemischten Gruppen am sinnvollsten zu sein, daß die Beobachtung des Entwicklungsverlaufes der einzelnen Kinder **durch deren jeweilige Hauptbezugsperson** erfolgt. Denn diese kennt das Kind am besten und wird seine Entwicklungsfortschritte am ehesten wahrnehmen. Wichtig ist, daß **die Beobachtungen schriftlich festgehalten werden,** denn erfahrungsgemäß wird vieles rasch wieder vergessen, zumal jeder Erzieher mehrere Kinder in ihrer Entwicklung verfolgen muß.

vgl. Bd. I, S. 57 f. und 99 f.

In der Praxis hat es sich bewährt, für jedes Kind eine Art ‚**Entwicklungstagebuch**' zu führen, in dem sein Entwicklungsprozeß festgehalten wird. Grundlagen für die Aufzeichnungen des Erziehers können zum einen spontane Beobachtungen im Gruppenalltag sein, z. B. wie sich ein Kind zum ersten Mal selbständig an Möbeln zum Stand hochgezogen hat. Um sensibel für die vielen kleinen Fortschritte von Kindern zu werden, muß der Erzieher den Entwicklungsablauf in den verschiedenen Bereichen gut kennen. Notiert werden sollten auch die Informationen, die die Eltern den Erziehern bei Gesprächen während der Aufnahmephase oder später geben, z. B. über die bisherige Entwicklung des Kindes vor Eintritt in die Einrichtung, über Entwicklungsfortschritte, die die Eltern beobachtet haben . . .

Zufällige Beobachtungen

Gezielte Beobachtungen

In Ergänzung zu den eher zufälligen Beobachtungen sollten auch immer wieder gezielte Beobachtungen durchgeführt werden, um sich ein möglichst differenziertes und umfassendes Bild vom Entwicklungsstand der einzelnen Kinder zu machen. Gegenstand solcher Beobachtungen können z. B. das Sprachverhalten (Sprachverständnis, Wortschatz etc.), die Selbständigkeit beim Essen . . . sein. Entwicklungskalen-

Die Entwicklung des Kindes in den ersten drei Lebensjahren

der und Entwicklungstabellen[8] können dabei als Hilfsmittel dienen, um dem Erzieher einen Überblick über die normale kindliche Entwicklung in bestimmten Lebensphasen zu geben. (Dem gleichen Zweck dient auch der Entwicklungsüberblick im Anhang dieses Kapitels.) Wie häufig und in welchen Situationen solche Beobachtungen sinnvollerweise durchgeführt werden sollten, hängt stark vom Beobachtungsinhalt ab. Grundsätzlich ergeben aber wiederholte Beobachtungen — an verschiedenen Tagen und in unterschiedlichen Situationen — am ehesten ein unverfälschtes Bild vom Entwicklungsstand eines Kindes. So hängt z. B. das Sprachverhalten stark vom Gesprächspartner, von der momentanen Befindlichkeit des Kindes, von der Situation etc. ab, einmalige Beobachtungen wären deshalb wenig aufschlußreich.

Beim schriftlichen Festhalten von Beobachtungen, gleichgültig, ob es sich um zufällige oder gezielte handelt, sollte stets das Datum der Beobachtung bzw. das Alter des Kindes und die Situation aufgeschrieben und das Verhalten des Kindes möglichst differenziert und ohne Bewertungen beschrieben werden. Beispielsweise sagt eine Notiz wie ‚J. ißt selbständig' wenig über die genauen Fähigkeiten des Kindes aus. Dazu müßte dargestellt werden, mit welchem Besteck das Kind ißt, wie es dieses hält, was es ißt, ob es viel verkleckert etc. Insbesondere auch in Gesprächen mit den Eltern sollten Verhaltensweisen und Entwicklungsschritte des Kindes in einer sachlichen, nicht-wertenden Sprache berichtet werden. Denn Begriffe wie ‚aggressiv' oder ‚zappelig' beschreiben das Verhalten eines Kindes höchst ungenau, wecken bei Eltern aber leicht Gefühle wie Sorge, Scham etc.

Die schriftliche Aufzeichnung von Beobachtungen

Grundsätzlich sollte bei allen Entwicklungsbeobachtungen bedacht werden, daß der Entwicklungsverlauf bei jedem Kind individuell verschieden ist und der Sinn von Beobachtungen gerade auch darin liegt, diese Individualität im Prozeß zu verfolgen, d. h. es geht darum, das einzelne Kind in seiner Einzigartigkeit zu sehen, zu verstehen, anzunehmen und zu fördern. Der Erzieher sollte auch bedenken, daß mit zunehmendem Alter die Fähigkeiten eines Kindes immer stärker von entsprechenden Lernmöglichkeiten abhängen. Beobachtungen können hier wichtige Anhaltspunkte geben, um etwaige Defizite durch entsprechende Erfahrungen und Anregungen auszugleichen.

---

8) Vgl. dazu Kiphard, 1975/76; Hellbrügge/Wimpffen, 1973; sowie Beller, Kuno, Entwicklungstabelle (Bezug: Fortbildungsinstitut für die pädagogische Praxis, Roennebergstr. 3, 1000 Berlin 41). Einen knappen Überblick, insbesondere auch für Eltern, gibt der Entwicklungskalender für Kinder bis zum 18. Monat, Köln o. J. (Bezug: Bundeszentrale für gesundheitliche Aufklärung, Postfach 91 01 52, 5000 Köln 91).

1. Abschnitt

Literatur zur Vertiefung

1. *Gipper, Helmut* (Hrsg.), Kinder unterwegs zur Sprache. Zum Prozeß der Spracherlernung in den ersten drei Lebensjahren, Düsseldorf 1985

2. *Hellbrügge, Theodor/Wimpffen, J. Hermann von* (Hrsg.), Die ersten 365 Tage im Leben eines Kindes, München 1973

3. *Heuchert, Lucija,* Materialien zur interkulturellen Erziehung im Kindergarten, Bd. 3: Zweisprachigkeit, hrsg. von der Robert-Bosch-Stiftung, Berlin 1989

4. *Keller, Heidi/Meyer, Hans-Jürgen,* Psychologie der frühesten Kindheit, Stuttgart, Berlin, Köln, Mainz 1982

5. *Kiphard, Ernst J.,* Wie weit ist ein Kind entwickelt? Eine Anleitung zur Entwicklungsüberprüfung, Dortmund 1975/76

6. *Oerter, Rolf/Montada, Leo,* Entwicklungspsychologie. Ein Lehrbuch, 2., völlig neubearb. und erweit. Aufl., München, Weinheim 1987

7. *Pikler, Emmi,* Laßt mir Zeit. Die selbständige Bewegungsentwicklung des Kindes bis zum freien Gehen, München 1988

8. *Zimmer, Katharina,* Das wichtigste Jahr. Die seelische und körperliche Entwicklung im ersten Lebensjahr, München 1987

Zur Erarbeitung dieses Kapitels wurden die Quellen Nr. 10, 11, 12, 13, 24, 47, 49, 50, 51, 56, 61, 62, 64, 66, 70, 71, 78, 87, 92, 93, 94, 100, 101, 102, 103, 104, 105, 111, 133, 138, 140 und 142 des Gesamt-Quellenverzeichnisses (siehe am Ende des Buches) benutzt.

Anhang

Übersicht über die Entwicklung in den ersten drei Lebensjahren

Die Entwicklung des Kindes in den ersten drei Lebensjahren

	Grobmotorische Entwicklung	Feinmotorische Entwicklung	Entwicklung der Wahrnehmung	Geistige Entwicklung	Sprachliche Entwicklung	Sozial-emotionale Entwicklung
Neugeborene	– allgemeine Beugehaltung – dreht Kopf in Bauchlage zur Seite – Schreitreflex – Kopf kippt in Rückenlage zur Seite – strampelt abwechselnd ohne Seitenbevorzugung	– Hände überwiegend geschlossen – ausgeprägter Handgreifreflex	– alle Sinne sind aufnahmefähig, aber z. T. noch nicht voll entwickelt – das Sehen ist der unreifste Sinn – große Ansprechbarkeit der Haut – reagiert mit Unwillen auf starke Geräusch- und Lichteinwirkungen		– schreit bei Unlustempfindungen	– allgemeine Erregung bei starker Reizung – beruhigt sich durch Hautkontakt – Lächeln ohne sozialen Bezug
1. Monat[1]	– hebt Kopf in Bauchlage einige Sekunden an – hält Kopf in Rückenlage kurze Zeit in Mittelstellung – Schreitreflex	– führt Hand unwillkürlich zum Mund	– wendet sich angenehmen Lichtquellen zu – folgt Gegenstand mit den Augen bis 45° – reagiert auf die Stimme der Mutter	– Übung angeborener Reflexmechanismen – erlebt sich als Einheit mit der Umwelt	– unterschiedliches Schreien, je nach Bedürfnis	– betrachtet menschliche Gesichter – bei Unbehagen differenziertes Schreien, je nach Bedürfnis
2. Monat	– hebt Kopf in Bauchlage für mindestens 10 Sekunden etwa 45° an (schwankend) – Schreitreflex klingt ab	– Hände häufiger leicht geöffnet	– folgt Gegenstand mit den Augen bis zur Mittellinie und etwas darüber hinaus	2.–4. Monat – wiederholt Handlungen, die zu	– Vokallaute	– flüchtiges Lächeln und lebhafte Körperbewegungen bei menschlicher Zuwendung

[1] Die Angaben beziehen sich jeweils auf das Ende des genannten Lebensmonates.

1. Abschnitt

	Grobmotorische Entwicklung	Feinmotorische Entwicklung	Entwicklung der Wahrnehmung	Geistige Entwicklung	Sprachliche Entwicklung	Sozial-emotionale Entwicklung
3. Monat	– hebt Kopf in Bauchlage für wenigstens eine Minute um 45°–90° an – hält Kopf in aufrechter Haltung kurze Zeit (balancierend) – zunehmende Streckung der Hüfte	– bewegt Spielzeug, das man ihm in die Hand gibt – bewegt halbgeöffnete Hand in Richtung auf vorgehaltenen Gegenstand	– folgt Gegenstand mit den Augen von einem Augenwinkel zum anderen – reagiert auf Glockenton durch Innehalten des Blickes oder der Bewegung	angenehmen oder interessanten Ergebnissen führen – erlebt sich noch nicht als Erzeuger seiner Wirkungen auf die Umwelt	– Gurren (rrr-Ketten) – Kehllaute – lustvolle Äußerungsformen wie Lachen, Quietschen, Kreischen	– soziales Lächeln – folgt Personen mit den Augen
4. Monat	– sicherer Unterarmstütz	– Hände überwiegend geöffnet – betrachtet seine Hände und führt sie zusammen – steckt Spielzeug in den Mund (Hand-Mund-Koordination)	– betrachtet Spielzeug in seiner Hand – verfolgt Objekte in allen Ebenen – sucht nach einer Schallquelle durch Kopfdrehen		– Blasreiblaute – Juchzen	– fröhliches Lachen, z. B. wenn es geneckt wird – freut sich, wenn man mit ihm spielt
5. Monat	– ‚schwimmt' in Bauchlage – streckt sich in Schwebelage (Landau-Reaktion) – Beine übernehmen kurz das Körpergewicht – rollt sich vom Bauch auf den Rücken	– führt Hand zum Spielzeug und berührt es	– fixiert optische Reize für mehrere Minuten – reagiert durch Kopfdrehen auf leisere Geräusche, z. B. Papierrascheln	5.–8. Monat – Handlungsweisen werden ein-	– bildet Silben	– unterscheidet strengen und liebevollen Tonfall – wendet sich sprechenden und singenden Personen zu – beruhigt sich bei liebevoller Ansprache

Die Entwicklung des Kindes in den ersten drei Lebensjahren

Monat					
6. Monat	– stützt sich in Bauchlage mit gestreckten Armen auf die geöffneten Hände – rollt sich von einer Seite zur anderen	– gezieltes Greifen mit ganzer Hand	– durch die Augen gesteuertes Greifen – Parallelstellung der Augen – wendet sich sicher zu Geräuschquellen – beginnt zu lallen		– rhythmische Silbenketten (lallen) – beginnt, Laute nachzuahmen	– beginnt, fremde und vertraute Personen zu unterscheiden – aktive Kontaktsuche – erste Anzeichen von Angst und Ekel
7. Monat	– dreht sich vom Rücken auf den Bauch – spielt in Rückenlage mit den Füßen – federt – Sprungbereitschaft der Arme	– wendet Gegenstand in den Händen hin und her und gibt ihn von einer Hand in die andere – hält in beiden Händen einen Gegenstand	– blickt nach hintergefallenem Gegenstand – erkennt räumliche Entfernungen und Beziehungen, greift z. B. mit Hilfe von Lageveränderung nach entfernt liegendem Objekt	– gesetzt, weil sie zu einem bestimmten Ergebnis führen – Gegenstände werden mit allen Sinnen erforscht – allmähliches Entstehen des ‚Objektbegriffes' – erlebt sich zunehmend als eigenständiges Wesen	– Plaudern, d. h. es werden verschiedenartige Silben aneinandergereiht bei wechselnder Lautstärke und Tonhöhe	– liebt Guck-Guck-Spiele – versteht ‚Eia-Spiele'
8. Monat	– zieht sich an den Fingern des Erwachsenen zum Sitzen hoch	– zeigt mit Zeigefinger auf Einzelheiten an Gegenständen	– unterscheidet zwischen vertrauten und fremden Personen		– Flüstern	– Fremdeln – Trennungsangst – beobachtet Personen bei ihren Tätigkeiten – Kontaktaufnahme zu anderen Kindern (Anlächeln, Laute etc.)

1. Abschnitt

	Grobmotorische Entwicklung	Feinmotorische Entwicklung	Entwicklung der Wahrnehmung	Geistige Entwicklung	Sprachliche Entwicklung	Sozial-emotionale Entwicklung
9. Monat	– robbt – sitzt kurze Zeit (ca. 1 Minute) frei mit fast geradem Rücken	– läßt Gegenstand willkürlich fallen	– nimmt Dinge in Behälter wahr und greift hinein – liebt Versteckspiele mit vertrauten Personen – nimmt leise Geräusche wahr (Flüstern, Uhrticken)	9.–12. Monat – Anwendung verschiedener Handlungs- und Wahrnehmungsweisen auf einen Gegenstand – erstes ‚Werkzeugdenken' – beginnt nachzuahmen	– deutliche Doppelsilben	– liebt Versteckspiele mit vertrauten Personen – drückt unterschiedliche Gefühle aus – verschiedene Formen der Kontaktaufnahme – reagiert heftig auf Eingriffe in seine Wünsche/Tätigkeiten
10. Monat	– sitzt frei mit geradem Rücken – setzt sich selbständig auf (aus der Bauchlage) – Vierfüßlerstand/ unkoordiniertes Krabbeln – steht mit Festhalten	– Pinzettengriff – klopft Gegenstände aneinander – ahmt Gesten nach	– ahmt Gesten nach – interessiert sich für Details – reagiert auf unterschiedlichen Tonfall	– deutlich ausgeprägtes Verständnis für die dauerhafte Existenz von Gegenständen	– sucht durch Kopfdrehen nach bekanntem Gegenstand/bekannter Person, wenn es gefragt wird – Zwiegespräche: Lautlich richtige Nachahmung vertrauter Silben	– beginnt, Lob und Tadel zu verstehen – freut sich über Bestätigung
11. Monat	– koordiniertes Krabbeln – geht seitwärts an Möbeln entlang	– Zangengriff	– betrachtet mit Ausdauer die Umwelt – findet versteckte Dinge wieder		– versteht Verbote, unterbricht seine Tätigkeit – plappert viel und ausdrucksvoll	– drückt seine Wünsche durch Gesten aus – reagiert auf Verbote – imitiert Geräusche und Bewegungen Erwachsener

Die Entwicklung des Kindes in den ersten drei Lebensjahren

12. Monat	– macht Schritte vorwärts an der Hand	– legt Gegenstand in Behälter/Hand des Erwachsenen (kann willkürlich loslassen) – hält Stift – beginnt selbst zu essen und zu trinken	– läßt Dinge durch kleine Öffnung fallen – zieht begehrten Gegenstand mit Hilfe eines anderen zu sich heran – versteht einige Wortbedeutungen	– befolgt einfache Aufforderungen – erste sinnvolle Silben bzw. Kinderworte	– liebt soziale Spiele (Haschen etc.) – reicht Dinge auf Aufforderung – reagiert deutlich auf sein Spiegelbild – tauscht Spielzeug mit anderen Kindern aus
13.–18. Monat	– freies Stehen und Laufen – geht seitwärts und rückwärts – zieht Spielzeug hinter sich her – trägt leichten Gegenstand – hebt Dinge aus der Hocke auf – geht treppauf und treppab mit Hilfe – klettert auf Stuhl u. ä. – wirft Ball mit zwei Händen	– trinkt aus Tasse und ißt mit Löffel, ohne viel zu verschütten bzw. zu verlieren – zieht einfache Kleidungsstücke selbst aus – zeigt mit dem Zeigefinger – kritzelt mit Stift – öffnet Deckel von Kartons – räumt aus und ein – baut Turm aus 2–3 Klötzen	– erkennt vertraute Personen aus einiger Entfernung – ahmt einfache Aktivitäten nach – betrachtet sich im Spiegel – schaut einfaches Bilderbuch an – reagiert auf seinen Namen – versteht einige Aufforderungen	– Entdeckung neuer Handlungsweisen durch aktives Experimentieren – erkennt sich selbst als handelndes Wesen – erprobt räumliche Beziehungen im Spiel – ahmt einfache Tätigkeiten nach – Anfänge des Symbolverständnisses (Sprache/Bilder)	– Einwortäußerungen – spricht Worte nach – ahmt Geräusche nach – begleitet seine Tätigkeiten durch Monologe – versteht ‚ja‘ und ‚nein‘ – zeigt auf bekannten Körperteil – reagiert auf seinen Namen – zeigt auf Bildteile in Bilderbüchern	– drückt Zuneigung, Ärger, Eifersucht, Mitleid aus – beobachtet Tätigkeiten Erwachsener und ahmt sie nach – führt einfache Aufträge aus – Allein- und Parallelspiel

1. Abschnitt

	Grobmotorische Entwicklung	Feinmotorische Entwicklung	Entwicklung der Wahrnehmung	Geistige Entwicklung	Sprachliche Entwicklung	Sozial-emotionale Entwicklung
19.–24. Monat	– rennt einige Schritte – geht treppauf und treppab mit Festhalten – hüpft von Treppenstufe – steht kurz auf einem Bein – stößt Ball mit Fuß – ahmt Bewegungen von Tieren nach	– zieht auch schwierigere Kleidungsstücke selbst aus – öffnet Reißverschluß – beginnt die Hände selbst zu waschen und die Zähne zu putzen – benutzt Hammer und Bausteine als Werkzeug – schaltet an Lichtschaltern – schraubt Deckel ab – rollt Knete und Ton – fädelt große Perlen auf	– ordnet unterschiedliche Dinge einander zu – beobachtet Erwachsene genau und ahmt deren Aktivitäten nach – weiß, wo im Raum Dinge aufbewahrt werden – zeigt einige Körperteile bei sich/Puppe – legt einige Formen ins Formbrett – ordnet Dinge deren Abbildung zu – versteht die Ankündigung von vertrauten Aktivitäten	– Ergebnisse von Handlungen werden in der Vorstellung vorweggenommen – Anfänge des Zahl- und Zeitverständnisses („mehr', ,jetzt')	– Zweiwortsätze – erste Fragesätze – versteht kompliziertere Aufforderungen	– deutliche Anzeichen für Konkurrenz und Kooperation – erwachendes Ich-Bewußtsein – erste Trotzreaktionen
25.–30. Monat	– geht treppauf frei (nachgesetzt), treppab mit Festhalten am Geländer – klettert einige Leitersprossen hoch – hüpft auf der Stelle – fährt Dreirad – wirft Ball in ein Ziel – fängt Ball mit beiden Händen	– zieht einfache Kleidungsstücke selbst an – knüpft Kleidung auf und zu – wäscht sich allein die Hände – ißt selbständig und sauber mit dem Löffel – beginnt mit einer Schere umzugehen – malt Kreis oder Strich nach – blättert Buchseiten einzeln um – baut Turm aus ca. 4 Klötzen	– ordnet Größen, Farben und Formen zu – erkennt Dinge und Personen, die es nicht täglich sieht – sortiert Gegenstände, die sich weniger deutlich unterscheiden	– 25.–36. Monat – vorbegriffliches, symbolisches Denken: Gegenstände oder Handlungen werden durch Symbole/Zeichen ersetzt – Denken ist an Anschauung gebunden – Unbelebtes wird häufig als belebt wahrgenommen – unterscheidet	– verwendet Artikel – gebraucht Singular und Plural – nennt sich beim Vornamen – benutzt unbestimmte Mengen- und Zeitbezeichnungen – benutzt Fürwörter	– äußert Stolz und Scham – zeigt Verständnis für gut und schlecht – beginnende Ablösung von den primären Bezugspersonen

Die Entwicklung des Kindes in den ersten drei Lebensjahren

| 31.–36. Monat | – geht frei treppab (nachgesetzt)
– rennt ein Stück
– geht auf Zehenspitzen
– springt mit Anlauf über ein niedriges Seil | – hält Tasse in einer Hand, Löffel mit Daumen nach oben
– streicht Butter und Marmelade
– gießt Wasser um, ohne etwas zu verschütten
– trägt Tablett mit mehreren Gegenständen
– zieht Schuhe an
– faltet Papier mit beiden Händen
– malt runde Formen, horizontale und vertikale Linien
– baut Brücke/baut Turm aus ca. 8 Klötzen | – kennt Orte der näheren und weiteren Umgebung
– erkennt Tätigkeiten und Geschehnisse im Bild
– versteht schwierigere Aufforderungen
– kann einfache Klatschgeräusche nachmachen | ‚eins‘ und ‚viele‘, versteht ‚groß‘ und ‚klein‘ und ‚bald‘ | – Mehrwortsätze
– Beantwortet Fragen nach ‚wann‘, ‚wie‘, ‚wozu‘
– versteht den Inhalt von Liedern und einfachen Geschichten
– kann auch die meisten schwierigeren Laute richtig aussprechen
– erlernt Beugungs- und Steigerungsformen | – Ansätze von Höflichkeit und Rücksichtnahme
– zeigt Zu- und Abneigung
– herzliche Gefühle gegenüber kleinen Kindern und Tieren
– beginnende Selbstkontrolle
– kann eigene Bedürfnisse einschränken |

2. Kinderärztliche Aspekte bei der Betreuung von Kindern unter drei Jahren in Tageseinrichtungen
von Sigrid Leidel

2.1 Zur Einführung

Das Für und Wider einer Fremdbetreuung von Säuglingen und Kleinstkindern wird in Deutschland nach wie vor heftig diskutiert. Mediziner und Entwicklungspsychologen äußern häufig Bedenken. Die Deprivationssyndrome, die früher in Säuglings- und Kinderheimen beobachtet wurden, lassen Mediziner befürchten, daß auch bei einer frühen Fremdbetreuung von Säuglingen in Tageseinrichtungen entsprechende Symptome auftreten können. Hierbei wird oft verkannt, daß man aus diesen schlechten Erfahrungen in Säuglingsheimen gelernt hat und bessere Betreuungsformen entwickelt wurden. Die in Nordrhein-Westfalen praktizierte Lösung der altersgemischten Gruppen wird von ärztlicher Seite sowohl für die psychosoziale als auch für die gesundheitliche Entwicklung der Kinder als positiv angesehen.

Bei der frühen Betreuung von Säuglingen und Kleinkindern in Gruppen ergeben sich aber medizinische Fragen und Probleme, auf die im folgenden eingegangen werden soll.

2.2 Gesundheitsgefährdung durch Infektionskrankheiten

Säuglinge und Kleinstkinder, die in Tageseinrichtungen betreut werden, erkranken erfahrungsgemäß häufiger an Infekten als Kinder, die zu Hause aufwachsen. Die Angaben schwanken zwischen zweieinhalb bis fünfmal mehr als in der Familie. Diese Infekthäufung ist bedingt durch einen vermehrten Kontakt mit Krankheitserregern (erhöhte Infektexposition). Jedes Kleinkind muß zunächst seine Umwelt kennenlernen. Dazu gehört auch, daß sich sein Körper mit einer großen Anzahl von Bakterien, Viren und anderen Krankheitserregern auseinandersetzen muß. Je enger und je früher nun der Kontakt eines Kindes zu anderen Kindern ist, um so höher ist die Wahrscheinlichkeit, daß es an einer Infektionskrankheit, die es bislang noch nicht ‚kannte', erkrankt. Besonders Infekte der oberen Luftwege – also Husten, Schnupfen, Heiserkeit – spielen hierbei eine große Rolle.

Vermehrter Kontakt mit Krankheitserregern bei Gruppenbetreuung

Es ist bereits für ein in der Familie aufwachsendes Kleinkind nicht ungewöhnlich, wenn es in einem Jahr etliche Infekte durchmacht. Die Angaben in der Literatur[1] schwanken zwi-

Erkrankungshäufigkeit im Kleinkindalter

---
1) Vgl. Belohradsky u. a., 1981.

2. Abschnitt

schen vier bis zwölf Infekten jährlich. Geht man von einer Erkrankungsdauer von ca. zwei Wochen pro Infekt aus, so kann es durchaus sein, daß ein Kleinkind mehrere Monate im Jahr krank ist.

Die Erkrankungshäufigkeit nimmt zu, wenn eine erhöhte Infektexposition gegeben ist, d. h. bei hoher Geschwisterzahl, engem Kontakt zu anderen Kleinkindern und im Kindergarten.

Eine Untersuchung[2] über die Erkrankungshäufigkeit von Krippenkindern und Kindern in Familien aus der DDR zeigt, daß Krippenkinder durchschnittlich 8,4 Erkrankungen im Jahr und Hauskinder 3,3 Krankheiten im Jahr mitmachen, wobei sich eine sehr deutliche Altersabhängigkeit ergibt.

Alter	Erkrankungen/Kind/Jahr: Hauskind	Krippenkind
0–1 Jahre	5,2	7,4
1–2 Jahre	3,9	11,3
2–3 Jahre	2,9	8,3
über 3 Jahre	2,2	4,9
Summe	3,3	8,4

Wie kann eine Infektgefährdung in altersgemischten Gruppen so gering wie möglich gehalten werden?

Maßnahmen vor der Aufnahme

Kinderärztliche Untersuchung

vgl. Bd. I, S. 100 ff.

Vorbeugende Maßnahmen sollten schon vor der Aufnahme eines Säuglings oder Kleinstkindes erfolgen. Durch eine kinderärztliche Untersuchung sollte überprüft werden, ob die Aufnahme in eine Gruppe aus medizinischen Gründen vertretbar ist. Falls ein Säugling oder Kleinstkind bereits gehäuft krank war und besonders infektanfällig ist, sollte überlegt werden, ob nicht eine Tagespflegestelle als Alternative günstiger erscheint.

Vorsorgeuntersuchungen

Durch Vorsorgeuntersuchungen, wie sie seit 1972 von den Krankenkassen angeboten werden, sollen gesundheitliche Störungen und Entwicklungsverzögerungen erkannt und die notwendigen Behandlungsschritte eingeleitet werden. Ein Säugling, der mehrmals täglich krankengymnastisch betreut werden muß, sollte möglichst nicht aufgenommen werden, da diese zeitaufwendige Aufgabe von einer Regeleinrichtung nicht übernommen werden kann. Auch hier bietet sich als Alternative eine Tagespflegestelle an, wobei die Pflegeperson dazu entsprechend angeleitet werden muß.

Kurz vor der Aufnahme muß bei jedem Kind festgestellt

---
2) Vgl. Friedrich/Schlosser, 1985.

werden, ob es nicht an einer übertragbaren Krankheit leidet und frei von Läusen ist (§ 45 BSeuchG). Außerdem sollte ein Kind in den letzten zwei Wochen keine Krankheiten durchgemacht haben, damit es nicht durch eine noch geschwächte Abwehrsituation besonders infektgefährdet ist. Weiterhin sollte der Einrichtung das Ergebnis des Tuberkulosetests vorliegen.[3]

Notwendige Untersuchungen vor der Aufnahme

Impfschutz

Bei einigen Infektionskrankheiten besteht als einzige vorbeugende Schutzmaßnahme die Möglichkeit einer Impfung. Bereits bei den ersten Aufnahmegesprächen mit den Eltern muß auf die dringende Notwendigkeit eines vollständigen Impfschutzes hingewiesen werden.[4] Für Säuglinge und Kleinstkinder sind Schutzimpfungen gegen Diphtherie und Wundstarrkrampf (Tetanus) und gegen Kinderlähmung ab dem dritten Lebensmonat angezeigt, bei Säuglingen in Gemeinschaftseinrichtungen auch die Keuchhustenimpfung, letztere ebenfalls ab dem dritten Lebensmonat.

Empfohlene Impfungen für Kinder in Gemeinschaftseinrichtungen

Nach den Ausführungsbestimmungen des Landes Nordrhein-Westfalen zum Bundesseuchengesetz sind die genannten Impfungen öffentlich empfohlen. Dies bedeutet, daß die Gesundheitsämter die Impfungen für notwendig erachten und kostenlos durchführen und daß bei eventuell auftretenden Impfschäden auch die weitere Versorgung übernommen wird (§ 14.3, § 14.4 BSeuchG, § 51 BSeuchG).

Über die Keuchhustenimpfung ist in den letzten Jahren viel diskutiert worden. Schwere Impfkomplikationen, wie z. B. Hirnentzündungen (Encephalitis), die allerdings sehr selten auftreten, führten dazu, daß die Impfung nicht mehr generell für alle, sondern **nur für besonders gefährdete Säuglinge** empfohlen wird. Eine Erkrankung an Keuchhusten bedeutet für einen Säugling in der Regel eine schwere gesundheitliche Belastung. Erstickungsanfälle und Atemnot durch Hustenattacken und Lungenentzündungen können auftreten. Von daher bedingt eine Keuchhustenerkrankung, besonders in den ersten sechs Lebensmonaten, meist einen Klinikaufenthalt für mehrere Wochen. 70 % der Keuchhustentodesfälle treten im ersten Lebensjahr auf.

Keuchhustenimpfung

Aufgrund der erhöhten Kontaktmöglichkeiten eines Säuglings in einer altersgemischten Gruppe sollte seitens der Einrichtung auf die Möglichkeit der Schutzimpfung gegen

---

3) Vgl. Richtlinien für Tageseinrichtungen für Kinder vom 30. 6. 1982 (SMBI. NW. 2163).
4) Vgl. Anhang.

Keuchhusten hingewiesen werden. Diese darf jedoch nicht zur Bedingung für die Aufnahme in die Einrichtung gemacht werden. Die Entscheidung, ob ein Kind geimpft wird oder nicht – und das gilt für jede Impfung – liegt einzig und allein **bei den Eltern**, die sich von ihrem **Hausarzt** oder **Kinderarzt** beraten lassen sollten. Gerade bei der Keuchhustenimpfung muß der Impfarzt sehr sorgfältig Hinderungsgründe ausschließen, die einem Laien oft nicht ersichtlich sind.

Eine weitere wichtige Impfung im Kleinkindalter ab dem 15. Lebensmonat ist die Schutzimpfung gegen Masern, Mumps und Röteln. Würde man in den Gruppen eine frühzeitige vollständige Durchimmunisierung **aller** Kinder gegen Masern, Mumps und Röteln erreichen, so könnten sich diese klassischen Kinderkrankheiten in den Einrichtungen nicht mehr ausbreiten.

Masern-Mumps-impfung

Eine Masernimpfung sollte in der Regel **nicht vor dem 15. Lebensmonat** erfolgen, da bis zu diesem Zeitpunkt noch Abwehrstoffe von der Mutter das ‚Angehen' der Impfung blockieren können. In altersgemischten Gruppen ist es aber wichtig, daß die Kleinkinder und älteren Kinder geimpft sind.

Rötelnimpfung

Bei der Rötelnimpfung im Kleinkindalter steht nicht so sehr der Schutz des individuellen Kindes im Vordergrund – denn Röteln sind im Kindesalter überwiegend harmlos, Komplikationen sind ganz selten –, sondern der **Schutz für schwangere, Röteln-negative Frauen**, die bei Kontakt mit rötelnkranken Kindern Gefahr laufen, sich anzustecken und ein rötelngeschädigtes Kind auf die Welt zu bringen.

Eine Impfung im Kleinkindalter wäre nicht notwendig, wenn alle jungen erwachsenen Frauen – **insbesondere das Personal des Kindergartens** – wüßten, ob sie einen Schutz vor der Rötelnerkrankung haben oder nicht. Dies läßt sich mit eindeutiger Sicherheit nur durch einen Bluttest nachweisen, der am günstigsten **im Rahmen einer Einstellungsuntersuchung** durchgeführt werden sollte. Falls keine Immunität gegenüber Röteln besteht, ist für weibliche Erwachsene eine Impfung zu empfehlen.

2.3 Infektionskrankheiten in altersgemischten Gruppen

2.3.1 Was ist eine Infektionskrankheit?

Bei Infektionskrankheiten werden krankmachende Erreger – Viren oder Bakterien – auf einen noch empfänglichen Menschen übertragen, der nach einer bestimmten Inkubationszeit erkrankt. Unter Inkubationszeit wird der Zeitraum verstanden, der zwischen Ansteckung (also Kontakt mit einem

Kinderärztliche Aspekte bei der Betreuung von Kindern

Erkrankten) und Ausbruch der Krankheit liegt. Die klassischen Kinderkrankheiten wie Windpocken, Masern, Röteln, Scharlach, Keuchhusten und Mumps zeichnen sich durch eine sehr hohe Ansteckungsfähigkeit (Kontagiosität) aus. Deshalb erkranken die meisten Menschen bereits im Kindesalter daran und sind dann in ihrem weiteren Leben davor geschützt (immun). Selten erkrankt ein junger Erwachsener an diesen sogenannten Kinderkrankheiten, meistens handelt es sich dann um Einzelkinder oder Nachzügler in Familien, die relativ wenig Kontakt zu Gleichaltrigen hatten.

Bei den Infektionskrankheiten müssen grundsätzlich zwei verschiedene Erregertypen unterschieden werden. Es gibt zum einen Virusinfektionen, zum anderen bakterielle Infektionen.

Virusinfektionen

Bei allen Viruserkrankungen gibt es z. Zt. keine gezielt wirksamen Medikamente. Einzig und allein **vorbeugende Impfungen**, wie z. B. bei Kinderlähmung, Masern und Mumps, können vor einer Erkrankung schützen. Auch die Grippe ist eine Viruserkrankung, vor der wirksam eine Impfung bewahren kann, nicht aber vor den banalen Infekten wie Schnupfen und Husten. Diese Erreger von Infekten der oberen Luftwege sind zu etwa 90 % Viren, gegen die es leider keinen Impfschutz gibt.

Bakterielle Infektionen

Bei Erkrankungen, die durch Bakterien verursacht werden, besteht die Möglichkeit der Behandlung durch Antibiotika. Nur in Einzelfällen ist eine Impfung möglich. Beispiele für bakterielle Infektionen sind Scharlach, eitrige Mandelentzündungen, Keuchhusten, Borkenflechte, Diphtherie und Meningokokkenmeningitis.

Bei einer Scharlachinfektion in Einrichtungen treten häufig große Unsicherheiten auf, die zum Teil auf früheren bundesseuchengesetzlichen Regelungen beruhen. Eine Scharlachinfektion im Kindergarten ist nicht problematischer als Masern, Mumps oder Windpocken. Die Übertragung findet durch Tröpfcheninfektion (s. unten) statt. Da Bakterien außerhalb des menschlichen Körpers rasch zugrunde gehen, ist eine Übertragung durch verschmierte Gegenstände wie Bauklötze und Spielsachen nicht möglich. Von daher ist auch eine Flächendesinfektion, ein Abwaschen von Spielmaterialien mit Desinfektionsmitteln, nicht notwendig.

Scharlachinfektion

2.3.2 Infektionswege

Bei allen Infektionskrankheiten müssen grundsätzlich zwei verschiedene Infektionswege unterschieden werden, zum einen die Tröpfcheninfektion, zum anderen die Schmier- und Schmutzinfektion.

Tröpfcheninfektion

Durch Sprechen, Husten und Schreien werden erregerhaltige Tröpfchen ausgeatmet, die der gesunde Nachbar einatmet und sich auf diese Weise infizieren kann. Zwar spielen Entfernungen zwischen Kranken und Gesunden bei diesem Infektionsweg eine Rolle, in geschlossenen Räumen breiten sich diese Erreger jedoch innerhalb kurzer Zeit überall in der Luft aus. Dies zeigt, daß ein Schutz vor solchen Infektionen kaum möglich ist. Es sei denn, es gibt eine Impfung oder es gelingt eine frühzeitige Entfernung des Erkrankten aus der Gruppe.

Erkrankungen der oberen Luftwege

Gerade die sehr häufigen Erkrankungen der oberen Luftwege (respiratorische Infekte) breiten sich auf dem Wege der Tröpfcheninfektion aus. Erzieher sollten deshalb bedenken, daß ein eigener leichter Infekt mit Kratzen im Hals und Schnupfen eine neue Infektwelle in der Gruppe auslösen kann. Von daher sollte man m. E. überlegen, ob nicht in diesen Fällen die Säuglinge von einem anderen Erzieher gefüttert und gewickelt werden können. Auch sollte darauf geachtet werden, daß ältere Kinder, die einen frischen Infekt haben, andere Kinder nicht anhusten und zu den Säuglingen Distanz halten.

Zeiten größter Infektiosität bei viralen Infekten

Ein grundsätzliches Problem liegt bei allen viralen Infekten darin, daß **die größte Infektiosität meist ein bis zwei Tage vor den eindeutigen Krankheitszeichen besteht.** Sind z. B. in einer Einrichtung Windpocken eingeschleppt worden, so wird diese Erkrankung in zwei bis drei Infektionswellen durch die Einrichtung laufen, bis alle empfänglichen Kinder die Windpocken durchgemacht haben und damit die Infektionskette unterbrochen werden kann. Bereits bei dem ersten Ausbruch sind einige empfängliche Kinder angesteckt, da auch die Windpocken ein bis zwei Tage vor Ausbruch der Erkrankung am stärksten ansteckend sind. Diese Kinder werden aller Voraussicht nach zwei bis drei Wochen später ebenfalls erkranken und vorher die nächsten Kinder anstecken. Es ist wichtig, diesen Ablauf zu kennen und die Eltern über eine mögliche Ansteckung ihrer Kinder zu informieren.

Kinderärztliche Aspekte bei der Betreuung von Kindern

Schmier- und Schmutzinfektionen

Bei diesem Übertragungsweg kann durch eine konsequente allgemeine Hygiene bereits seitens der Tagesstätte viel getan werden. Die Erreger der Borkenflechte, von Durchfallerkrankungen, Salmonellosen und Hepatitis A werden durch Stuhlausscheidungen oder Sekrete aus Wunden übertragen. Um sich anzustecken, muß ein anderes Kind erregerhaltige verschmierte Gegenstände oder Körperteile in den eigenen Mund stecken (fäkal-orale-Infektionskette). Durch eine allgemeine Hygiene können Weiterübertragungen eingeschränkt werden.

Mit allgemeiner Hygiene ist nicht eine übertriebene, unter Umständen sogar gefährliche fortlaufende Handhabung von Desinfektionsmitteln gemeint, sondern allgemeine Hygieneanforderungen, wie z. B. gründliches Händewaschen mit Seife, Benutzung von Einmalhandtüchern bzw. häufiges Wechseln von Handtüchern und Waschlappen (mindestens zweimal pro Woche) sowie Sauberkeit bei der Toilettenbenutzung. Hier kann auch der Erzieher durch **eigenes vorbildhaftes Verhalten** die Kinder zur Sauberkeit hinführen. In den Tageseinrichtungen sollte als genereller Grundsatz gelten: „**Nicht Desinfektion, sondern Hygiene**". Eine Desinfektion, d. h. ein Abtöten aller krankmachenden Keime, kann und darf nur geschultes Personal durchführen. Desinfektionen, die in Einzelfällen nötig sein können, werden von den Gesundheitsämtern angeordnet und von Desinfektoren durchgeführt. Versuche von Desinfektionen, wie z. B. Abwischen von Wickelunterlagen mit Desinfektionsmitteln, führen zu nichts. Im Gegenteil, sie schaden oft mehr als sie nutzen. Flächendesinfektionen sind mit diesen Mitteln nicht durchführbar, die Einwirkzeit ist immer zu kurz und die Konzentrationen sind bei diesem Vorgehen zu gering. Die Benutzung von Einmalwickelunterlagen ist bei Säuglingen mit Durchfallerkrankungen besser und effektiver. Durch Desinfektionsmittel können z. B. Allergien beim Personal, aber auch bei den Kindern ausgelöst werden.

Allgemeine Hygiene in der Tageseinrichtung

Desinfektion nur durch geschultes Personal

Die Reduktion von überall vorhandenen, in der Regel aber nicht krankmachenden Keimen kann durch ein hohes Maß an Hygiene erreicht werden. Dazu gehören neben dem regelmäßigen Händewaschen mit Seife und dem Wechseln von Einmalunterlagen das tägliche feuchte Wischen des Fußbodens in bestimmten Bereichen, wie z. B. Toilette, Wickelraum und Küche. Hier können nach Rücksprache mit den Gesundheitsämtern auch spezielle Reinigungsmittel verwandt werden, die eine Verringerung von Keimen bewirken.

Hygiene als Aufgabe des Erziehers

Ist diese allgemeine Hygiene **zur Routine** geworden und wird

2. Abschnitt

sie im täglichen Ablauf konsequent eingehalten, kann eine Ausbreitung von pathogenen, d. h. krankmachenden Keimen, verhindert werden.

2.3.3 Meldepflichten

Meldepflichtige Krankheiten

Das Gesetz zur Verhütung und Bekämpfung übertragbarer Krankheiten beim Menschen (Bundes-Seuchengesetz) sieht verschiedene Meldepflichten vor. Zum einen müssen nach § 3 des Bundes-Seuchengesetzes (BSeuchG) Ärzte, Kliniken, Labors usw. bestimmte Erkrankungen den Gesundheitsämtern melden. Dies gilt z. B. für Tuberkulose, Diphtherie, Hirnhautentzündungen, Kinderlähmung und andere. Zum anderen legt das Bundes-Seuchengesetz strengere Maßstäbe bei Schulen und sonstigen Gemeinschaftseinrichtungen an. In § 45 des Bundes-Seuchengesetzes Abs. 1 wird geregelt, daß „Lehrer zur Vorbereitung auf den Beruf des Lehrers, in Schulen tätige Personen, Schüler, Schulbedienstete und in Schulgebäuden wohnende Personen, die an ansteckender Borkenflechte ..., Enteritis infectiosa, Keuchhusten, Krätze, Masern, Meningitis/Encephalitis ..., Röteln, Scharlach ..., Virushepatitis oder Windpocken erkrankt oder dessen verdächtigt oder die verlaust sind, die dem Schulbetrieb dienenden Räume nicht betreten, Einrichtungen der Schule nicht benutzen und an Veranstaltungen der Schule nicht teilnehmen dürfen, bis nach dem Urteil des behandelnden Arztes oder des Gesundheitsamtes eine Weiterverbreitung der Krankheit oder der Verlausung durch sie nicht mehr zu befürchten ist". Diese Bestimmungen gelten nach § 48 des Bundes-Seuchengesetzes unter anderem auch für Kindergärten und Kindertagesstätten.

Ausführung der Meldepflicht

Nach diesen gesetzlichen Regelungen haben Schulen, Kinderheime und Kindertagesstätten die Verpflichtung, das Auftreten der oben erwähnten Krankheiten in ihren Einrichtungen dem Gesundheitsamt mitzuteilen. Diese Mitteilung kann telefonisch oder auch schriftlich erfolgen. Dem Gesundheitsamt soll hierdurch ein Überblick verschafft werden, ob und in welchem Umfang Krankheitshäufungen auftreten, ob Krankheitsausbrüche (Epidemien) zu befürchten sind und damit eine Infektionsgefahr für größere Teile der Bevölkerung zu befürchten ist. Das Gesundheitsamt hat die Aufgabe, Infektionsquellen herauszufinden, Infektionswege aufzuklären und Vorsichtsmaßnahmen zu treffen, um die Weiterverbreitung möglichst zu verhindern.

Merkblatt Nr. 26

Im Merkblatt Nr. 26, herausgegeben vom Bundesgesundheitsamt (in der derzeit gültigen Fassung von 1990), werden Richtlinien für die Wiederzulassung in Schulen und sonstigen Gemeinschaftseinrichtungen gegeben. Weiterhin enthält dieses Merkblatt Angaben über die Inkubationszeit einer Krankheit (das ist die Zeit zwischen der Ansteckung und dem Ausbruch einer Erkrankung), die Ansteckungsfähigkeit von Mensch zu Mensch und die Wiederzulassung nach einer Krankheit. Dieses Merkblatt Nr. 26 sollte in jeder Einrichtung vorhanden sein, da bei der Wiederaufnahme eines Kindes häufig Schwierigkeiten auftreten.

Werden die in dem Merkblatt angegebenen Zeiten für die Wiederzulassung unterschritten und soll ein Kind die Einrichtung früher besuchen, sollte ein ärztliches Attest zur Frage der Ansteckungsfähigkeit verlangt werden.

Weiterhin ist dabei zu beachten, daß **Kleinkinder noch nicht wieder kindergartenfähig sind, wenn sie ihre Erkrankung noch nicht völlig überwunden haben.** Die Erfahrungen zeigen, daß kränkelnde, noch infektgeschwächte Kinder sich viel leichter wieder einen Infekt ‚einfangen' und erneut krank werden.

2.3.4 Möglichkeiten der Vorbeugung und Eindämmung

Zur Stärkung der Abwehrkräfte trägt ein **altersgerechter Tagesablauf** mit ausreichenden Ruhe- und Schlafenszeiten bei. Wichtig sind desweiteren der **tägliche Aufenthalt im Freien** – nicht nur bei Sonnenschein – und eine dem Alter entsprechende **vitaminreiche und gesunde Ernährung.** Vermieden werden sollte eine zu lange **tägliche Aufenthaltsdauer** in der Einrichtung, denn das Leben in der Gruppe verlangt von den Kindern auch große Anpassungsleistungen. Säuglinge und Kleinkinder sollten eine Tageseinrichtung möglichst nicht länger als sechs Stunden pro Tag besuchen. Nur aus zwingenden Gründen sollte die Betreuungszeit auf 9 Stunden pro Tag ausgedehnt werden.

Stärkung der Abwehrkräfte

vgl. Bd. I, S. 87 f.

Ein rechtzeitiges Fernbleiben von akut erkrankten Kindern verringert die Ansteckungsgefahr für die anderen. Bei Infektionskrankheiten in einer Familie (z. B. Keuchhusten, Masern, Windpocken u. ä.) sollte das Kind, wenn kein Impfschutz vorhanden ist, möglichst schon einige Tage vor dem Ausbruch der zu erwartenden Krankheit nicht mehr in die Einrichtung gebracht werden. Hierdurch könnte vermieden werden, daß andere in der Einrichtung noch empfängliche Kinder angesteckt werden. Weiterhin darf ein Kind, so lange seine Erkrankung noch ansteckend ist, die Einrichtung nicht besuchen. Bei gutem Kontakt zwischen Eltern und Einrichtung und einer umfassenden Aufklärung der Eltern können durch diese Maßnahmen Infektionswellen in Kindertagesein-

Fernbleiben akut erkrankter Kinder

2. Abschnitt

richtungen abgewendet werden. Wichtig ist immer die **frühe** Information aller Beteiligten, um so Vorsorge für die Unterbringung eines eventuell erkrankten Kindes zu treffen.

Allgemeine Hygiene

Zur Vermeidung von Schmier- und Schmutzinfektionen benötigt jedes Kind einen eigenen Waschlappen, ein eigenes Handtuch (am besten Einmalhandtücher), eine eigene Zahnbürste und einen eigenen Kamm. Es sollte darauf geachtet werden, daß jedes Kind möglichst nur seine Sachen benutzt. Gerade, wenn Durchfallerkrankungen oder Kopfläuse in der Einrichtung auftreten, ist es sehr wichtig, daß grundlegende hygienische Anforderungen erfüllt werden. Gründliches Händewaschen vor dem Essen und nach der Toilettenbenutzung muß für die Kinder zur selbstverständlichen Gewohnheit werden.

2.4 Hygienische Gesichtspunkte bei der Einrichtung von Kindertagesstätten

Die Zeiten, in denen Kinderkrankenschwestern mit gesteiften Kitteln, Häubchen, keimfreien Händen und womöglich mit Mundschutz Säuglinge und Kleinkinder in Heimen und Krippen versorgt haben, sind zum Glück vorbei. Diese Sterilität war entstanden aus der Sorge, daß Krankheiten durch unhygienische Verhältnisse auf die Säuglinge und Kleinkinder übertragen werden könnten. Heute besteht oft eher die Gefahr, daß hygienische Aspekte völlig vernachlässigt werden, womit auch wiederum eine unnötige Gefährdung von Säuglingen und Kleinstkindern möglich wird. Wichtig ist deshalb Sensiblität für eine **allgemeine Sauberkeit** in der Tageseinrichtung.

Mobiliar

Die Räume können durchaus wohnlich und gemütlich gestaltet werden, man sollte jedoch darauf achten, saubere, hygienisch einwandfreie Möbel, Sessel oder Matratzen anzuschaffen. Des weiteren sollte das Mobiliar möglichst leicht und gut zu säubern sein, z. B. durch abziehbare, waschbare Bezüge. Alte, ausrangierte Möbel müssen sehr kritisch beurteilt werden, denn eine Kindertagesstätte darf keine Sperrmüllsammelstelle werden!

Teppichboden

In einigen Bereichen der Gruppenräume ist ein Teppichboden durchaus angebracht. Es sollte allerdings eine gut zu reinigende Ware gewählt werden. Gerade in den Bereichen, wo Kleinstkinder vorwiegend auf dem Boden spielen, ist ein tägliches gründliches Staubsaugen (am besten mit Industriestaubsaugern) und eine regelmäßige Grundreinigung des Teppichbodens unerläßlich. Diese Grundreinigung muß mindestens zweimal jährlich erfolgen, bei starker Verschmutzung eventuell häufiger.[5]

Für den Waschraum, die Toiletten und den Wickelbereich müssen strengere hygienische Maßstäbe angelegt werden, da es hier am ehesten zu Krankheitsübertragungen durch Schmier- und Schmutzinfektionen kommen kann. Gekachelte bzw. abwaschbare Wände, pflegeleichter Fußboden (am besten Fliesen) müssen vorhanden sein. Eine Bade- bzw. Duschmöglichkeit sollte für die Kleinstkinder angebracht werden. Die Toiletten müssen in der Höhe und der Größe den Kindern angepaßt sein.

Sanitärbereiche

Auch für Küchen gelten strenge hygienische Vorschriften. Der Kochbereich muß 1,50 m hoch gekachelt sein, die Fußböden müssen täglich feucht gewischt werden. Teppichbodenbeläge sind hier nicht vertretbar. Weiterhin gilt nach der Lebensmittel-Hygiene-Verordnung für den Küchenbereich ein generelles **Rauchverbot**.

Küche

Alle Personen, die mit der Zubereitung oder Verteilung von Lebensmitteln beschäftigt sind, d. h. Küchenpersonal und auch Erzieher, müssen ein Gesundheitszeugnis nach § 17/18 BSeuchG besitzen. Die dazu notwendigen Untersuchungen umfassen eine Tuberkulinprobe oder Röntgenaufnahme zum Ausschluß einer Lungentuberkulose, eine ärztliche Beurteilung der Haut und zwei Stuhluntersuchungen im Abstand von vier Wochen. Diese Untersuchungen und die Ausstellung der Gesundheitszeugnisse erfolgen durch das Gesundheitsamt.

Gesundheitszeugnis des Personals

Bis 1980 waren einmal jährliche Untersuchungen gefordert, nach der Novellierung des Bundesseuchengesetzes sind diese Wiederholungsuntersuchungen weggefallen. Hieraus resultiert eine **erhöhte Verantwortung für Erzieher und Küchenpersonal**. Bei chronischen Infekten, lang anhaltendem Husten und bei Durchfallerkrankungen sollte so rasch wie möglich der Hausarzt aufgesucht werden, um eine ansteckende Erkrankung frühzeitig zu erkennen und damit eine Weiterverbreitung in der Einrichtung möglichst zu verhindern.

Raum- und Lufthygiene

In der letzten Zeit wird zunehmend in Kindertageseinrichtungen Schimmelpilzbefall an einzelnen Wänden beobachtet. Durch die verbesserte Isolierung der Fenster und Türen vermindert sich die Luftzirkulation, ein Luftaustausch zwischen

---

5) Vgl. Hentschel/Werner, 1985 und Kuhlmann, 1985.

2. Abschnitt

der durch die Atmung feuchten Luft und der Außenluft findet in geringerem Umfang statt. An kühlen Wandbereichen schlägt sich dann die Feuchtigkeit nieder und ist für die überall in Spuren vorhandenen Schimmelpilze ein guter Nährboden.

Ausreichende Raumtemperatur

Als Vorbeugung hierfür hilft nur ein regelmäßiges, kräftiges Lüften — egal bei welchem Wetter — und ausreichendes Heizen. Während der Heizperiode sollte in den Aufenthaltsräumen eine Temperatur von 20 Grad Celsius herrschen, in Ruhe- und Schlafräumen während der Nutzung 18 Grad, bei Nutzungsbeginn 15 Grad Celsius. In Duschen und Waschräumen soll die Temperatur 22 Grad betragen.

Regelmäßiges Lüften

Im Gruppenraum sollte alle ein bis zwei Stunden für mindestens zwei bis fünf Minuten gelüftet werden, indem mehrere Fenster ganz geöffnet werden. Eine permanente Belüftung durch Klappfenster oder Oberlichter ist dagegen nicht sinnvoll, da sie zum einen nicht ausreichend ist und zum anderen gerade in Bodennähe einen dauernden Zug bewirkt, der für Kleinkinder, die häufig am Boden spielen, sehr ungünstig ist. Bei einer **Stoßbelüftung** ist der Luftaustausch ausreichend, hierdurch wird auch die Luftfeuchtigkeit genügend reguliert. Zusätzliche Luftbefeuchter sind nicht angebracht, sie sind aus hygienischer Sicht eher problematisch, da sich in dem angewärmten Wasser Bakterien ansammeln und rasch vermehren können.

Rauchen in der Einrichtung

In Gruppenräumen, Ruheräumen, Fluren und Küchen besteht in einer Kindertagesstätte ein absolutes Rauchverbot. Überall, wo sich Kinder aufhalten, sollte nicht geraucht werden. In Personalräumen ist Rauchen im Prinzip möglich, es bedarf jedoch einer Absprache des Personals untereinander.[6] Auch hier gilt, daß nur geraucht werden darf, wenn keine Kinder im Raum sind. Kinder zeigen ein deutliches Nachlassen der Atemkapazität, wenn sie in Raucherhaushalten aufwachsen und neigen dadurch zu gehäuften Atemwegserkrankungen.[7]

---

[6] Vgl. dazu: Erlaß des Ministers für Arbeit, Gesundheit und Soziales vom 4. 12. 1985 „Nichtraucherschutz in Diensträumen".
[7] Vgl. Jahresbericht 87, Band 19, S. 209 ff., Medizinisches Institut für Umwelthygiene, Düsseldorf.

Tierhaltung

Das Kindergartengesetz von Nordrhein-Westfalen läßt eine Tierhaltung in den Einrichtungen zu. In den Richtlinien heißt es: „Haustiere, die in der Einrichtung gehalten werden, müssen tierärztlich untersucht worden sein und überwacht werden."[8]

Plant eine Einrichtung die Haltung eines Haustieres, z. B. Meerschweinchen, Hasen o. ä., muß vorher genau überlegt werden, ob man dem Tier auch eine **artgerechte Unterbringung und Versorgung** gewährleisten kann. Die Betreuung während der Wochenenden und in den Ferien muß vorab geregelt sein. Weiterhin ist zu beachten, daß manche Tiere Krankheitsüberträger sein können. So haben z. B. fast alle Schildkröten Salmonellen, die auch beim Menschen Durchfallerkrankungen hervorrufen können.

2.5 Das kranke Kind in der Einrichtung

Immer wieder tauchen Probleme mit kranken, fiebernden oder noch nicht wieder ganz gesunden Kleinkindern in der Einrichtung auf. Grundsätzlich gilt: **Ein krankes fieberndes Kind gehört nicht** − egal wie alt es ist − **in eine Kindertageseinrichtung.** Das Kind gefährdet sowohl sich als auch die anderen Kinder. Da Kinder in Gemeinschaftseinrichtungen aufgrund der größeren Infektionsgefahr erfahrungsgemäß häufiger erkranken, wäre eine großzügigere Freistellung berufstätiger Eltern im Krankheitsfall dringend erforderlich; denn die derzeitige gesetzliche Regelung − fünf Tage im Jahr pro Elternteil − ermöglicht es nicht, Krankheiten wirklich ausheilen zu lassen. Vielen Eltern, vor allem alleinerziehenden, bleibt oft keine andere Möglichkeit, als das Kind schon wieder in die Einrichtung zu schicken, bevor es ganz gesund ist.

2.5.1 Akut auftretende Erkrankungen

Fiebert ein Kleinkind, zeigt ein Säugling Krankheitssymptome während des Tages in der Einrichtung, muß zunächst versucht werden, die Eltern zu erreichen. Bei bedrohlich erscheinenden Erkrankungen oder bei einem sich rasch verschlechternden Zustand des Kindes ist dies unerläßlich. Das Ziel sollte sein, ein krankes Kind so rasch wie möglich in die **elterliche Betreuung** und in die evtl. notwendige **ärztliche Behandlung** abzugeben. Sind die Eltern nicht erreichbar oder nicht sofort abkömmlich, muß die Kinderkranken-

---

8) Vgl. Richtlinien für Tageseinrichtungen für Kinder vom 30. 6. 1982 (SMBI. NW. 2163).

schwester aufgrund ihrer fachlichen Kompetenz entscheiden, ob die Situation über einige Zeit beherrscht werden kann, oder ob sofort ein Kinderarzt bzw. Notarzt in Anspruch genommen werden muß. Ist die Bedrohlichkeit einer Situation bei einem Säugling oder Kleinkind schlecht einschätzbar, sollte schon aus rechtlichen Gründen ein Arzt zu Rate gezogen werden. Weiterhin besteht die Möglichkeit, das Gesundheitsamt um Unterstützung zu bitten. Es ist jedoch nicht Aufgabe der Erzieher, mit erkrankten Kindern zum Kinderarzt zu gehen und selbst für eine medizinische Behandlung zu sorgen.

Das erkrankte Kind sollte möglichst in einem ruhigen Raum alleine untergebracht werden, so daß die Ansteckungsgefahr für die anderen Kinder so gering wie möglich gehalten wird. Bei räumlicher Enge sollte eventuell der Personalraum für einige Stunden für das erkrankte Kind zur Verfügung stehen.

Einem fiebernden Kleinkind ist in der akuten Situation durch reichliche Flüssigkeitszufuhr und Wadenwickel gut zu helfen. Die Wadenwickel sollten lauwarm angelegt und mindestens alle 15–20 Minuten gewechselt werden, bei sehr hohen Temperaturen ggf. alle 5 Minuten. So läßt sich Fieber durch physikalische Methoden senken.

Keine Medikamente verabreichen

Die Gabe von Medikamenten bei akuten Krankheiten muß Arzt und Eltern überlassen bleiben! Fiebersenkende Mittel – Zäpfchen, Schmerztabletten und ähnliches – sollten nie ohne ausdrückliche Absprache und nur mit dem Einverständnis der Erziehungsberechtigten gegeben werden. Es kann z. B. die Gefahr der Überdosierung bestehen, da das Kind eventuell am Morgen bereits zu Hause Medikamente von den Eltern bekommen hat und dies der Einrichtung nicht bekannt ist. Außerdem reagieren in den letzten Jahren immer mehr Menschen überempfindlich (allergisch) auf bestimmte Schmerzmittel und fiebersenkende Arzneien.

vgl. S. 96

Auch im Rahmen einer Erkrankung, z. B. bei einer eitrigen Mandelentzündung, sollte der Kindergarten nicht die Gabe von Penicillinpräparaten übernehmen. In der Regel sind Kinder, die noch Antibiotika benötigen, noch so geschwächt, daß sie nicht voll belastbar und damit nicht kindergartenfähig sind.

Zusätzliche Ansprechpartner im Krankheitsfall

Um Notsituationen, in denen bei akut kranken Kindern die Eltern nicht erreichbar sind, zu vermeiden, sollte bereits bei den Aufnahmegesprächen darauf hingewiesen werden, daß das Kind krank werden kann. Die Eltern müssen damit rechnen, daß ihr Kind gerade in der Anfangszeit häufiger an fieberhaften Infekten erkrankt und deshalb die Einrichtung nicht besuchen darf. Hier sollten Absprachen mit Nachbarn, Verwandten oder Freunden getroffen werden, die in diesen Fällen das erkrankte Kind bei sich zu Hause aufnehmen. Namen, Adressen und Telefonnummern dieser ‚Ersatzeltern' sollten der Einrichtung von den Eltern mitgeteilt werden. Durch solche Abmachungen bei der Aufnahme eines Kindes lassen sich vielleicht Probleme mit kranken Säuglingen und Kleinkindern in den Einrichtungen verringern.

2.5.2 Unfälle und Vergiftungen in Kindertagesstätten

In jeder Einrichtung sollten mehrere, mindestens aber ein Ersthelfer für jede Gruppe zur Verfügung stehen. Hierbei ist zu beachten, daß die „Unterweisung in die Sofortmaßnahmen am Unfallort nach § 8 a der Straßen-Verkehrs-Zulassungsordnung" nicht ausreichend für die Ausbildung zum Ersthelfer ist. Lehrgänge zum Ersthelfer führen die Hilfsorganisationen regelmäßig durch. Außerdem muß alle drei Jahre erneut ein entsprechender Ersthelferlehrgang belegt werden.[9] Sind diese Voraussetzungen gegeben, besteht bei Unfällen und akuten Ereignissen in einer Einrichtung in der Regel auch nicht die Gefahr einer überschießenden Reaktion oder Panik. Immer sollte eine Unfallsituation in Ruhe überschaut werden, um dann die notwendigen Schritte einzuleiten.

Ausbildung zum Ersthelfer

Falls bei einem Unfall die Eltern kurzfristig nicht abkömmlich sind, – sie sollten aber möglichst informiert werden – muß entschieden werden, ob das Kind in einer nahegelegenen Arztpraxis vorgestellt wird, oder ob ein Krankenwagentransport erforderlich ist. Man sollte aber darauf achten, daß nicht bei jeder Bagatellverletzung der Krankenwagen bzw. der Notarztwagen alarmiert wird.

Vorgehen bei Unfällen

Neben der Erste-Hilfe-Versorgung ist es wichtig, daß **Unfallprotokolle** geführt werden. Entsprechende Vordrucke müssen in der Einrichtung vorliegen. Ein Unfall sollte innerhalb von drei Tagen dem zuständigen Unfallversicherungsträger gemeldet werden. Bei jeder auch noch so harmlos wirkenden Verletzung müssen **die Eltern informiert werden**. Dies kann erfolgen, wenn das Kind von der Einrichtung abgeholt wird. Diese Information ist ganz besonders wichtig nach Stürzen oder bei Verletzungen im Kopfbereich. Hier können – in extremen Einzelfällen – erst Stunden nach dem Ereignis Krankheitssymptome auftreten, die für das Kind lebensbedrohlich werden können.

---

9) Vgl.: Durchführung der Unfallverhütung, Ersten Hilfe und der Betriebshygiene in Kindergärten, Merkblatt der Unfallversicherungsträger der Öffentlichen Hand in NRW, Ausgabe Dezember 1984.

2.5.3 Chronisch kranke oder behinderte Kinder in der Einrichtung

Chronisch kranke Kinder können Regeleinrichtungen durchaus besuchen. Je nach Krankheitsbild ist jedoch abzuwägen, wo das Kind am besten gefördert werden kann. Auch die Aufnahme von behinderten und entwicklungsgestörten Kindern bedarf einer sorgfältigen Entscheidung, die die Leiterin der Einrichtung nie ohne zusätzliche medizinische, psychologische und heilpädagogische Beratung treffen sollte. Integration um jeden Preis, ohne die dazu notwendigen Voraussetzungen, nutzt weder dem behinderten Kind noch den anderen Kindern.

Diabeteskinder

Wird z. B. ein Kind mit einer Zuckerkrankheit (Diabetes) aufgenommen, so muß die entsprechende Diät in der Einrichtung gewährleistet sein, eventuell muß die Kinderkrankenschwester bei Tageskindern Insulin spritzen. Anzeichen einer Unterzuckerung (Schweißausbruch, plötzliche Blässe, Zittrigkeit und Heißhunger) müssen der Einrichtung bekannt sein. In diesen Fällen ist auch bei zuckerkranken Kindern die rasche Gabe von Kohlenhydraten, am besten ein Stück Schokolade, notwendig.

Kinder mit Anfallsleiden

Kinder mit Anfallsleiden benötigen regelmäßig ihre Medikamente und sie müssen die notwendigen Ruhepausen einhalten. Krampfanfälle im Kleinkindes- und Kindesalter äußern sich sehr unterschiedlich. Neben den großen epileptischen Anfällen gibt es viele Formen der kleinen, psychomotorischen Anfälle. Hier können immer nur im Einzelfall durch Rücksprachen zwischen Einrichtung, Eltern und behandelndem Arzt Verhaltensregeln und Empfehlungen für die Einrichtung ausgesprochen werden.

Verantwortungsvolle Regelung der Medikation

Wichtig ist, daß bei einer während der Tageszeit notwendigen Medikamenteneinnahme klare und eindeutige Anweisungen vom behandelnden Arzt an die Einrichtung gegeben werden, um eine falsche Medikation zu verhüten. In der Einrichtung muß ein Mitarbeiter – in der Regel meistens die Krankenschwester – für die medizinische Versorgung des Kindes verantwortlich sein.

2.6 Abschluß

Eine vertrauensvolle Zusammenarbeit zwischen Erziehern, Eltern und Ärzten ist eine grundlegende Voraussetzung für die optimale Betreuung von Säuglingen und Kleinkindern in altersgemischten Gruppen. Eltern und Erzieher müssen in der Lage sein, in aller Offenheit auftretende Probleme zu besprechen. Da in der Regel die Erzieher die Kinder den ganzen Tag sehen, sollten Eltern auch Beobachtungen und Sorgen, die von dort geäußert werden, ernst nehmen. Das Gesundheitsamt sollte ein kontinuierlicher Ansprechpartner der Erzieher in Tageseinrichtungen sein, wobei die Zusammenarbeit von beiden Seiten aufgebaut und erhalten werden muß.

vgl. Bd. IV, Kap. 3

Anschrift der Verfasserin:

Dr. med. Sigrid Leidel
Ärztin für Kinderheilkunde
Leiterin des Jugendärztlichen Dienstes
Gesundheitsamt der Stadt Köln
Neumarkt 17–21
5000 Köln 1

Literatur zur Vertiefung

1. *Empfehlungen für den Aufnahmeverlauf in altersgemischten Gruppen für Kinder von 0–6 Jahren,* Hrsg.: Landesjugendamt Rheinland, Köln 1985 (Landesjugendamt Rheinland, Kennedy-Ufer 2, 5000 Köln 21)

2. *Entwicklungskalender für Kinder bis zum 18. Monat,* Hrsg.: Bundeszentrale für gesundheitliche Aufklärung, Köln (Postfach 91 01 52, 5000 Köln 91)

3. *Gesunde Kinder – sichere Zukunft,* Hrsg.: Deutsche Gesellschaft für Sozialpädiatrie e. V., 3. Auflage Frankfurt 1986 (Vertrieb: Gerhards + Co oHG, Baumertstraße 28–30, 6000 Frankfurt 61)

4. *Schutzimpfung von Anfang an,* Hrsg. und Vertrieb: Deutsches Grünes Kreuz, Marburg

Wichtige Richtlinien, Erlasse, Merkblätter

1. *Durchführung der Unfallverhütung, Ersten Hilfe und der Betriebshygiene in Kindergärten,* Merkblatt, Hrsg.: Unfallversicherungsträger der öffentlichen Hand in NRW, Ausgabe Dezember 1984

2. *Kopflausbefall – Verhütung und Bekämpfung,* Hrsg.: Bundesgesundheitsamt, Merkblatt Nr. 51, Ausgabe 1984 (Bezug: Deutscher Ärzteverlag, Dieselstr. 2, Postfach 40 04 50, 5000 Köln 40)

3. *Mittel und Aufbewahrungsstellen zur Ersten Hilfe im Kindergarten,* Auszug aus der Arbeitsstättenrichtlinie 39/1.3 mit Ergänzungen

4. *Nichtraucherschutz in Diensträumen,* Runderlaß des Ministers für Arbeit, Gesundheit und Soziales vom 4. 12. 1985 (SMBl. NW. 2128)

5. *Richtlinien für Tageseinrichtungen für Kinder* vom 30. 6. 1982 (SMBl. NW. 2163)

6. *Richtlinien für die Wiederzulassung in Schulen und sonstigen Gemeinschaftseinrichtungen nach dem 6. Abschnitt des Bundesseuchengesetzes,* Hrsg.: Bundesgesundheitsamt, Merkblatt Nr. 26, Ausgabe 1990 (Bezug: Deutscher Ärzteverlag, Dieselstr. 2, Postfach 40 04 50, 5000 Köln 40)

7. *Verordnung des Landes Nordrhein-Westfalen über die hygienische Behandlung von Lebensmitteln tierischer Herkunft* (Lebensmittel-Hygiene-Verordnung) vom 30. November 1982 (GV. NW. S. 765)

Zur Erarbeitung dieses Kapitels wurden die Quellen Nr. 4, 32, 48, 52, 57, 63, 81, 83, 84, 106, 121, 122 und 137 des Gesamt-Quellenverzeichnisses (siehe am Ende des Buches) benutzt.

Kinderärztliche Aspekte bei der Betreuung von Kindern

Anhang

Übersicht über die wichtigsten Impfungen in den ersten 6 Lebensjahren

ab 3. Lebensmonat	**Diphtherie-Tetanus** 2 × im Abstand von 4–8 Wochen gleichzeitig **Kinderlähmung** 2 × als Schluckimpfung im Abstand von mind. 6–8 Wochen oder **Diphtherie/Keuchhusten/Tetanus**[1] 3 × im Abstand von 4–6 Wochen gleichzeitig zum 1. + 3. Termin **Kinderlähmung** 2 × Schluckimpfung (die 3. Schluckimpfung kann nach weiteren 6–8 Wochen erfolgen
2. Lebensjahr	**Masern-Mumps-Röteln** ab 15. Lebensmonat 1 × als Kombination **Diphtherie/Tetanus** 3. Impfung oder **Diphtherie/Keuchhusten/Tetanus**[1] 4. Impfung **Kinderlähmung** 3. Schluckimpfung (falls nicht schon im 1. Lebensjahr erfolgt)
3.–6. Lebensjahr	Nachholen versäumter Impfungen, insbesondere Masern, Mumps und Röteln (außer Keuchhusten)
6./7. Lebensjahr	**Diphtherie** 1 × als Auffrischung

(Stand: Februar 1987)

---

1) Beispielsweise Säuglinge in Gemeinschaftseinrichtungen oder bei ungünstigen sozialen Verhältnissen, bei erhöhter Ansteckungsgefahr.

3. Ernährung im Säuglings- und Kleinkindalter

3.1 Die Ernährung im ersten Lebensjahr
— Von der Säuglings- zur Kleinkinderkost unter Berücksichtigung besonderer Ernährungsformen —
von Brigitte Overzier-Vent

> „Diät, die ... eben nur dadurch Diät ist, wenn man sie zur Lebensregel macht, und das ganze Jahr nicht außer Augen läßt."
> Wilhelm Meister, Goethe.

3.1.1 Zur Einführung

Die richtige Ernährung als Bestandteil einer gesunden Lebensführung war bereits eine wichtige Grundlage der Gesundheitslehre des Hippokrates. Heute wissen wir, daß durch gesundheitsbewußte Ernährung die Entstehung vieler Erkrankungen und Risikofaktoren verhindert werden kann. Schon wenige Jahre Fehlernährung können die Lebenserwartung verkürzen und auch das Wohlbefinden stark beeinträchtigen. Folgen falscher Lebensführung sind Übergewicht, Fettsucht, Hochdruck, Gicht, Zuckerkrankheit und die damit in Zusammenhang stehenden Erkrankungen wie Herzinfarkt, Schlaganfall, Bandscheibenschaden und viele mehr. Um Risikofaktoren zu vermeiden, müssen wir aber wissen, welche Nahrungsmittel wir bevorzugen und welche wir einschränken sollen. Die Vorsorge der Herz-Kreislauf-Erkrankungen muß bereits in der Kindheit beginnen, um durch richtige Lebensgewohnheiten des Heranwachsenden eine Zunahme von Risikofaktoren bei dazu veranlagten Erwachsenen möglichst zu vermeiden. Sinnvoller und einfacher ist es, **von vornherein Kinder an eine richtige Ernährung zu gewöhnen,** anstatt später mühevoll Risikofaktoren und ein gesundheitsgefährdendes Eßverhalten abzubauen.

Gesundheitsvorsorge durch ausgewogene Ernährung muß bereits in der frühen Kindheit beginnen

Was aber ist denn eigentlich eine ‚normale Ernährung'? Was versteht man unter ‚Gemischtkost'? Wie kann man sie mit den Wünschen und Bedürfnissen des Säuglings und Kleinstkindes in Einklang bringen?

Im folgenden Beitrag sollen dem Erzieher eine Einführung und praktische Hilfen zur Ernährung des Kindes im ersten Lebensjahr gegeben werden.

Zu den Aufgaben des Erziehers in der altersgemischten Gruppe gehört auch die Ernährung des Säuglings und die allmähliche Umstellung der Kost auf eine ausgewogene

3. Abschnitt

Das Vorbild und die Einstellung des Erziehers sind wichtig für das Ernährungsverhalten des Kindes

Gefahren der einseitig süßen und weichen Kost

Nahrung des Kleinkindes entsprechend der Entwicklung des Kindes und seinen Bedürfnissen. Da die Kinder in der altersgemischten Gruppe mehrere Mahlzeiten bekommen, sollte der Erzieher erkennen, daß **die Tageseinrichtung die Bildung von Ernährungsgewohnheiten in entscheidendem Maße beeinflußt.** Dabei ist gerade auch das Vorbild und die Einstellung des Erziehers wichtig. Es gilt von vornherein Ernährungsgewohnheiten zu entwickeln und zu fördern, die aus medizinischer wie auch pädagogischer Sicht vertretbar sind. **Quantitative Überernährung und gleichzeitig qualitative Fehlernährung kennzeichnen die Ernährungslage vieler unserer Kinder.** Oder – praxisbezogen – in Stichworten: Zuviel Zucker und Feinmehle, zuviel Kochsalz, zu wenig hochwertige Fette, zu wenig Ballaststoffe (Kau-Kost) und wichtige Aufbaustoffe, zum Beispiel Eisen. Anstatt später mühevolle Diät- und Schlankheitsprogramme für die Erwachsenen aufzustellen, sollte man das Problem an der Wurzel fassen, denn Kinder sind viel offener und gar nicht von Anfang an so einseitig auf eine ‚süße und weiche Kost' orientiert, wie Erwachsene es manchmal annehmen. In der Kinder-Tageseinrichtung bietet sich zudem eine besondere Gelegenheit durch die Gruppensituation, weil Kinder gern nachahmen, was andere tun, in diesem Falle essen, und nicht gern eine Außenseiterrolle einnehmen. So ist es nach unserer Erfahrung einfacher, in der Gruppe neue, dem Kind noch nicht bekannte Speisen anzubieten als in der Einzelsituation. Das Kleinstkind ißt schon früh gern mit den größeren Kindern am Tisch. Hierbei sind selbstverständlich unterschiedliche Essens- bzw. Ruhezeiten zu berücksichtigen. Beim Essen muß jede Altersgruppe die notwendige Zuwendung bekommen und oft genießt der Säugling seine Speise lieber ein wenig abseits und in Ruhe mit der Erzieherin.

Vor der Aufnahme müssen die Ernährungsgewohnheiten des Kindes besprochen werden

Die Ernährungsgewohnheiten sollten in einem ausführlichen Aufnahmegespräch (Anhang, Tabelle 1) mit den Eltern besprochen werden. Nur so kann der Erzieher den Bedürfnissen des Kindes möglichst gerecht werden, eine ausgewogene Kost über den Tag anbieten und eine weitgehend problemlose Fortführung der bisherigen Ernährung in der Gruppensituation gewährleisten. Insbesondere müssen hierbei auch **Unverträglichkeiten, Allergien oder Erkrankungen mit Diätformen** unter Einbeziehung des Kinderarztes **berücksichtigt werden.** Wenig erfolgversprechend ist ein einmaliges Einzelgespräch; unser Ziel sollte es sein, daß Eltern und Erzieher gemeinsam mit dem Kinderarzt fortlaufend über die Ernährung im Gespräch bleiben und Umstellungen oder eventuelle Unklarheiten besprochen werden können.

Ernährung im Säuglings- und Kleinkindalter

Ein **individueller Mahlzeitenplan** sollte für die Kleinsten erstellt werden und für jeden einsehbar aushängen, damit die Mutter sich kurz informieren kann, was das Kind am Tag gegessen hat und entsprechend die Abend- und Morgenmahlzeiten gestalten kann (Tabelle IV, S. 124).

Regelmäßige gegenseitige Information ist wichtig

3.1.2 Das Stillen

Muttermilch ist für den Säugling das beste und natürlichste Nahrungsmittel. Keine andere Ernährung ist so ideal an die Bedürfnisse des Kindes angepaßt wie Muttermilch.

Die Zusammensetzung von Kuhmilch und Muttermilch im Vergleich:

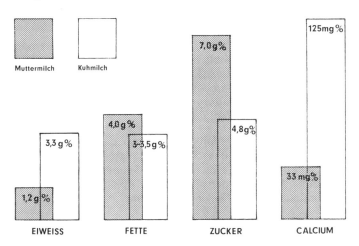

Muttermilch und Kuhmilch sind dem Wachstumstempo und den Bedürfnissen des Kindes bzw. des Kälbchens angepaßt:

In nur **40 Tagen** verdoppelt ein Kalb sein Gewicht.

Um sein Gewicht zu verdoppeln, benötigt der Säugling **140 Tage!**

3. Abschnitt

Die Vorzüge der Ernährung durch Muttermilch sind vielfältig, denn Stillen ist viel mehr als Nahrung: Die Immunfaktoren der Muttermilch stellen einen ganz wesentlichen Sicherheitsfaktor der Säuglingsnahrung dar. So schützt die Muttermilch vor Infektionen und schont durch die angepaßte Nahrungs-Zusammensetzung den Stoffwechsel und die unausgereiften Nieren. Zudem fördert Stillen die Mutter-Kind-Beziehung. Gerade in Mutter-Kind-Heimen und in altersgemischten Gruppen sollte der Erzieher **die Mutter zum Stillen ermutigen.** Für Mütter, die dies wahrnehmen können und wollen, müssen in der Einrichtung die entsprechenden Möglichkeiten geschaffen werden.

Fast jede Mutter (95 %) kann ihr Kind stillen. Mit keinem noch so guten Milchpräparat kann der Säugling mit so großer Sicherheit gut ernährt werden wie mit der Muttermilch. Nach heutigem Wissensstand wird bei gutem Milchfluß und gutem Gedeihen des Säuglings **volles Stillen** – ohne Zufütterung – **für die Dauer von 4 bis höchstens 6 Monaten** empfohlen. Dann sollte mit der Beikostfütterung begonnen werden. Mit dem Ende des ersten Lebensjahres werden die meisten Kinder abgestillt. Die Muttermilch bietet im allgemeinen dann keine besonderen Vorzüge mehr.

Stilldauer

Trotz wiederholter Bedenken sprechen die in der Muttermilch gefundenen Rückstände **(Schadstoffe) nicht gegen das Stillen** oder für eine verkürzte Stillperiode. Zweifellos schädigend ist dagegen Tabak und Alkohol. Dies gilt bei Alkohol auch schon für kleine Mengen.

Nikotin und Alkohol in der Muttermilch schaden dem Kind

Gerade Mütter, die sich in der schwierigen Situation befinden, ihr Kind frühzeitig in die Gruppe abgeben zu müssen, brauchen oftmals Unterstützung und Bestärkung in ihrem Stillverhalten. Es ist viel leichter mit dem Stillen zu beginnen, als es lange genug durchzuhalten. Beratungen, die ausreichende Zeit und Erfahrung beanspruchen, sollten von Mütterberatungsstellen der Gesundheitsämter und den Stillgruppen **(AfS = Arbeitsgemeinschaft freier Stillgruppen)** wahrgenommen werden, bevor voreilig auf Flaschenkost umgestellt wird. Der Erzieher kann die Mütter auf diese Möglichkeiten hinweisen.

Sieht die Mutter sich gezwungen, ihr Kind direkt nach dem Mutterschutz in die Gruppe zu geben, so besteht die **Möglichkeit der Zwiemilchernährung** mit einer adaptierten Säuglingsmilch (vgl. Erläuterung, Seite 106 f. und Anhang, Tabelle 2 und 3). Aus psychologischer wie auch ernährungsphysiologischer Sicht ist es zu begrüßen, Mutter und Kind eine mittägliche Stillstunde zu ermöglichen und ihnen dazu geeignete

Das gestillte Kind in der Tageseinrichtung

Räumlichkeiten anzubieten. Nach Möglichkeit sollte die Mutter, die weiter stillen möchte und kann, ihr Kind morgens und abends anlegen. Hat die Mutter genügend Milch, so kann sie auch abpumpen und die Flaschen mit der Muttermilch in der Gruppe abgeben. Die abgepumpte Muttermilch kann in Flaschen unabgekocht bis zu 12 Stunden im Kühlschrank aufbewahrt werden, maximal drei Monate im Gefrierschrank.

Die Empfehlung lautet, die ersten vier Lebensmonate das Kind voll zu stillen. Erst mit dem 5. Monat soll mit der Beikost begonnen werden. Deshalb ist die mittägliche Stillstunde in den ersten Monaten besonders wichtig für das Kind. Verständlicherweise ist das Stillen einfacher, wenn der **Säugling nicht zu lange Zeit über Tag in der Gruppe** bleiben muß, was auch unter anderen Gesichtspunkten als wünschenswert erscheint. Aber leider klaffen hier Wunschvorstellungen und Lebenswirklichkeit der Familien weit auseinander. Aus wirtschaftlichen Gründen sehen sich die Mütter häufig gezwungen, auf die mögliche Beurlaubung zu verzichten. Die große Belastung Beruf, Kind, Familie, Partner, Haushalt überfordern die Kräfte der Mutter, so daß die Stillfähigkeit rasch zurückgeht. Klappt es mit dem Stillen nicht mehr, so ist es besonders wichtig, nicht noch zusätzliche Schuldgefühle aufkommen zu lassen, die die Mutter durch ihre Berufstätigkeit hat. So mancher neigt dazu, die Mutter als eine ‚Rabenmutter' zu verurteilen, hilft dabei aber niemandem, insbesondere nicht dem Kind. Erzieher und Eltern müssen stets zum Wohle des Kindes miteinander und nie gegeneinander arbeiten.

Verständnis für die Mehrfachbelastung der Mutter aufbringen

3.1.3 Die künstliche Ernährung des Säuglings

Die Ernährung im 1. bis 4. Lebensmonat mit der Flasche

Die Industrie bringt eine verwirrend große Anzahl von Fertigmilchprodukten heraus. Für den jungen Säugling unterscheidet man zwischen adaptierter und teiladaptierter Milch-Nahrung. Die verschiedenen Firmenpräparate weisen kaum Unterschiede in der Zusammensetzung auf, dennoch sollten auf keinen Fall die Präparate laufend gewechselt werden. Wenn schon künstliche Ernährung, dann bietet die Verwendung industriell hergestellter Fertigmilchnahrung die größtmögliche Sicherheit für eine störungsfreie Ernährung des Säuglings. Fertignahrung wird einfach, schnell und sicher unmittelbar vor der Mahlzeit zubereitet (Tabelle I, Seite 109f.), als diätetisches Lebensmittel weist sie eine **gleichbleibende Konstanz im Nährstoffgehalt auf,** sie ist praktisch **frei von Pestiziden und hygienisch einwandfrei** (Anhang,

Die Vorteile industriell hergestellter Fertignahrungen

3. Abschnitt

Tabelle 4). Es gibt Pulvernahrungen im Handel, Flüssignahrungen sind für den Klinikbedarf erhältlich.

In der Gruppensituation sollte auf jeden Fall eine industrielle Fertignahrung bevorzugt werden. Von selbst gekochter und selbst hergestellter Flaschennahrung kann nur abgeraten werden: aus hygienischer und bakteriologischer Sicht (rasche Vermehrung von krankheitserregenden Keimen in der Milchflasche) muß **jede Milchmahlzeit** unbedingt **frisch zubereitet werden.** Das heißt, zu Hause vorgekochte, im Laufe des Tages wieder aufzuwärmende Milch ist nicht zu verantworten und muß von vornherein abgelehnt werden. Die Gefahr infektiöser Darmerkrankungen (Durchfälle, Erbrechen) ist zu groß.

Bedenken gegen selbsthergestellte Flaschenmilchnahrung

Bei der Ernährung mit selbst hergestellter Flaschenkost müssen ab der 6. Lebenswoche Vitamin A- und C-haltige Säfte gereicht werden. Aus hygienischen Gründen und wegen einer gesicherten Qualitätskontrolle (Nitrat-Gehalt, Pestizide, u. v. a.) sollten Säfte im ersten Lebenshalbjahr nicht selbst zubereitet werden. Der Zeitpunkt für den Einsatz von vollständigen Breimahlzeiten folgt wie bei den anderen Ernährungsformen. Es muß jedoch noch einmal betont werden, daß die selbst hergestellte Flaschenmilchnahrung für den Einsatz in der altersgemischten Gruppe ungeeignet ist.

Mit dem ersten Brei erst nach vollendetem 4. Lebensmonat beginnen

Manche Mütter neigen dazu, dem Kind schon frühzeitig eine Breimahlzeit anzubieten, damit die Anzahl der Mahlzeiten reduziert werden kann und damit das Kind bald durchschläft. Der junge Säugling erhält so aber zu früh zu große Mahlzeiten. Breie haben einen hohen Anteil an Kohlenhydraten, sie können dick machen. Die **Bedenken gegen eine Zufütterung vor dem 5. Lebensmonat** sind in Tabelle III (Seite 115) noch einmal aufgeführt. Im Zweifelsfall sollte man den Kinderarzt zu Rate ziehen. Da es sich empfiehlt, im ersten Lebensjahr morgens und abends Milch zu füttern, wird meist die erste Beikost mit dem Löffel in der Einrichtung verabreicht werden.

Diese Fragen müssen unbedingt bei den Gesprächen vor der Aufnahme des Kindes mit den Eltern besprochen werden.

Unterschiede bei den Flaschenmilchpräparaten

Die adaptierte Milch ist der Muttermilch am ähnlichsten

Die Industrie bietet verschiedene Zubereitungen von Kuhmilchpräparaten für die Säuglingsnahrung an. Bei der **adaptierten Milch** (Produktnamen s. Anhang, Tabelle 3) ist die Zugabe von Lactose (Milchzucker) vorgeschrieben, sie ist relativ dünnflüssig, der Muttermilch am ähnlichsten und geeignet zum Zufüttern bei der Zwiemilchernährung (als Muttermilchergänzung). Adaptiert heißt: die Kuhmilch wurde

Ernährung im Säuglings- und Kleinkindalter

durch Verdünnung und Zusätze so geändert, daß sie in ihrer Zusammensetzung der Muttermilch ‚angepaßt' ist (Anhang, Tabelle 2).

Bei der **teiladaptierten Milchnahrung** ist die Zugabe von Lactose (Milchzucker), Saccharose (Kochzucker) und Stärkemehl charakteristisch; sie ist sämiger, damit sättigender und durch die Kombination von Zucker mit Polysacchariden (Mehrfachzucker) wird eine Gärung des Zuckers im Darm verhindert, die eine Ursache für Koliken (Bauchschmerzen, Blähungen) sein kann. Teiladaptierte Kuhmilch ist nur bedingt, ‚teilweise' an die Muttermilch ‚angepaßt'.

Die teiladaptierte Milch ist sehr gut bekömmlich

Nicht nach dem Muster der Muttermilch hergestellt sind sogenannte **Folgemilch-Präparate**, die aus angedickter und gesüßter Kuhmilch bestehen. Solche Folgemilch-Präparate sind nur bedingt empfehlenswert, sie sind für ältere Säuglinge, die noch keine frische Vollmilch vertragen, oft sinnvoll.

Alle Fertigmilchprodukte sind mit Vitaminen und Spurenelementen angereichert, so daß **zusätzliche Obst- und Gemüsesäfte nicht erforderlich** sind. Die im Handel angebotenen Fertigprodukte sind im Anhang, in Tabelle 3, aufgeführt. Wichtig ist es, die Präparate nicht ohne besonderen Grund zu wechseln.

Im zweiten Lebenshalbjahr kann man dem Säugling 3,5 % Kuhmilch, mit Grieß und etwas Zucker angedickt, füttern. Frühestens ab dem 8. Lebensmonat darf pasteurisierte Vollmilch auch unabgekocht gegeben werden.

Auswahl und Zubereitung von Fertigmilch in der Gruppe

In der Praxis wird jeder Säugling sein eigenes Milchpräparat, das vom Kinderarzt empfohlen wurde, mitbringen. **Fertig zubereitete Flaschen dürfen** aus den oben erwähnten Gründen **nicht angenommen werden.** Da jede Gruppe nur wenige Säuglinge zu betreuen hat, ist die frische Zubereitung nicht zu aufwendig. Probepackungen sollten nicht wahllos ausprobiert werden; verschiedene Präparate nebeneinander können zu Ernährungsstörungen führen. Auch Flaschenreste dürfen nicht nachgefüttert werden, sondern müssen weggeschüttet werden.

Jede Flasche vor dem Füttern frisch zubereiten

Bei der Zubereitung sollte alles, was mit der Säuglingsnahrung in Berührung kommt, **sehr sauber** sein. Nach der Mahlzeit werden die Flaschen erst kalt ausgespült, dann in frischer Geschirrspülmittellauge sorgfältig mit der Bürste gereinigt und mit klarem Wasser gründlich nachgespült. Schraubring und Schüttelkappe werden genauso gereinigt. Die Sauger werden zuerst gründlich mit kaltem und warmem

Sauberkeit ist bei der Flaschenmilchzubereitung wichtig

3. Abschnitt

Wasser ausgespült, dann mit Salz kräftig ausgerieben und nochmals gründlich nachgespült. Alle Teile werden dann anschließend sterilisiert, auch neue Flaschen und Zubehör vor dem ersten Gebrauch!

Methoden der Flaschensterilisation

Die einfachste und sicherste Sterilisation der Flaschen ist das Auskochen: Alle Teile werden in einem ausreichend großen Topf mit Wasser bedeckt und 5 Minuten sprudelnd zum Kochen gebracht – damit ist sichere Keimfreiheit erreicht. Die Flaschen werden nach dem Abkühlen im verschlossenen Topf entnommen und bis zum Gebrauch in einem Flaschenständer und einer Saugerdose oder in einer mit einem Tuch abgedeckten Schüssel oder in einem frischen Geschirrtuch aufbewahrt. Kalkhaltiges Wasser kann zu unbedenklichen Trübungen führen. Sinnvollerweise werden alle Gerätschaften einmal täglich sterilisiert. Möglich ist auch die Kaltsterilisation mit einem Präparat in Tablettenform, jedoch ohne Vorteil. Neuerdings werden auch Geräte für die häusliche Flaschensterilisation auf Dampfbasis angeboten.

Das Saugerloch darf nicht zu groß sein: stellt man die Flasche auf den Kopf, so darf nur ein einziger Tropfen Milch herausfließen. Die richtige **Milchtemperatur** – auf ‚Körperwärme' – ermittelt man mit einem Babyflaschenthermometer oder man tropft etwas Milch auf das Handgelenk. Die oft empfohlene Wangenprobe ist zu ungenau.

1. Die Hälfte des abgekochten Wassers (50–60 °C) ins Fläschchen füllen.

2. Meßlöffel locker füllen und mit dem Messerrücken abstreifen.

3. Vorgeschriebene Menge dazugeben.

4. Flasche verschließen – kurz und kräftig schütteln.

5. Restliche Wassermenge dazugeben.

6. Aus dem Saugerloch darf nur **ein** dicker Tropfen Milch austreten. So spürt man auch die richtige Flaschentemperatur.

Ernährung im Säuglings- und Kleinkindalter

Bei der Zubereitung der Milch empfiehlt es sich, genau die Herstellerhinweise zu beachten (Tabelle I, s. u.). Jede Flasche wird frisch zubereitet. Zur Arbeitserleichterung kann man aber in einer Thermoskanne abgekochtes Wasser aufbewahren, auf keinen Fall jedoch gewärmte Milch. Der Meßbecher darf nicht gehäuft, sondern muß mit dem Messerrücken glatt gestrichen sein. Die **Aufbewahrungsfristen** der Herstellerfirmen sollten streng eingehalten werden.

Die fertig zubereitete Flaschennahrung von Säuglingen darf nicht im Mikrowellenherd auf die erwünschte Temperatur gebracht werden, da in der Flasche die einzelnen Nahrungsteile unterschiedlich erwärmt werden. Der wäßrige Anteil der Nahrung ist wesentlich schneller aufgeheizt und kann sich bereits im Kochtemperaturbereich befinden, während der Fett-Eiweiß-Kohlenhydrat-Anteil sehr viel langsamer erwärmt wird. Da sich die Flasche nur mäßig warm anfühlt, kann sich das Kind beim Saugen verbrennen. Wird die Flasche vorher geschüttelt, besteht die Gefahr, daß Heißwasseranteile austreten, oder die Flasche zerplatzt.

Das Erwärmen im Mikrowellenherd

Flüssige Trinkmilch kann selbstverständlich im Becher in der Mikrowelle erwärmt werden. Ebenso bestehen keine Einwände gegen das Erwärmen des Wassers in der Mikrowelle. Wichtig ist, daß zuerst das Wasser erwärmt wird und dann erst das Pulver zugegeben wird. Die anschließende Temperaturkontrolle ist unbedingt notwendig.

Tabelle I

Zubereitung von Pulvermilchnahrung:

* Immer den beiliegenden Meßlöffel benutzen
* Keine gehäuften, sondern **gestrichene** (mit dem Messerrücken) Meßlöffel abmessen
* Trinkmenge nur für EINE Mahlzeit zubereiten
* Fertig zubereitete Milchnahrung **nicht in der Mikrowelle erwärmen!**

1. Wasser abkochen, auf ca. 50° abkühlen, die halbe Menge in die Flasche geben
2. genau abgemessenes Pulver zugeben
3. durch kräftiges Schütteln Pulver auflösen
4. mit restlichem Wasser ergänzen
5. nochmals gut schütteln – Temperaturkontrolle – fertig.

> **Zubereitung von Flüssigmilchnahrung:**
> * Packung gut aufschütteln
> * Trinkmenge in die Saugerflasche geben
> * erwärmen, nicht kochen
> * bei Mikrowellenerwärmung mit Flaschenthermometer Temperatur prüfen
> * angebrochene Packung in Flaschen umfüllen und im Kühlschrank bis zum nächsten Tag aufbewahren.

Rachitis- und Kariesschutz durch tägliche Vitamin-D-Fluoretten-Gabe

Zusätzlich zur Milch bekommt der Säugling vom Kinderarzt ein Vitamin-D-Präparat bzw. eine **Fluorid-Vitamin-D-Kombination** verschrieben. Solche Medikamente gehören aber nicht in die Einrichtung, sondern sollten zu Hause von der Mutter gegeben werden.

Trinkmenge und Anzahl der Mahlzeiten

Fütterzeiten und Anzahl der Mahlzeiten mit der Mutter entsprechend den individuellen Bedürfnissen des Säuglings absprechen

In den ersten 6–8 Lebenswochen hat das Neugeborene noch keine festen Essenszeiten, es wird nach Bedarf gefüttert. Bald wird sich bei den meisten Kindern ein Rhythmus von etwa 4 Stunden einpendeln, so daß der Säugling fünf Mahlzeiten in 24 Stunden benötigt. Zeitpunkt und Folge aller Mahlzeiten sollten vorab mit der Mutter besprochen werden, damit die Ausgewogenheit der Ernährung des Kindes gesichert ist (siehe auch Anhang, Tabelle 5). Zum Beispiel könnte die Mutter in der Frühe um 6.00 Uhr stillen oder eine Flasche geben, in der Gruppe ist das Kind dann gegen 10.00 Uhr und 14.00 Uhr wieder hungrig und kann dann um 18.00 Uhr und 22.00 Uhr von der Mutter gefüttert bzw. gestillt werden. Man sollte **vermeiden, daß der Säugling hungrig abgegeben oder abgeholt wird, gegebenenfalls empfiehlt es sich, die Mahlzeiten zu verschieben.**

Die richtige Trinkmenge abschätzen

Hinsichtlich der Tagestrinkmengen bestehen beim gesunden Säugling im ersten Lebenshalbjahr große Unterschiede; auch zur einzelnen Mahlzeit trinkt das Kind unterschiedliche Mengen. Da jedoch nur zwei bis maximal drei Mahlzeiten in der Gruppe eingenommen werden, muß die Trinkmenge mit der Mutter bzw. dem beratenden Kinderarzt abgesprochen werden (Anhang, Tabelle 6).

Die Trinkmenge muß langsam gesteigert werden

Die **Zugabe von Frucht- oder Gemüsesäften ist** beim gestillten Kind sowie bei der industriellen Fertigmilch **nicht erforderlich**, da diese Nahrung alle erforderlichen Vitamine enthält. Das Fläschchen muß auch nicht jedesmal leer getrunken werden, wenn das Kind nicht so hungrig ist. Umgekehrt, wenn das Baby die Flasche sehr gierig austrinkt und noch nachher nuckelt, so darf es ruhig 10 Gramm mehr bekommen. Insgesamt wird die Tagestrinkmenge (ab dem 3. Monat) jedoch 900 ml nicht übersteigen.

Ein gesunder und gut genährter Säugling ist rosig und freundlich, er zeigt einen zunehmenden Bewegungsdrang und eine gute Gewichtszunahme (Anhang, Tabelle 7). Wöchentliches Wiegen ist ausreichend. Das Kind bekommt genügend Nahrung, wenn seine wöchentliche Gewichtszunahme im ersten Lebenshalbjahr etwa 200 Gramm, im 2. Halbjahr etwa 100 Gramm beträgt (Tabelle II).

Tabelle II

Gewichtszunahme des Säuglings:

* Mit einem halben Jahr sollte das Kind sein Geburtsgewicht verdoppelt, mit einem Jahr verdreifacht haben.
* Monatliche Gewichtszunahme, genauere Werte sind den Perzentilenkurven auf der Rückseite der Vorsorgehefte zu entnehmen:
  * im 1. Monat: 600 g
  * im 2. Monat: 800 g
  * im 3. Monat: 700 g
  * im 4. Monat: 600 g
  * im 5. Monat: 500 g
  * im 6. Monat: 500 g
* Tägliche Gewichtszunahme 25–35 g pro Tag im ersten Lebensjahr

---

Kindertee

Die zusätzliche Gabe von Tee ist nur bei großer Hitze oder Fieber erforderlich. **Der Säugling soll Milch trinken und keinen Tee.** Große Wassermengen füllen ohne zu nähren. Zudem sollte man vor der kariesfördernden süßen Beruhigungsflasche warnen. Auch wenn die meisten Fertigteezubereitungen jetzt als „zuckerfrei" deklariert werden, enthalten fast alle statt Zucker entweder andere Kohlenhydrate oder Süßholz. Sogenannte zuckerfreie Teezubereitungen enthalten oft Eiweiß zum Süßen, das wegen der Gefahr der Allergisierung nicht vor Einführung der Beikost, also mit dem 4.–6. Monat, gefüttert werden sollte.

Tee nicht vor dem 5. Lebensmonat

Zudem fördern auch süße Teezubereitungen die Gewöhnung an die süße Geschmacksrichtung und sind auch wegen der zusätzlichen leeren Kohlenhydrate nicht empfehlenswert. Wenn überhaupt, kann man einfach abgekochtes Wasser geben. Außerdem werden Mineralwasser mit dem Aufdruck „für die Säuglingsnahrung geeignet" empfohlen, denn sie haben einen niedrigen Nitrat- und Kochsalzgehalt. Die Kohlensäure muß vorher ausgerührt werden. Tee soll erst nach

Für die Säuglingsnahrung geeignetes Mineralwasser

3. Abschnitt

dem 4. Lebensmonat angeboten werden, mit Eintreten der Zahnung unbedingt zuckerfrei.

Der Stuhlgang des Säuglings

Ein gestillter Säugling hat einen goldgelben, wohlriechenden Stuhl. Manche Kinder haben zwei- bis viermal täglich Stuhlgang, andere nur jeden zweiten bis dritten Tag, oder gar nur einmal in der Woche. Diese sogenannte Pseudoobstipation des gestillten Säuglings kann bis zu 14 Tage dauern. Mit Fertigmilchnahrungen gefütterte Säuglinge haben einen festeren Stuhlgang, oft sogar Neigung zu Verstopfung. Diese Säuglinge setzen im allgemeinen ein- bis zweimal täglich Stuhl ab.

Bei der Umstellung von Muttermilch auf Kuhmilch Neigung zu Verstopfung

Mit der Beikostfütterung ändert sich der Stuhlgang. Er darf jedoch nie flüssig, schleimig oder blutig sein oder unverdaute Speisereste enthalten. Jeder Durchfall ist bei einem Säugling gefährlich, denn der Wasserhaushalt des Kindes ist sehr empfindlich. Deshalb empfiehlt sich **bei Durchfall immer eine ärztliche Behandlung.** Da Durchfälle meist infektiös sind, muß das Kind in der Regel bis zur Genesung zu Hause bleiben; es darf die Einrichtung nicht besuchen. Infektiöse **Durchfälle sind** durch den Leiter der Einrichtung **meldepflichtig** an das zuständige Gesundheitsamt (§§ 45, 48 BSeuchG). Das Gesundheitsamt entscheidet allerdings dann von Fall zu Fall, ob die anderen Kinder gefährdet sind, oder ob man den kranken Säugling – isoliert von den anderen – in der Einrichtung pflegen kann. (Akute Durchfallerkrankungen vergleiche Seite 129)

Jeden Durchfall beim Säugling ernstnehmen

Auch **Erbrechen** gefährdet den Wasserhaushalt des Säuglings und erfordert ärztliche Behandlung. Andererseits neigen manche Säuglinge dazu, nach der Mahlzeit kleine Milchmengen zu spucken. Dies ist meist nicht bedenklich. Man sollte überprüfen, ob zu hastig getrunken wurde (zu großes Saugerloch, zwischendurch das Kind aufstoßen lassen) oder ob die Mahlzeit zu groß war (Trinkmenge reduzieren, häufigere Mahlzeiten).

Ernährung im Säuglings- und Kleinkindalter

> Fünf Engel haben gesungen,
> fünf Engel kommen gesprungen:
> der erste bläst das Feuer an,
> der andere stellt das Pfännel dran,
> der dritte schütt' das Süppchen 'nein,
> der vierte tut brav Zucker 'drein,
> der fünfte sagt: „'s ist angericht',
> iß mein Kindchen, brenn' dich nicht."
>
> Kinderreim, Karl Simrock

3.1.4 Die Beikostnahrung des Säuglings

Bei den Empfehlungen über den Zeitpunkt und die Zusammensetzung der Beikost müssen zum einen die **Entwicklung der Eßfähigkeit** des Säuglings und Kleinkindes, zum anderen seine **ernährungsphysiologischen Bedürfnisse** berücksichtigt und verstanden werden. Als ein weiterer wichtiger Gesichtspunkt ist mangelnde Gewichtszunahme bei ausschließlicher Milchnahrung zu nennen. Als Beikost bezeichnet man jede Nahrung, die ein Kind außer Muttermilch oder Säuglingsmilch erhält.

Individueller Beginn der Beikostzufütterung

Der schrittweise Übergang zur Kleinkinderkost hängt vom Erwerb dreier Fähigkeiten ab: **Sitzen am Tisch, Trinken aus der Tasse und Abbeißen und Kauen.** Kinder entwickeln sich diesbezüglich sehr unterschiedlich und haben eine Vielzahl von Gewohnheiten. Entsprechend der Entwicklung des Kindes ist sein Ernährungsplan etwa ab dem 10. Monat individuell abzuwandeln.

Kleinkinderkost etwa ab dem 10. Monat anbieten

Gegen Ende des ersten Lebensjahres sollte die Ernährung des Säuglings allmählich in Kleinkinderkost übergehen. Im folgenden Abschnitt soll nun auf einige Meilensteine der Entwicklung der Eßfähigkeit des Säuglings und Kleinkindes kurz eingegangen werden, wobei individuelle Unterschiede in der Entwicklung normal und zu berücksichtigen sind.

Die Entwicklung der Eßfähigkeit des Kindes

Alter	Fähigkeiten
1 Monat	Das Kind reagiert automatisch mit Such-, Saug- und Schluckreflex. Wenn es satt ist, trinkt es nicht mehr weiter, öffnet den Mund nicht mehr oder wendet den Kopf ab. Bei Hunger lautes Geschrei.
4 Monate	**Der Saugreflex ist erloschen.** Saugen und Schlucken unterliegen einer bewußten Kontrolle. Das Kind kann den Kopf halten und auch schon auf das Essen warten.
5–6 Monate	Das Kind kann die Hand zum Mund bewegen.

113

3. Abschnitt

6 Monate	Es holt sich die Flasche zum Mund, es ergreift einen Löffel.
7 Monate	Das Kind kann **sitzen** und **Nahrung mit den Lippen von einem Löffel nehmen** und mit geschlossenen Lippen kauen. Manche Kinder brauchen dafür viel Zeit.
8 Monate	Es greift nach dem Teller, kann einen Keks selbst essen und hält die Flasche allein.
10 Monate	Das Kind **trinkt aus einer Tasse,** es kann die Zunge nach der Seite und an den Gaumen bewegen und versucht, selbst zu essen.
11–12 Monate	Das Kind kann pinzettenartig greifen und versucht, einen Löffel zu benutzen. Viele Kinder sind wählerisch bei der Nahrung.
14 Monate	**Es verlangt, selbst essen zu dürfen.** Es versucht, den Löffel zu füllen. Wenn es damit essen will, dreht es ihn am Mund um und verschüttet alles. Es ergreift mit beiden Händen eine Tasse, versucht zu trinken und stellt sie wieder hin.
18 Monate	Es führt einen Löffel sicher zum Teller, füllt ihn und dreht ihn am Mund um. Es hält eine Tasse sicher mit ein oder zwei Händen und trinkt daraus, es stellt die Tasse sorgfältig auf ein Tablett.
24 Monate	Sicherer Umgang mit der Tasse. Das Kind kann mit dem Strohhalm trinken. Es nimmt einen Löffel in die Faust, füllt ihn und bringt ihn sicher zum Mund, ohne ihn umzudrehen, kann also **teilweise selbständig essen.** Es bittet um Essen.
3 Jahre	Das Kind kann aus einer Kanne einschenken, selbständig mit Besteck essen und Essen und Sprechen geschickt kombinieren.
4–7 Jahre	Das Kind bedient sich selbst, kann den Tisch decken und mit einem Messer schneiden. Es ist meist recht wählerisch.

Die Empfehlungen zur Einführung einer Löffelmahlzeit orientieren sich also an der **physiologischen Entwicklung** des Kindes. Zusammenfassend ist zu sagen, daß das Kind seine mehr oder weniger reflektorische Nahrungsaufnahme im ersten Lebenshalbjahr durch ‚bewußtes Essen' ersetzt, und daß das Kind danach weniger abhängig von der Hilfe der Erwachsenen wird und auch Vorlieben für bestimmte Speisen entwickelt. Hier liegt die Aufgabe für die Erzieher, das Kind in seiner **Verselbständigung zu fördern,** dabei aber die Ernährungsgewohnheiten und Bedürfnisse in Richtung einer gesunden Lebensführung zu lenken. Doch leider wird die Wahl der Lebensmittel vom Kind nicht instinktiv im Sinne einer gesunden, vollwertigen Kost getroffen, sondern sie wird stark vom Aussehen, Geschmack (weich-süß), Bequemlichkeit, vom Angebot durch die Eltern und Erzieher und bald auch von der Werbung beeinflußt.

Selbständiges Essen muß schrittweise gefördert werden, Vorlieben müssen behutsam gelenkt werden

Beikost als Nahrungsergänzung

Die körperliche Entwicklung des Kindes – das Sitzen, vom Löffel essen zu können – ist eine wichtige Bedingung, die die Aufnahme fester Kost erst ermöglicht. Der andere, nicht minder wichtige Gesichtspunkt ist, daß Milch **allein** nach dem 4.–6. Lebensmonat ernährungsphysiologisch unzureichend ist.

Deshalb wurden von der Ernährungskommission der Deutschen Gesellschaft für Kinderheilkunde Empfehlungen erarbeitet für die Einführung von Beikostmahlzeiten als Bausteine einer ausgewogenen Energie- und Nährstoffzufuhr im Säuglingsalter (Anhang, Tabelle 5 und 9). Bis zur ersten Breifütterung im 5. Lebensmonat – nicht früher! – sollte möglichst **ausschließlich** Muttermilch, sonst ein adaptiertes oder teiladaptiertes Milchpräparat gefüttert werden. Erst jenseits des vollendeten 4. Monats wächst der Energie- und Nährstoffbedarf des Kindes so rasch, daß er ohne Gabe von Beikost im allgemeinen nicht befriedigt werden kann. Der Einsatz von Beikost wird oft zu früh begonnen. Außerdem gibt es eine kaum überschaubare Vielfalt an Zubereitungen, die für den Säugling weder notwendig noch empfehlenswert ist.

Erst nach vollendetem 4. Lebensmonat reicht Milch allein nicht mehr aus

---

Tabelle III

Bedenken gegen die Einführung von Beikost vor dem 5. Lebensmonat

* Entwicklungsphysiologisch ungünstig für das Essen vom Löffel
* Gefahr der Überernährung
* Gefahr der Allergie
* Gefahr der Zöliakie
* zu früh zusätzlich Kochsalz und Kochzucker
* zu früh Milchbrei: Überangebot an Eiweiß, belastet die unausgereiften Nieren

3. Abschnitt

Die hier im folgenden in einzelnen Schritten erklärte Form der Einführung von Beikost orientiert sich an den von der Ernährungskommission der Deutschen Gesellschaft für Kinderheilkunde vorgeschlagenen Empfehlungen (Anhang, Tabelle 9). Andere Möglichkeiten können mit einem Kinderarzt abgesprochen werden.

Erste Beikostmahlzeit ab 5. Monat

Mit einem Gemüse-Brei und Fleisch beginnen

Karotten-Kartoffel-Fleisch-Fett-Brei (eisenangereichert). Gesamtmenge: anfangs 150–200 g, im zweiten Lebenshalbjahr 200–250 g.

Nachspeise

Obst allein ist nur Nachtisch

Obstmus (z. B. Apfel, Banane), anfangs 30 g, im zweiten Lebenshalbjahr bis 50 g.

Abb. 1: Kasseler, Sauerkraut und Kartoffelpüree
Pfirsichkompott

Ein beliebtes Gericht ist Kasseler mit Sauerkraut und Kartoffelpüree. Zum Nachtisch Pfirsichkompott. Diese Zusammenstellung mögen ältere Kinder gern, sie muß für den Säugling abgewandelt werden (vgl. dazu Abb. 2 auf der folgenden Seite).

Zubereitungshinweise

Nitrat- und Schadstoffgehalt niedrig halten

Im ersten Lebenshalbjahr (5. und 6. Monat) sollte auf industriell hergestelltes **Karottenpüree** zurückgegriffen werden, weil hierbei der Nitratgehalt und Pestizidgehalt kontrolliert niedrig sind. Man beginnt mit einigen Löffeln reinem Karot-

Ernährung im Säuglings- und Kleinkindalter

tenmus (Frühkarotten) vor der Milchmahlzeit und steigert dann rasch auf eine volle Karotten-Kartoffel-Fleisch-Fett-Mahlzeit wie oben. Mit 6 Monaten sollte das Kind keine Milch zu dieser Mahlzeit erhalten, damit das Eisen in der Nahrung besser resorbiert wird. Auf den Eisenbedarf wird an späterer Stelle näher eingegangen.

Abb. 2: Kartoffelpüree, Karotten, Eigelb
Pfirsichmus

Das Kartoffelpüree kann für das Säuglingsmenue mitverwendet werden: Karottenmus aus dem Gläschen (ohne Zusätze), ein Eigelb, schon ist eine komplette Mahlzeit fertig. Der Pfirsich wird gemust als Nachtisch gereicht.

Die Vorteile kommerzieller Beikost sind die durch Diätverordnung definierten Qualitätsnormen und die damit verbundenen sehr strengen eigenen Kontrollmaßnahmen der Hersteller (Richtlinien im Anhang, Tabelle 4). Einkauf und Vorratshaltung sind problemlos, die Zubereitung ohne Aufwand möglich. Es ist allerdings zu beachten, daß **nicht mehr als zwei oder drei verschiedene Menues** angeboten werden (Gefahr der Allergie, das Kind liebt noch keine große Abwechslung); außerdem sollte man bei der Auswahl der Menues auf die Zusammensetzung achten, dabei sollte den **Gemüsezubereitungen auf Kartoffelbasis** Vorzug gegeben werden. Wichtig ist außerdem der **Fleischanteil** wegen der Eisenversorgung. Einmal pro Woche sollte statt Fleisch ein Eigelb (kein ganzes Ei) gegeben werden. Eigelb ist reich an

Hinweise zur Auswahl der Fertigmenues

3. Abschnitt

Spurenelementen, Vitaminen und Kupfer. Eigelb liefert dem Säugling wichtiges Cholesterin, das für den Aufbau der Zelle benötigt wird, ein wichtiger Unterschied zur Erwachsenenkost. Weitere Zusätze außer Gemüse, Kartoffeln, Fleisch und Fett sollten nicht enthalten sein. Die Industrie bietet zur Zeit über 60 verschiedene Menues an; es gilt, die entsprechenden auszusuchen und nicht wahllos ein großes Sortiment anzubieten.

Inhalt des Gläschens rasch aufbrauchen

Die fertige Babynahrung darf auf keinen Fall nach eigenem Geschmack nachgesalzen oder nachgesüßt werden. Bei der Verwendung von Teilportionen ist nur die zu verbrauchende Menge dem Glas zu entnehmen. Der Rest sollte im Kühlschrank aufbewahrt werden. Innerhalb von drei Tagen aufbrauchen.

Erwärmen der Nahrung in der Mikrowelle

Am einfachsten wird die Säuglingsnahrung in einem Mikrowellenherd erwärmt. Die Anschaffungskosten sind relativ gering, die Zeit bis zum Aufwärmen der Nahrung beträgt nur einige Sekunden bis Minuten, die Energiekosten sind extrem niedrig. Diese Methode ist schnell, zuverlässig und hygienisch. Wichtige Nährstoffe und Vitamine werden nicht durch zu langes Erwärmen zerstört. Zudem kann der Mikrowellenherd auch für andere Zwecke, wie etwa das Erwärmen von Tee oder Milch oder einer einzelnen Mahlzeit eingesetzt werden.

Abb. 3: Gulasch, Fenchelgemüse, Kartoffeln, Apfel

Für die größeren Kinder gibt es ein Gulaschgericht mit Kartoffeln und Fenchelgemüse. Zum Nachtisch Apfelspalten.

Ernährung im Säuglings- und Kleinkindalter

Abb. 4: Der Säugling kann die Mahlzeit abgewandelt mitessen: Kartoffelpüree, Fenchelmus (Mixer), Butter und Fleischmus aus dem Gläschen. Der Apfel wird frisch geraspelt zum Nachtisch gegeben.

Es ist günstig, die Beikost mit Karotten zu beginnen, ab dem 6. Lebensmonat können dann andere Gemüsearten angeboten werden. Zu Beginn möglichst nur zwei oder drei verschiedene Menues aussuchen.

Selbst hergestellte Beikostmahlzeit

Zwei Teile Gemüse (anfangs Karotten, später Kohlrabi, Blumenkohl, Fenchel, Spinat) mit einem Teil Kartoffeln und 10 g Fett (Butter/Keimöl im Wechsel) und sechsmal pro Woche Fleisch (anfangs 20 g, im zweiten Lebenshalbjahr bis zu 35 g mageres, gekochtes, püriertes Rind-, Schweine-, Kalb-, Geflügelfleisch im Wechsel, einmal in zwei Wochen gekochte Schweineleber aus kontrollierten Beständen, sinnvollerweise industrielle Gläschenkost) und einmal pro Woche ein Eigelb.

Rezept für die Gemüse-Mahlzeit mit Fleisch

Vorteile der selbst hergestellten Beikost ab 6. Monat sind der günstigere Preis und die frühe Gewöhnung an den Originalgeschmack der Lebensmittel, was die spätere Ernährungserziehung der Kinder wesentlich erleichtert. Hierzu muß frisches oder tiefgekühltes Gemüse nährstoffschonend verarbeitet werden. Frisches Gemüse und Kartoffeln müssen

3. Abschnitt

großzügig geputzt und geschält werden, hierdurch kann der Schwermetall-Gehalt um 50–70 % verringert werden. Kein Kochsalz und keine anderen Würzmittel verwenden.

Mit Kräutern statt Salz würzen

Frische Kräuter enthalten günstige Vitamine und verbessern den Geschmack. Das Fleisch kann in größeren Mengen gedünstet, mit dem Schneidstab püriert und sofort schockgefrostet werden. Zur Mahlzeit schnell erwärmen, z. B. in der Mikrowelle. Kartoffeln frisch kochen und pürieren. Als Fett abwechselnd Butter oder Maiskeim- bzw. Sonnenblumenöl nehmen. Die Gemüse-Kartoffel-Fleischmahlzeit kann gut in größeren Mengen vorgekocht und dann portioniert tiefgekühlt werden. **Fett erst beim Erwärmen zugeben.** Man kann auch einen Gemüse-Kartoffel-Fett-Brei selbst zubereiten und zwei Löffel püriertes Fleisch aus dem Babyglas (Fertigprodukt) untermischen.

Fettzugabe ist wichtig

Die Herstellung größerer Mengen eines Gemüse-Kartoffel-Fleisch-Breies ist auch möglich. Der fertige Brei kann dann portionsweise abgewogen, in Tiefkühlbeutel gefüllt und eingefroren werden. Haltbarkeit ca. 2 Monate.

Feiner Gemüse-Brei ab 6. Monat

Rezept für einen selbstgekochten Gemüse-Brei

Zutaten für ca. 15 Portionen: 500 g mageres Rindfleisch, 1 TL Suppenkräuter, 750 g Kartoffel, 1,5 kg junge Möhren

Zubereitung: Das Rindfleisch mit den Suppenkräutern und etwa 300 ml Wasser im Schnellkochtopf 40 Minuten garen (Normalkochtopf etwa 1 Stunde). Die Kartoffeln waschen und ungeschält in wenig Wasser bei schwacher Hitze etwa 25 Minuten gar kochen. Die Möhren waschen, gut schälen, die grünen Enden entfernen und in grobe Stücke teilen. Das Rindfleisch aus der Brühe heben. Die Möhren in der Brühe im Schnellkochtopf ca. 6 Minuten garen (im Normalkochtopf ca. 20 Minuten). Das Fleisch würfeln, und nun Fleisch und Möhren mit etwas Brühe portionsweise mit dem Pürierstab oder im Mixer pürieren. Die Kartoffeln pellen und durch eine Kartoffelpresse quetschen. Kartoffelmus und Fleisch-Gemüse-Brei vermischen. Portionen von ca. 200 g in Tiefkühlbeutel oder -dosen abfüllen und einfrieren.

Fertigstellung: In der Mikrowelle auftauen und erwärmen oder den Tiefkühlbeutel in einen Kochtopf mit Wasser legen und erwärmen. **Wichtig:** 1 EL Butter oder Keimöl unter den warmen Brei rühren.

Die Zugabe von Fett erst kurz vor dem Anrichten ist schmackhafter, Vitamin-schonender und ohne Fettzugabe ist die Tiefkühlkost länger haltbar. Pikant-mild ist der Brei durch die Kräuter (Tiefkühlmischung), man kann auch einen TL Fenchelsamen verwenden, kein Salz.

Als **Nachtisch:** frisch gemuste Banane oder geriebener Apfel ohne Zuckerzusatz.

Bei Bedarf sollte ungesüßter Kräuter- oder Früchtetee oder stilles Mineralwasser gegeben werden, keine Milch.

Der Eisenbedarf des Säuglings

Die frühe Beigabe von Fleisch mit einer Gemüse-Kartoffel-Mahlzeit wird manche Mutter und manchen Erzieher erstaunen. Nach heutiger moderner Erkenntnis ist Fleisch aber als Träger von wertvollem Eiweiß mit einem hohen Anteil an Eisen, Kupfer und Zink im Säuglingsalter unverzichtbar. Im zweiten Lebensjahr findet man **bei 30 % aller Kleinkinder** in Industrieländern **eine Eisenmangelanämie** (Blutarmut durch Eisenmangel). Das im Fleisch enthaltene Eisen wird gut vom Körper aufgenommen, während das pflanzliche Eisen (in Weizenvollkornmehl und Soja) nur sehr viel schlechter vom Körper aufgenommen wird. Die Kombination von Vollkornprodukten mit Vitamin C (z. B. frischer Orangensaft) verdoppelt die Verwertbarkeit von Eisen. Die frühe Gabe von Vollkornprodukten wird aber schlecht vertragen (zu geringe Kaufähigkeit, voluminöse Stühle) und reicht zur Deckung des Eisenbedarfs beim Säugling und Kleinstkind nicht aus. Die **gleichzeitige Gabe von Milch verschlechtert die Aufnahme von Eisen.** Deshalb empfiehlt sich die milchfreie Gemüse-Kartoffel-Fleisch-Mahlzeit und ab dem 8. Lebensmonat ein milchfreier Obst-Getreide-Brei. Gestillte Kinder sind weitgehend vor Eisenmangel geschützt. Spätestens ab dem 8. Lebensmonat muß auch bei ihnen auf eine altersgemäße, eisenhaltige Beikost geachtet werden.

Fleisch ist wichtiger Eisenträger

Sollten Eltern überzeugt tierische Kost wie Fleisch, Milch und Ei für ihr Kind ablehnen, so ist mit dem Kinderarzt Rücksprache zu halten. Im allgemeinen ist es günstig und sinnvoll, wenn die Kinder einer Einrichtung oder Gruppe das gleiche Essen bekommen. Hierauf wird im Teil „Frühstücken mit Kindern" und bei den „Alternativen Kostformen für Kinder" noch ausführlich eingegangen.

Kinder vegetarischer Eltern in der Gruppe

Die Ernährung im 6. Lebensmonat

Meist wird man jetzt mit **vier Mahlzeiten** auskommen. Mittags ändert sich wenig; es können jetzt aber einmal pro Woche ein Eigelb anstelle von Fleisch und verschiedene Gemüse anstelle von Karotten gegeben werden bzw. ein entsprechendes Baby-Menue.

Verschiedene Gemüsesorten anbieten

3. Abschnitt

Abends statt Flasche ein Vollmilchbrei

Ein **Vollmilchbrei,** der mit Obst angereichert ist, wird jetzt am Abend statt der Muttermilch oder der Milchflasche gereicht. Zur Zubereitung sollten nur pasteurisierte oder H-Milch mit 3,5 % Fettgehalt und Grieß, Haferflocken oder andere Vollkornflocken benutzt werden. Abschmecken mit wenig Zukker und frischem Obstsaft. Wird ein Fertigbrei bevorzugt, sollte man auf die Aufschrift **"ab 6. Monat"** achten. Preisgünstiger und schmackhafter ist ein selbst zubereiteter Brei bei gleichem Arbeitsaufwand.

Zubereitung eines Vollmilch-Breies

200 ml Vollmilch (3,5 % F) mit 15−20 g Vollkornflocken (ca. 3 EL) oder Grieß (ca. 2 EL) und 5 g Zucker (ca. 1 KL) aufkochen. Mit 2−3 EL Obstsaft oder -mus anrichten.

Die Ernährung im 7. bis 9. Lebensmonat

Ab dem 7. Lebensmonat nur noch 3,5%ige Vollmilch geben

Im zweiten Lebenshalbjahr wird für das Kind **ausschließlich Kuhvollmilch** empfohlen. Die morgendliche Flasche sollte mit Vollmilch zubereitet werden. Es kann selbstverständlich auch noch weiter ein adaptiertes/teiladaptiertes Fertigmilchpräparat gefüttert werden. Von den sogenannten "Folgemilchpräparaten" ist im allgemeinen abzuraten, sie sind relativ teuer und werden Säuglingen, die noch keine Vollmilch vertragen, manchmal empfohlen. Es kann auch noch gestillt werden, falls möglich.

Zubereitung der Vollmilchflasche

Rezept

225 g Vollmilch (3,5 % F) mit 5 g Haferflocken und 7 g Zucker aufkochen.

Im zweiten Lebenshalbjahr beträgt der **Milchbedarf ca. 400 ml** Vollmilch pro Tag. Deshalb wird nachmittags ein milchfreier Getreide-Obst-Brei empfohlen. Es wird abgeraten, nachmittags süße Kekse oder Weißmehlzwieback zu füttern. Erstes Kauen kann mit einer Brotrinde oder einem Vollkornzwieback oder einem Stück Apfel geübt werden.

Zubereitung von Getreide-Obst-Brei

Rezept ohne Milch zubereiten

15 g Vollkorngetreideflocken mit 130 g Wasser anrühren und 100 g Obstmus und 10 g Butter untermischen. **Kein** Milchzusatz und möglichst **kein** Zucker. Kekse und Zwieback eignen sich nicht, da sie Feinmehl, Zucker und Kochsalz enthalten. Die Industrie bietet auch fertige Vollkornfrüchtebreie − milchfrei − im Glas an.

Abb. 5: Ab dem 7. Lebensmonat wird nachmittags eine milchfreie Mahlzeit empfohlen. Die Zutaten sind hier Haferflocken, Butter und Apfel.

Abb. 6.: Die Flocken werden mit Wasser angerührt, das Fett untergeschlagen. Zum Schluß wird der Apfel darübergerieben. Der Brei schmeckt frisch am besten; möglichst nicht nachsüßen.

3. Abschnitt

Die Ernährung im 10. bis 12. Lebensmonat

Ende des ersten Lebensjahres Übergang zur Kleinkinderkost

Gegen Ende des ersten Lebensjahres sollte die Ernährung des Säuglings allmählich in Kleinkinderkost übergehen. Wie oben aufgeführt, hängt der Übergang zur Kleinkinderkost von drei Fähigkeiten ab: dem Sitzen am Tisch, dem Trinken aus der Tasse sowie Abbeißen und Kauen. Je nach Entwicklungsstand des Kindes und seinem Bedürfnis sollte man die Ernährung Schritt für Schritt an die üblichen Essensgewohnheiten in der Gruppe und in der Familie angleichen. Je nach Tagesplan können Gemüse und Kartoffeln zerkleinert, evtl. auch schon etwas Fleisch von der Gemeinschaftskost mitgegessen werden, nachdem sie entsprechend abgestimmt wurden. Wichtige Bestandteile der Kleinkinderkost sind die sogenannten kalten Mahlzeiten oder Brotmahlzeiten mit Vollmilch, Getreideprodukten und Brot. Die Flaschen- bzw. Breimahlzeiten sollten zügig ausgetauscht werden. **Mit dem ersten Backenzahn kann auch Vollkornbrot gegessen werden.**

Tabelle IV

Beispiel für einen Tagesspeiseplan in der altersgemischten Gruppe und dessen Ergänzung zu Hause

In der Einrichtung:

	Martin (7 Monate)	Julia (11 Monate)	Andrea (4 Jahre)
2. Frühstück	Vollmilchflasche mit Grieß	Graubrot mit Leberwurst Banane	Milch Möhrenstreifen
Mittagessen	Rindfleisch-Karotten-Kartoffel-Brei mit Keimoel*	Zerdrückte Kartoffel, Fenchelgemüse, Rindfleisch-Püree*	Gulasch, Kartoffeln, Fenchelgemüse
	Pfirsich-Mus		Pfirsich-Kompott
Vesper	Geriebener Apfel mit Zwieback und Butter Tee	Vollkornzwieback Apfelschnitze Tee	

*Babykostgläschen

Zu Hause:

1. Frühstück	Vollmilchflasche mit Grieß	Müsli mit Obst und Milch
Abendessen	Vollmilchbrei mit Haferflocken und Obstsaft	Wurstbrot Quarkspeise mit Obst

Die Tabelle IV und die Abbildungen 1–4 (vgl. S. 116–119) sollen zeigen, wie man ohne allzu großen Aufwand das Essen

Ernährung im Säuglings- und Kleinkindalter

für alle Kinder altersentsprechend abändern kann. Ein Plan, entsprechende Vorräte (Fertigmenues für Säuglinge, Fleisch-Püree-Gläschen usw.) und kleine zusätzliche Arbeiten in der Küche sind allerdings erforderlich. Es ist außerdem wichtig, daß die Eltern zu Hause den Tagesplan entsprechend ergänzen.

Bedenken gegen süße und ballaststoffarme Ernährung

Konsequent sollte von Anfang an der Verzehr von Süßigkeiten und Keksen bzw. Weißmehlzwieback zwischendurch vermieden werden sowie das Angebot an süßen Getränken.

<small>Weißmehl- und Zuckerverbrauch einschränken</small>

Die sogenannte ‚normale' oder ‚Gemischtkost' sollte zur Hälfte aus Kohlenhydraten bestehen, aber um vollwertig zu sein, müssen die **Zuckermengen als leere Kohlenhydrate drastisch reduziert** und der Anteil an vollwertigen, biologisch wertvollen Kohlenhydraten erhöht werden. Biologisch wertvolle Produkte sind Vollkornprodukte wie Vollkornbrot, Haferflocken, Natur- oder Parboiled-Reis, Knäckebrot, Obst und Gemüse, die erst im Körper aufgespalten werden müssen und den Sättigungswert erhöhen. Sie liefern außer Energie wichtige Ballaststoffe, Vitamine und Mineralstoffe.

<small>Vollkornprodukte gehören dazu</small>

Die so beliebten Süßigkeiten, Eiscreme, Kuchen und süße Limonaden sind aus der Sicht der Ernährungswissenschaftler wertlos. Ballaststoffarmut und ungünstige Auswirkungen auf den Blutzuckerspiegel erklären ihren kurzen Sättigungseffekt und rasch aufkommendes neues Hungergefühl, den Wunsch nach mehr. Zucker ist für Karies und Fettsucht verantwortlich, er ist keine Nervennahrung und kein Trostspender für die Kinder. Es muß immer wieder betont werden, daß gerade in **der Kindertagesstätte der Grundstein für das spätere Ernährungsverhalten des Erwachsenen** und damit die Verhinderung oder Begünstigung der Zivilisationskrankheit entscheidend mitgelegt wird. Bis zu 30 % der bundesdeutschen Kinder müssen als übergewichtig oder fehlernährt angesehen werden.

Ab dem 10. Monat kann anstelle der Kartoffeln höchstens einmal pro Woche ein **Nudelgericht** gegeben werden. Kartoffeln enthalten im Gegensatz zu Nudeln einen wesentlich höheren Anteil an unentbehrlichen Vitaminen, Mineralstoffen und Ballaststoffen.

<small>Nudeln nur einmal wöchentlich</small>

Es ist wichtig, bei selbsthergestellter Kost nicht mit Kochsalz zu würzen, denn die Grundnahrungsmittel Brot, Butter, Käse und Wurst haben bereits einen hohen Kochsalzgehalt. Zu beachten ist auch der übermäßige Kochsalzgehalt bei Lieferung des Essens aus einer Kantine. Es scheint erwiesen, daß

<small>Den Kochsalzverbrauch bewußt einschränken</small>

jahrelanger Verzehr von zu großen Kochsalzmengen die Entwicklung von Bluthochdruck begünstigt. Das Einerlei von salziger Kost mit Tomatenketchup sollte durch normal gewürzte, unterschiedlich schmeckende Speisen bewußt ersetzt werden. Küchenkräuter würzen gut, schmecken frisch und liefern dabei noch Vitamine.

Milch und Milchprodukte

Vollmilch ist wichtig

Frühestens **ab dem 8. Monat** kann die pasteurisierte Vollmilch **auch unabgekocht** gegeben werden. Es empfiehlt sich, Kindern im ersten Lebensjahr Milch mit einem **Fettgehalt von 3,5 %** zu geben. Die Kinder erhalten damit ernährungsphysiologisch wertvolles, leicht verdauliches Fett und fettlösliche Vitamine. Die teilentrahmte Milch (1,5 % Fett) und Magermilch (0,1–0,3 % Fettgehalt) enthalten weniger bzw. kein wertvolles Fett und dadurch zu wenig fettlösliche Vitamine, z. B. Vitamin D. Es empfiehlt sich pasteurisierte Vollmilch, nur aus zwingenden Kosten- oder Lagerungsgründen kann man auf **H-Milch** ausweichen. Hierbei ist auf den 1,5%igen oder den 3,5%igen Fettgehalt zu achten. H-Milch schmeckt nicht so gut („gekocht' aufgrund der Erhitzung), steht aber im Nährstoff- und Vitamingehalt der pasteurisierten Frischmilch nur geringfügig nach. Die meisten Vitamine, wie Vitamin A, D, E, B2, Pantothensäure, Biotin und Niacin sind gegen Temperatureinflüsse relativ unempfindlich, so daß durch die Erhitzung der Milch kaum Verluste an diesen Vitaminen auftreten. Die Vitamine B1, B6, B12 und Folsäure sind hitzelabiler, so daß beim Pasteurisieren ein Verlust von 0 bis 10 % festzustellen ist. Die Vitaminverluste sind ohne praktische Bedeutung, da die Milch bei diesen Vitaminen nicht wesentlich zur Bedarfsdeckung beiträgt.

3,5 % pasteurisierte Trinkmilch wird empfohlen

Rohmilch muß abgekocht werden

Rohmilch, die direkt vom Bauern geliefert wird, ist völlig unbehandelt und wird von vielen Vollwertkostformen geschätzt. Sie ist schwankend im Fettgehalt und muß – wenn überhaupt verwendet – in der Kinderkost unbedingt vorher abgekocht werden, was zu größeren Vitaminverlusten führt, andererseits aber wegen der möglichen Verkeimung dringend erforderlich ist. Rohmilch ist für den Säugling und das Kleinstkind nicht geeignet (Anhang, Tabelle 8).

Milch ist wichtigster Calciumspender. Die Empfehlung lautet: zwei Glas Milch täglich bis ins Schulalter

Milch spendet nicht nur Fette und fettlösliche Vitamine, sondern auch leicht verdauliches Eiweiß und liefert den **wesentlichen Bedarf an Calcium** für Kinder. Mit 10 bis 12 Monaten braucht das Kind **400 ml Vollmilch,** ein Kleinkind etwa die gleiche Menge. Das entspricht zwei Glas Milch oder drei Tassen Milch. Ein Schulkind kommt mit einem halben

Ernährung im Säuglings- und Kleinkindalter

Liter Milch aus. Eingerechnet werden muß der Milchverzehr in Pudding, Kartoffelpüree, Quark, Joghurt. Eine Scheibe Schnittkäse (Gouda, Edamer) kann einen Becher Milch ersetzen, enthält allerdings viel Kochsalz. Milch ist also nicht nur ein Getränk, sondern ein wertvolles flüssiges Nahrungsmittel, sollte deshalb auch nicht unbegrenzt angeboten werden, da manche Kinder, die kaufaul sind, gern Milch trinken und so zu große Kalorien-(sowie Calcium-)mengen zu sich nehmen. Kinder, die ohnehin wenig essen, neigen dazu, Milch oder Kakao zu trinken und lassen statt dessen ihre Mahlzeit stehen.

Quark, Joghurt und Käse sind statt Milch möglich

Quark (möglichst 20 % Fett i. Tr.) und **Joghurt** (Vollmilchjoghurt, 3,5 % Fett) sollten erst im zweiten Lebensjahr gegeben werden (Anhang, Tabelle 10). Es empfiehlt sich, keinen fertigen Fruchtjoghurt zu verwenden, weil dieser oft bis zu einem Viertel aus sogenannten ‚Fruchtzubereitungen' besteht, die eigentlich nur Marmelade mit viel Zucker enthalten. Preisgünstiger und schmackhafter ist es, selbst Obst unterzumischen. Auch die fertigen Puddingsorten und Obstmilchmischgetränke sowie fertige Kakaogetränke enthalten oft nur Magermilch, dafür aber große Mengen Zucker und künstliche Aromastoffe. Selbst zubereiteter Pudding schmeckt besser, kann im Zuckergehalt niedrig gehalten werden und ist wesentlich billiger, besonders bei der Zubereitung von größeren Mengen, wie es in der Gruppe erforderlich ist.

Immer auf Vollmilchprodukte achten

In den internationalen Empfehlungen zur Prävention von Herz-Kreislauferkrankungen wird übereinstimmend das Säuglingsalter ausgeschlossen. Der Fettanteil an der Energiezufuhr wird kontinuierlich von anfangs 50 % auf etwa 40 % am Ende des ersten Lebensjahres verringert. Für Kinder und Jugendliche wird ein Fettanteil von etwa 35 % der Gesamtnahrung als erstrebenswert angegeben. Sinnvoll erscheint hierzu die Verringerung des Verzehrs gesättigter Fette (tierisches Fett). Jedoch sollte die geringere Fettzufuhr nicht durch einen anteilsmäßig größeren Verzehr von Zucker verändert werden. Schlecht wäre der Austausch von Vollmilch 3,5 % gegen Magermilch mit Zuckerzusatz als Milchmischgetränk. Die Reduzierung des Fettgehalts der Milch führt außerdem zu einem verminderten Gehalt an fettlöslichen Vitaminen (Vitamin A und D). So wird deshalb schon in den USA Magermilch mit Vitamin D angereichert verkauft!

Die Wahl der Milchsorte sollte aber immer Konsequenzen für die Geamternährung haben. Trinkt das Kind lieber Vollmilch, muß bei anderen versteckten Fetten, z. B. in Fleisch, Wurst und Käse, gespart werden. Eine Reduzierung der Fettzufuhr kann jedoch ohne weiteres ohne Risiko für die Gesamtnährstoffzufuhr in allen Altersgruppen durch häufige Müslimahlzeiten aus Getreide und Milch sowie reichlich Brot mit nur wenig Belag erreicht werden. Verzicht auf fette Wurst und Käse führen zu dem erwünschten verminderten Verzehr von gesättigten Fettsäuren und Kochsalz. Fleisch ist die beste Quelle für gut ausnutzbares Eisen und Zink. Der heutige durchschnittlich hohe Fleischverzehr sollte aber reduziert und auf magere Produkte beschränkt werden.

3.1.5 Sonderkostformen

Umfragen sollen ergeben haben, daß sich 10 % der Bevölkerung nicht mit einer sogenannten Mischkost ernähren, sondern eine ‚Diät' halten oder auf andere Kostformen schwören. Davon sind auch viele Kinder betroffen. Auf die häufigsten Sonderkostformen möchte ich im folgenden Abschnitt kurz eingehen.

Das kranke Kind darf nicht Außenseiter werden. Alle können mithelfen, daß die Diät als Normalkost verstanden wird

Es muß unser Bemühen sein, jedes kranke Kind soweit wie möglich in den Alltag der Gruppe einzuordnen. Rücksichtnahme auf das kranke Kind, das nicht alles essen kann und soll, ist eine Bereicherung für die anderen Kinder der Gruppe. Wenn die Kinder verstehen lernen, warum ein Spielgefährte nicht alles mitessen darf, so können sie Verständnis aufbringen und mithelfen. Gut beraten sind Einrichtungen, die eine ernährungsmedizinische Beratung und/oder einen Kinderarzt des Gesundheitsamtes oder der Kassen in Anspruch nehmen können und sich nicht nur selbst über die Sonderkost informieren, sondern **auch die Kinder** und vielleicht auch **die Eltern** an einem Nachmittag **einbeziehen.** So sollte in einer Gruppe das diabetische Kind zur Geburtstagsfeier nicht Apfel und Knäckebrot statt der bunten Geburtstagstorte bekommen, sondern vielleicht könnte für alle Kinder ein schönes Frühstück oder eine Apfel-Quark-Speise auf dem Tisch stehen (Vergleiche Geburtstags-Feiern, Seite 169 ff. und Diabetes mellitus, Seite 132 ff.).

Sind Diäten nur vorübergehend notwendig, so zum Beispiel eine fettarme Kost nach schwerem Durchfall, dann kann die Mutter ein Gläschen mit geeignetem Fertigmus und eine Heilnahrung mit einem Aufbauplan, den der Arzt erstellt hat, für den Säugling mitbringen.

Ernährung im Säuglings- und Kleinkindalter

Akute Durchfallerkrankungen

Durchfall, oft begleitet von krampfhaften Bauchschmerzen und Erbrechen, ist bei Säuglingen und Kleinkindern sehr häufig. Durch Wasser- und Salzverlust sind die Kinder immer sehr gefährdet; deshalb ist eine Vorstellung beim Kinderarzt angezeigt. Plötzliche, schwere Durchfälle sind zudem fast immer ansteckend, sie sollten dem Gesundheitsamt gemeldet werden. Wichtig ist der rasche Ersatz des Wasserverlustes. Bis die Mutter das Kind abholt und mit nach Hause nimmt, kann man bedenkenlos gesüßten **Tee mit einer Prise Salz** geben, dem erbrechenden Kind kühlen Tee schluckweise, am besten mit dem Löffel. Vorsicht: durch starken Flüssigkeitsverlust gerät der Säugling rasch in akute Lebensgefahr. Das Kind darf nicht auffallend schläfrig wirken. Um die anderen Kinder nicht zu gefährden, darf ein Kind mit durchfälligen Stühlen nicht in der Einrichtung bleiben; es sei denn, das Gesundheitsamt bescheinigt die Möglichkeit der Isolierung (§ 48 BSeuchG).

Durchfälle sind meist anstekkend, bei Säuglingen gefährlich

Die Behandlung von Durchfallerkrankungen durch den Kinderarzt besteht in einer sogenannten „oralen Rehydrierung" mit anschließendem Nahrungsaufbau. Der Säugling erhält anstelle der gewohnten Milchnahrung Mineralsalztabletten, die trinkfertig in Wasser aufgelöst werden. Der anschließende Nahrungsaufbau erfolgt nach Ernährungsplan; hierbei ist zu beachten, daß Fette und Vollmilch zunächst schlechter vertragen werden. Die früher üblichen Heilnahrungen werden nur noch selten empfohlen.

Nach durchstandenem Durchfall werden Fett und Milch zunächst schlecht vertragen

Bei gehäuftem Auftreten von Durchfällen mehrerer betroffener Kinder kann ein Gesundheitsaufseher vor Ort nach Lebensmittelvergiftungen fahnden und ggfs. Desinfektionsmaßnahmen empfehlen.

Obstipation (Verstopfung)

Ein gestilltes Kind setzt mehrere Stühle täglich ab; es kann aber auch mal eine Woche lang keinen Stuhlgang haben. Die nachfolgenden Nahrungsumstellungen, besonders beim kleinen Säugling von der Brust auf eine teiladaptierte Milch, können mit festem Stuhl einhergehen. **Zusätzliche Gaben von Milchzucker** sind entgegen der Werbung **keineswegs sinnvoll.** Das Wichtigste ist ausreichende Flüssigkeitszufuhr.

3. Abschnitt

Bei Verstopfung auf ausreichende Flüssigkeitszufuhr achten

Man kann bei sehr festem Stuhl die Milchnahrung mit 10 Prozent mehr Wasser zubereiten. Bei der Beikost-Fütterung erhöhen Ballaststoffe den Wassergehalt des Stuhles und führen zu einer Entleerungsbeschleunigung. Sie haben zudem auch einen guten Effekt auf verschiedene Stoffwechselvorgänge. Deshalb empfiehlt es sich, bei der Beikostfütterung zeitig auf ballaststoffreiche Vollkornproduktanteile zu achten. Anstatt Weißbrot und Zwieback durch Weizenkleie zu ergänzen, ist es sinnvoller, Vollkornbrot und Vollkornprodukte zu geben.

Kleinkinder neigen aber auch zu Verstopfung, wenn sie nicht ausreichend Flüssigkeit zu sich nehmen oder zu viel süßen Kakao oder Schokolade. Besteht bei einem Säugling oder Kleinkind eine Obstipation, so muß die Ursache vom Kinderarzt geklärt werden: Verstopfung wird nicht nur durch zu wenig Flüssigkeit in der Nahrung verursacht, sie kann auch ein Hinweis auf eine Fehlbildung des Darms oder auf eine Schilddrüsenunterfunktion sein. Ebenso kann schmerzhafte Darmentleerung bei Entzündungen oder Rissen in der Afterschleimhaut zu verhaltenem Stuhlgang beim Kind führen.

Zöliakie

Zöliakie-kranke Kinder können nur in engem Kontakt mit dem Kinderarzt betreut werden.

Bei Zöliakie werden Mehl und handelsübliche Backwaren nicht vertragen

Bei der Zöliakie werden die Klebersubstanzen von **Weizen** (das Gluten) und anderem Getreide wie **Roggen, Hafer und Gerste nicht vertragen:** Die Schleimhaut im Dünndarm geht zugrunde. Eins von tausend Kindern leidet an dieser Erkrankung, die bei Säuglingen, die in den ersten Lebensmonaten schon glutenhaltige Kost bekommen, besonders schwere Verlaufsformen zeigt. Ohne Diät gedeihen die Kinder mangelhaft, sie setzen große, massige Stühle ab, haben einen geblähten Bauch und Vitaminmangelerscheinungen. Deshalb lautet die Empfehlung für alle Säuglinge, in den ersten vier Lebensmonaten keine glutenhaltige Beikost zu füttern.

Meist lebenslänglich müssen diese Kinder alle Nahrungsmittel, die Mehl aus Weizen, Hafer, Roggen und Gerste enthalten, meiden. Brot und andere Backwaren müssen aus Mais, Hirse und Sojabohnen oder reinen Stärkeprodukten hergestellt werden. Die Industrie bietet Säuglingsnahrungen mit dem Hinweis „**glutenfrei**" oder „**gliadinfrei**" an. Die Deutsche Zöliakie Gesellschaft, Filderhauptstr. 61, 7000 Stuttgart, Tel. 0711/45 45 14 (Anhang, Tabelle 11), gibt Unterstützung in praktischen Fragen.

Deutsche Zöliakie Gesellschaft

Ernährungsmedizinische Beratungen sind notwendig. Auch

Wurstsorten und andere Lebensmittel enthalten gelegentlich Gluten. Es gibt Nahrungsmittel, bei denen man die Zusammensetzung nicht erkennen kann und Gluten auch nicht vermutet. Das zöliakiekranke Kind kann seine Diät ohne großen Aufwand einhalten. Da die Folgen nicht akut sind, werden leider häufig Diätfehler begangen. Der daraus folgende Eisen- und Vitaminmangel kann zu Minderwuchs und Entwicklungsverzögerung führen. Deshalb ist es um so wichtiger, die Einhaltung der Diät für das Zöliakie-kranke Kind in der Tagesstätte zu beachten.

Häufige Diätfehler führen zu Minderwuchs und Entwicklungsverzögerung

Kuhmilcheiweißunverträglichkeit

Bei wiederholt auftretenden schleimig blutigen Stühlen oder Fettstühlen muß man an eine Kuhmilcheiweißunverträglichkeit denken. Kuhmilchallergien bei Kindern mit familiärer Vorbelastung sind nicht selten. Es gibt verschiedene Formen unterschiedlicher Ursache. Die häufigste Form tritt bei Säuglingen nach schweren Durchfällen auf. Rohe Kuhmilch führt eher zur Allergie als denaturierte (abgekochte Milch, Quark). Kuhmilch enthält mehr als 25 Proteine, die beim Menschen als Antigene wirken können. Die wichtigsten Allergene sind β-Lactoglobulin, Casein und Lactalbumin. Säuglinge sind besonders durch Nahrungsmittelallergien gefährdet, da die Darmschleimhaut eine erhöhte Durchlässigkeit für unvollständig verdaute Makromoleküle aufweist und darüber hinaus ein Mangel an Immunglobulin A an der Schleimhautoberfläche besteht.

Sojamilchprodukte werden häufig ebenso schlecht vertragen. Die Industrie bietet verschiedene kuhmilchfreie Produkte an, die der Kinderarzt verschreibt. Erste positive Ergebnisse über sogenannte hypoallergene Säuglingsmilchpräparate bei vorbelasteten Kindern liegen vor. Bei der Gabe von einfacher Sojamilch ist ein Calciumzusatz notwendig (siehe auch Anhang, Tabelle 10). Calcium-Zusätze sind auf der Packung gekennzeichnet. Kuhmilch ist in vielen Lebensmitteln versteckt. Nach ein bis zwei Jahren verliert sich die Kuhmilchallergie meist.

Sojamilch deckt den Calciumbedarf des Kindes nicht ausreichend

Bei älteren Säuglingen kann auch eine andere Nahrungsmittelallergie vorliegen, z. B. gegen Fisch, Hühnereiweiß, Zitrusfrüchte, Tomaten, Schokolade, auch gegen Farbstoffe oder Gewürze. In diesem Fall muß man das erkannte Nahrungsmittel meiden. Nahrungsmittelallergien kommen familiär gehäuft vor. Zur Allergieprävention sollten vorbelastete Kinder möglichst sechs Monate voll gestillt werden, und es ist Vorsicht bei der Einführung von Beikost geboten.

3. Abschnitt

Diät bei endogenem Ekzem

Manche Patienten mit Hautekzem haben außerdem eine Nahrungsmittelallergie, so daß die häufigsten Allergene aus der Nahrung weggelassen werden müssen. Es ist auch bekannt, daß große Mengen Fruchtsaft den Hautausschlag und Juckreiz verschlimmern können. Es werden daher aber zum Teil sehr einschneidende Diätformen, die wesentliche Nahrungsmittel verbieten oder die sehr einseitig sind, empfohlen. Diese Diäten sind eine große psychische Belastung für das Kind. Gesicherte wissenschaftliche Erfolgsergebnisse sind nicht bekannt. Es empfiehlt sich, diese einschneidenden Diätformen, wenn sie in der Einrichtung eingehalten werden sollen, mit dem beratenden Kinderarzt, meist dem Gesundheitsamt, zu besprechen.

Einseitige Diät bei endogenem Ekzem ist nicht wissenschaftlich gesichert

Diabetes mellitus (Zuckerkrankheit)

Wird ein diabetisches Kind in die Einrichtung aufgenommen, so müssen sich die Erzieher und die anderen Kinder darauf einstellen. Bei Kindern (im Gegensatz zum sogenannten Altersdiabetiker) ist der Diabetes mellitus eine lebenslängliche Stoffwechselerkrankung, bei der die Bauchspeicheldrüse nicht ausreichend Insulin herstellt. Das Hormon Insulin senkt den Blutzuckerspiegel. Dieses fehlende Insulin müssen die meisten Kinder bis zu vier mal täglich unter die Haut spritzen. Insulin wird zur Verwertung der Nahrung benötigt. Ein Diätplan, der genau auf die Bedürfnisse des Kindes abgestimmt ist, hilft, daß der Blutzucker im Normbereich bleibt. Diabetes mellitus ist also eine Insulinmangelkrankheit, die sich heute gut behandeln läßt, da man das fehlende Insulin substituieren (ersetzen) kann. Kinder lernen sehr schnell sich selbständig zu spritzen. Sie müssen aber zeitlebens mit diesem Insulinmangel leben. Wichtig ist es, daß keine falschen Schuldgefühle entstehen, denn diese Erkrankung kann aus verschiedenen Ursachen entstehen, mit Sicherheit jedoch **nicht** durch übermäßigen Zuckerkonsum.

Es besteht im Grunde keine Notwendigkeit, daß Diabetiker andere Nahrungsmittel essen als die Familie oder die Tagesstättengruppe. Ein diabetisches Kind in der Gruppe hilft, daß sich alle gesünder ernähren. Sogenannte Lebensmittel für Diabetiker sind keine notwendigen Bestandteile der Diät und dabei oft teuer. Kalorienarme und zuckerfreie Getränke wie Diät-Limo sind erlaubt und werden in diesem Fall empfohlen für Feste bzw. Gelegenheiten, an denen die Ausnahme, für alle Kinder Süßes anzubieten, besteht und so das diabetische Kind auch „sein Extra" wie alle anderen bekommen kann oder auch an alle Kinder austeilen möchte. **Von Zucker und**

Ernährung im Säuglings- und Kleinkindalter

zuckerhaltigen Nahrungsmitteln wird vorwiegend aus pädagogischen Gründen abgeraten. Kleine Kinder wären überfordert, wenn sie verschiedene Variablen abwägen sollten, die unter Umständen die Aufnahme zuckerhaltiger Süßigkeiten ermöglichen. Nur eindeutige Verhaltensregeln geben ihnen die Sicherheit, richtig zu handeln. Gleichzeitig soll verhindert werden, daß es zu häufigen Stoffwechselentgleisungen durch zu unkontrolliertes Naschen kommt. Es sollten deshalb keine Süßigkeiten wie Kuchen, süße Getränke, Schokoladen den Kindern – auch den gesunden! – angeboten werden. Um so einfacher ist es dann für das kranke Kind, seine Diät einzuhalten und nicht Außenseiter zu sein. Kinder, die an Diabetes leiden, müssen zu festen Zeiten ihre Mahlzeiten einnehmen.

Sport ist ein wichtiger Teil der Behandlung. Das Kind muß **genügend Bewegungsangebote** bekommen. Um eine Unterzuckerung zu vermeiden, muß das Kind vor körperlicher Aktivität z. B. ein Stück Apfel zusätzlich essen. **Unterzuckerung** ist gefährlich; sie kann sich durch Kopfschmerzen, Herzklopfen, Zittrigkeit und Schweißausbruch, im Extremfall durch Bewußtlosigkeit äußern. Die sofortige Gabe von einem Löffel Zucker mit einem Glas Apfelsaft oder zwei Stück Würfelzucker ist lebensnotwendig (Gefahr des Schocks bei extremer Unterzuckerung). Man vermeidet einen Schock durch gute Einstellung des Diabetes mellitus.

Unterzuckerung muß zeitig erkannt werden

Durch konsequente Ernährung und Führung kann man die Lebensaussichten des Diabetikers verbessern und häufige Krankenhausaufenthalte vermeiden. Das diabetische Kind muß seine **Mahlzeiten zu festen Zeiten** einnehmen und soll dabei auch bestimmte Mengen essen. Das ist nach vorheriger Absprache und Anleitung aller Beteiligten einfach zu befolgen. Das Frühstück und weitere Zwischenmahlzeiten können von zu Hause mitgebracht werden. Bleibt das Kind über Mittag in der Einrichtung, so muß im Einzelfall entschieden werden, ob eine zu Hause zubereitete Mahlzeit aufgewärmt oder ob das Essen aus einer nahe gelegenen Klinik oder Diätküche angeliefert werden kann, oder ob die Einrichtung das Essen selbst zusammenstellt. Eine **Schulung durch eine Diätassistentin,** die Erfahrung mit kindlichem Diabetes hat, ist in jedem Fall anzuraten. Im allgemeinen ist eine berufstätige Mutter mit der täglichen Herstellung frischer Mahlzeiten überbeansprucht, so daß die beiden anderen Lösungen sinnvoller erscheinen.

Feste Essenszeiten sind beim Diabetiker wichtig

3. Abschnitt

vgl. Geburtstag in der Gruppe, S. 169 ff. und Rezepte für Diabetiker, S. 202 f.

Für eine Geburtstagsfeier oder die zahlreichen Kindergartenfeste empfiehlt es sich, Speisen und Getränke so zu planen, daß sie für **alle** Kinder geeignet sind. So fühlt sich das diabetische Kind nicht ausgeschlossen und alle lernen, daß **Diabetikerkost genauso gut schmeckt** wie die üblich zubereiteten Speisen.

Deutscher Diabetikerbund

Unterstützung und Beratung findet man bei der Deutschen Diabetes Gesellschaft und dem Deutschen Diabetikerbund, Lilienthalstr. 21, 4650 Gelsenkirchen.

Im **monatlichen Diabetesjournal** gibt es einen Sonderteil für diabetische Kinder und Jugendliche und ihre Eltern.

Beim Bund diabetischer Kinder und Jugendlicher e. V., Hahnbrunner Str. 46, 6750 Kaiserslautern, erhält man ein praktisches Formblatt, das der behandelnde Kinderarzt für den Erzieher ausfüllen kann. Dieses Formular sollte mit dem Datum der Ausstellung (wichtig!) versehen werden und mindestens jährlich erneuert werden (Anhang, Tabelle 12).

Im „**Diabetes-Buch für Kinder**" liegt eine Veröffentlichung vor, die sich an das diabetische Kind wendet und klar und einfach verständlich die Stoffwechselkrankheit erklärt. Das dazugehörige **Beiheft** ist eine wichtige Hilfe für Eltern und Erzieher.

Hyperkinetisches Syndrom und Ernährung

Das hyperkinetische Syndrom zeichnet sich durch psychomotorische Unruhe, Aufmerksamkeitsstörungen, mangelnde Impulskontrolle und emotionale Labilität aus. Etwa drei bis fünf Prozent aller schulpflichtigen Kinder gelten als hyperkinetisch. Das Krankheitsbild hat keine einzelne und allgemeingültige Ursache – darüber sind sich die Wissenschaftler einig. Nur über die Behandlung ist man geteilter Meinung. Hier soll auf die verschiedenen Diätformen beim hyperkinetischen Syndrom eingegangen werden, nicht auf die medikamentösen Behandlungsmöglichkeiten.

Hyperkinetische Kinder ernähren sich oft sehr merkwürdig und gelten als ‚schlechte Esser'. Manche Kinder trinken sehr viel, oft Limonaden, Cola oder Milch. Häufig bessert sich das hyperkinetische Syndrom bereits, wenn man den Kindern eine vollwertige, gemischte Kost schmackhaft machen kann. Vielleicht ist die Diät auch eine Form der fehlenden, notwendigen Zuwendung.

Bei der **Feingold-Diät** sollen alle Farb- und Konservierungsstoffe sowie Salizylate weggelassen werden. Die meisten Patienten reagieren auf diese Diät jedoch nicht.

Ernährung im Säuglings- und Kleinkindalter

Bei der **Phosphat-reduzierten Diät** sollen die Kinder angeblich drei Tage nach Weglassen bestimmter Nahrungsmittel ruhiger werden. Echte Zusammenhänge zwischen Diät und Verhalten der Kinder konnten nicht nachgewiesen werden. Diese Diätform muß vielmehr dringend abgelehnt werden, weil durch sie Mangelerscheinungen auftreten können: keine Milch, nur Sahne-Wasser-Gemisch, keine Butter, keine Vollkornprodukte, viele Fleisch- und 15 Obst- und Gemüsesorten sind verboten, Honig statt Zucker, aber künstliche Zufuhr von Mineralien in Tablettenform. Die Phosphat-reduzierte Diät ist ernährungswissenschaftlich analysiert und als bedenklich eingestuft worden, weil bei unzureichender Phosphatzufuhr mit schweren Gesundheitsschäden zu rechnen ist.

<small>Bedenken gegen Phosphatreduzierte Diät und gegen Feingold-Diät</small>

Bei der **oligoantigenen Diät** (etwa „arm an Allergie-verursachenden Lebensmitteln") erhält das Kind drei bis vier Wochen lang nur wenige Lebensmittel, bei eindeutiger Besserung des hyperkinetischen Syndroms werden die entzogenen Nahrungsmittel einzeln wieder zugesetzt bzw. wenn diese Beschwerden verursachen, entzogen. Diese Diät scheint als einzige ersten wissenschaftlichen Untersuchungen standzuhalten. Sie ist allerdings umständlich, aufwendig und kostspielig und kann deshalb nur von Spezialisten durchgeführt werden.

Die Behandlung des hyperkinetischen Syndroms gehört in die Hand von Fachleuten, den Kinderpsychiatern und Kinderärzten. Die einseitige Diät ist in einer Gruppe nicht durchführbar und nicht zu verantworten.

Alternative Kostformen

In unserer bedrohten Umwelt sind viele Menschen zu einer bewußteren Lebensführung übergegangen, und immer mehr Familien ernähren sich mit alternativen Kostformen. Über diese müssen auch die Erzieher in Kindertagesstätten informiert sein.

Vegetarische Ernährung ist sicherlich sinnvoller und günstiger als Fast-Food-Kost mit vielen Süßigkeiten, fettriefenden Pommes frites und Ketchup. Andererseits kann eine streng einseitige Diät, hier streng vegetarisch ohne Fleisch, Eier und Milchprodukte, **zu schweren Gedeihstörungen** beim Säugling und Kleinstkind **durch Eiweiß-, Calcium- und Vitaminmangel** führen. Man unterscheidet **Ovo-Lacto-Vegetarier**, die nur auf Fleisch verzichten, von **Lacto-Vegetariern**, die Fleisch und Eier ablehnen und von den sogenannten **Veganern**, die weder Fleisch, Eier, noch Milchprodukte essen. Vorteile, die sich aus dieser Kost für Erwachsene

<small>Vegetarische Ernährung ist im Säuglingsalter gesundheitsgefährdend</small>

3. Abschnitt

ergeben, sind für Kinder nicht in gleicher Weise erkennbar, im Säuglings- und Kleinkindesalter sogar gesundheitsgefährdend. Je strenger und einseitiger diese Kostformen eingehalten werden, um so größer sind die Risiken einer unzureichenden Versorgung mit Eiweiß, Calcium, Eisen und den Vitaminen B_{12}, Riboflavin und D. Vitamin B_{12} findet sich ausschließlich in tierischen Nahrungsmitteln. Säuglinge von vegetarisch-essenden Müttern erhalten bereits mit der Muttermilch zu wenig Vitamin B_{12}. Es gilt als wissenschaftlich erwiesen, daß die vegetarische Ernährung Erwachsener nicht ausreicht, um auch für Kinder ein gesundes geistiges und körperliches Wachstum zu garantieren.

Der hohe Eisenbedarf des Säuglings- und Kleinkindes

Säuglinge und Kleinkinder benötigen große Mengen an Eisen und Eiweiß gemessen am Bedarf des Erwachsenen. **Eisenmangelerscheinungen** äußern sich in Blässe, Müdigkeit und Blutarmut. Der große Bedarf an Eisen kann nur durch die **Zufütterung von püriertem Fleisch ab dem 5. Lebensmonat** gedeckt werden. Vollkornprodukte liefern auch Eisen, das aber sehr viel schlechter als aus Fleisch vom Körper aufgenommen wird; deshalb müßten dann Vollkornprodukte in großen Mengen, die der Säugling noch nicht verdauen kann, gegeben werden. Bietet man viele Rohfasern an, so verschlechtert sich die Eisenresorption (Aufnahme von Eisen ins Blut).

Milch ist unverzichtbar

In unseren Breiten ist die tägliche Gabe von **Vitamin-D für einen gesunden Knochenaufbau** wichtig. Vitamin-D liefert auch das Milchfett, deshalb ist 3,5%ige Vollmilch und Butter in der Kost wichtig. **Calcium** für den Knochenaufbau ist in Milchprodukten reichlich vorhanden, fehlt aber in der Sojamilch (Anhang, Tabelle 10).

Tierisches Eiweiß wird besser verwertet

Je ähnlicher ein Eiweiß dem menschlichen Eiweiß ist, um so besser wird es vom Körper aufgenommen, man spricht von der **biologischen Wertigkeit des Eiweiß.** Verständlicherweise wird tierisches Eiweiß, also Fleisch, besser aufgenommen als pflanzliches, zum Beispiel aus Getreide oder der Kartoffel. Rein pflanzliche Kost würde also zu voluminös, das heißt Kinder müßten zu große Mengen essen für ihren relativ großen Bedarf an Eiweiß. Auch die **Zusammsetzung des Eiweiß** pflanzlicher Herkunft ist nicht so günstig, es fehlen zum Teil lebenswichtige Bestandteile (essentielle Aminosäuren). Deshalb muß der Sojamilch, die relativ eiweißreich ist, künstlich die fehlende Aminosäure Methionin und das fehlende Calcium zugesetzt werden bei der Säuglingskost. Spezielle Säuglingsmilchnahrungen auf Sojabasis erfüllen diese Bedingung.

Ernährung im Säuglings- und Kleinkindalter

Bekannt sind auch **Vitamin-B$_{12}$**-Mangelerscheinungen wie Blutarmut bei rein pflanzlicher Kost, da dieses Vitamin in keiner Pflanze vorkommt, sondern nur in der Leber und anderen tierischen Geweben.

Bei der **Vollwerternährung** sollen möglichst unverarbeitete Vollkornprodukte und Gemüse- und Obstsorten roh gegessen werden; Fleisch, Fisch und Eier sind begrenzt erlaubt. Das entspricht den Empfehlungen der Ernährungswissenschaftler für den Erwachsenen. Ungünstig ist allerdings die Gabe von Rohmilch bzw. Vorzugsmilch für den Säugling wegen des schwankenden Fettgehaltes und die frühzeitige Gabe von gequollenen Getreidekörnerbreien, die die Gefahr einer Zöliakie erhöhen. Sie führen zu massigen Stühlen beim Säugling. Getreidekörner, die lange gequollen sind, können bakteriell infiziert sein. Zum Quellen aufgestellte Getreidekörner sollten **stets** im Kühlschrank aufbewahrt und anschließend kurz in kochendem Wasser blanchiert werden.

<small>Vollwert-ernährung</small>

<small>Bedenken gegen Rohmilch, gequollenes Getreide und Honig beim Säugling</small>

Aus ähnlichen Gründen rät man auch von **Honig** in den ersten Lebensmonaten ab. Grundsätzlich ist aber eine vollwertige, ballaststoffreiche Ernährung, die viel frisches Gemüse, Obst und Vollkornprodukte enthält, dringend zu unterstützen und entspricht den Bedürfnissen und den Geschmackswünschen des Kindes jenseits des ersten Lebensjahres; hingegen sollte von übermäßigen und fettreichen Fleischmahlzeiten Abstand genommen werden. **Einseitige Kost** − auch die einseitig fleischfreie Kost − **ist** jedoch **immer bedenklich.**

<small>Einseitigkeit meiden</small>

Auf weitere unkonventionelle Kostformen sowie Diäten bei besonderen Stoffwechselerkrankungen soll im Rahmen dieser Arbeit nicht näher eingegangen werden, weil sie nicht häufig sind. Rücksprache mit dem Kinderarzt und den Eltern wird hierbei notwendig sein, um Mißverständnisse, Unsicherheiten oder auch ideologische Verblendungen zu lösen, damit jedes Kind richtig und gesund ernährt wird.

Der Versuch, Eltern von alternativen Kostformen abzubringen, mißlingt meistens. Wohl aber soll man die möglichen Mangelschäden für das Kind sorgsam aufzeigen und die Eltern hier von einem notwendigen Kompromiß im Interesse des Kindes überzeugen.

3. Abschnitt

Anschrift der Verfasserin:

Dr. med. Brigitte Overzier-Vent*
Ärztin für Kinderheilkunde und öffentliches Gesundheitswesen – Sozialmedizin
Gesundheitsamt der Stadt Düsseldorf
Kölner Str. 180
4000 Düsseldorf 1

*Herrn Professor Dr. E. Schmidt danke ich für die Durchsicht und freundliche Unterstützung.

Literatur zur Vertiefung

1. *Brügmann, J./Manz, F./Schöch, G.*, Praktische Hinweise zum Stillen, in: Sozialpädiatrie, H.7, 1985, S. 408
2. *v. Cramm, D.*, Was Babys schmeckt und gut bekommt, München 1988
3. *Deutsche Gesellschaft für Ernährung,* Von Anfang an, Broschüre, Bezug: Feldbergstr. 28, 6000 Frankfurt 1 (kostenlos)
4. *Deutscher Diabetikerbund,* Diabetes-Journal, Bezug: Lilienthalstr. 21, 4650 Gelsenkirchen
5. *Forschungsinstitut für Kinderernährung,* Leitsätze zur Säuglingsernährung, Bezug: Heinstück 11, 4600 Dortmund 50 (kostenlos)
6. *Forschungsinstitut für Kinderernährung,* Praktische Hinweise zum Stillen, Bezug: Heinstück 11, 4600 Dortmund 50 (kostenlos)
7. *Holtmeier, H.-J.*, Gesunde Ernährung von Kindern und Jugendlichen, 2. Auflage, Stuttgart 1988
8. *Hürter, P./Jastram, H.-U./Regling, B./Toeller, M./Weber, B./Burger, W./Haller, R./Lange, K.*, Diabetes-Schulungsprogramm für Kinder, Deutscher Ärzteverlag GmbH, Köln 1989
9. *Katalyse e. V.*, Kinderernährung, Köln 1987
10. *Kersting, M./Schöch, G.*, Leitsätze zur Ernährung von Klein- und Schulkindern, in: Sozialpädiatrie, H. 10, 1986, S. 696
11. *Landesjugendamt Hessen* – Im Auftrag des Hessischen Ministers für Arbeit, Umwelt und Soziales, Hessische Elternbriefe, 1985 (kostenlos)
12. *Lothrop, H.*, Das Stillbuch, München 1988

Ernährung im Säuglings- und Kleinkindalter

13. *Luders, D.,* Lehrbuch für Kinderkrankenschwestern, Band I und II, Stuttgart 1983

14. *Mühleib, F.,* Wege bewußter Ernährung – Alternative Kostformen im Überblick, AID-Verbraucherdienst, Postfach 20 07 08, 5300 Bonn 2 (1983)

15. *Niessen, K. H.,* Ernährung des Säuglings in gesunden und kranken Tagen, Stuttgart 1983

16. *Schöch, G./Kersting, M.,* Beiheft für Eltern und Erzieher zur Kinderfibel „Die kleine Lok, die alles weiß", Broschüre der Bundeszentrale für gesundheitliche Aufklärung, Ostmerheimer Str. 200, 5000 Köln 91 (Köln 1984)

17. *Simon, C.,* Kindermedizin – Knaurs Elternratgeber, München 1987

18. *Travis, L. B./Hürter, P.,* Einführungskurs für Kinder und Jugendliche mit Diabetes mellitus, Bund diabetischer Kinder e. V., Hahnbrunnerstr. 46, 6750 Kaiserslautern

Zur Erarbeitung dieses Kapitels wurden die Quellen Nr. 2, 3, 5, 6, 7, 8, 9, 14, 16, 25, 27, 30, 31, 33, 35, 36, 37, 38, 39, 40, 41, 42, 43, 44, 53, 54, 55, 58, 59, 68, 72, 73, 74, 76, 77, 79, 80, 85, 86, 88, 89, 96, 97, 98, 108, 109, 110, 113, 114, 115, 116, 117, 119, 120, 123, 124, 125, 126, 127, 130, 132, 134, 135, 136 und 141 des Gesamt-Quellenverzeichnisses (siehe am Ende des Buches) benutzt.

3. Abschnitt

Anhang

Tabelle 1: Das Aufnahmegespräch zwischen Eltern und Erziehern
Tabelle 2: Adaptierte/teiladaptierte Säuglingsnahrungen
Tabelle 3: Übersicht über verschiedene Säuglingspräparate
Tabelle 4: Richtlinien für diätetische Lebensmittel für Säuglinge
Tabelle 5: Beginn und Zusammensetzung der Beikost im ersten Lebensjahr
Tabelle 6: Trinkmenge und Anzahl der Mahlzeiten
Tabelle 7: Das Gedeihen eines gesunden Säuglings
Tabelle 8: Erhitzungsverfahren der Milch
Tabelle 9: Die Ernährung im ersten Lebensjahr im Überblick
Tabelle 10: Nährwerttabelle für Milchprodukte
Tabelle 11: Nahrungsmittelempfehlungen bei Zöliakie
Tabelle 12: Wichtiger Hinweis für Pädagogen vom Bund diabetischer Kinder und Jugendlicher e.V.

Ernährung im Säuglings- und Kleinkindalter

Tabelle 1

Wichtige Fragen zur Ernährung beim Aufnahmegespräch zwischen Eltern und Erziehern

* Stillen Sie Ihr Kind oder haben Sie Ihr Kind gestillt?
* Wenn ja: Füttern Sie eine andere Nahrung dazu?
  Möchten Sie weiterstillen, zu Hause oder auch in der Gruppe?
* Welches Milchpräparat bekommt das Kind, wieviele Mahlzeiten und zu welcher Uhrzeit?
* Werden das Milchpräparat und die Flaschen von zu Hause mitgegeben?
* Was soll das Kind künftig in der Einrichtung und zu Hause zu essen bekommen?
* Kann das Kind schon vom Löffel essen, abbeißen?
* Seit wann bekommt es Beikost, feste Nahrung?
* Was ißt es schon bei Tisch mit?
* Welche Speisen lehnt das Kind ab?
* Sind Nahrungsmittelunverträglichkeiten bekannt?
* Was trinkt das Kind?

Zum Thema Frühstück:

* Was frühstücken Sie mit dem Kind zu Hause?
* Was möchten Sie dem Kind zum 2. Frühstück mitgeben (sofern das Frühstück nicht in der Einrichtung gemeinsam gestaltet wird)?
* Sind Sie damit einverstanden, daß Sie Ihrem Kind keine Süßigkeiten und keine süßen Getränke zum Frühstück einpacken?

3. Abschnitt

Tabelle 2

Zusammensetzung von adaptierter und teiladaptierter Säuglingsmilchnahrung (Ernährungskommission der Deutschen Gesellschaft für Kinderheilkunde, 1974) im Vergleich zu reifer Frauenmilch (Muttermilch)

	Reife Frauenmilch (i. D.)	Adaptierte Milchpräparate	Teiladaptierte Milchpräparate
Eiweiß	1,2 g	1,4–1,8 g	bis 2,0 g
Fett	4,1 g	3,3–4,2 g	3.0–3,8 g
Kohlenhydrate	6,9 g	6,3–7,9 g Milchzucker als einziges verwertbares Kohlenhydrat	6,3–7,9 g verschiedene Kohlenhydrate
Brennwert	70,5 kcal	67–75 kcal	67–75 kcal
Mineralstoffe	0,20 g	bis 0,39 g	bis 0,45 g

Tabelle 3

Übersicht über die wichtigsten Säuglingspräparate

(Grüne Liste 1989, kein Anspruch auf Vollständigkeit)

adaptierte Milch	teiladaptierte Milch	Folgemilch
Pre-Humana	Aletemil	Aletemil plus
Aponti Pre	Aponti 1	Aponti 2
Hippon A	Aptamil	Beba 2
Lactana A	Beba 1	Hippon 2
(Pulver/flüssig)	Hippon 1	Humana Folgemilch
Multival 1	Humana 2	Nektamil
Multival 2	(Dauernahrung)	
Pre-Aletemil	Humana baby-fit	
Pre-Aptamil	Humana baby-fit	
Pre Beba	neonata	
Pre Humana 1	Lactana B	
(Anfangsnahrung)	(Pulver/flüssig)	
Pre- Milumil	Milumil	
	sog. hypoallergene Nahrungen: Aletemil H. A. Beba H. A.	

Tabelle 4

Gesetzliche Anforderungen an diätetische Lebensmittel für Säuglinge oder Kleinkinder (Auszug aus dem Bundesgesetzblatt vom 1. 9. 1988, Nr. 45, § 14)

§ 14

(1) Diätetische Lebensmittel für Säuglinge oder Kleinkinder müssen folgenden Anforderungen entsprechen:

1. sie dürfen, soweit andere lebensmittelrechtliche Vorschriften keine strengere Regelung treffen, an Pflanzenschutz-, Schädlingsbekämpfungs- und Vorratsschutzmitteln jeweils nicht mehr als 0,01 Milligramm pro Kilogramm enthalten;
2. ihr Gehalt an Nitrat darf 250 Milligramm pro Kilogramm, bezogen auf das verzehrfertige Erzeugnis, nicht überschreiten;
3. bei Verwendung von Milch, Milcherzeugnissen oder Milchbestandteilen dürfen Bakterienhemmstoffe mit biologischen Untersuchungsverfahren nicht nachweisbar sein.

(2) Diätetische Lebensmittel für Säuglinge oder Kleinkinder müssen ferner folgenden Anforderungen entsprechen:

1. in ihnen enthaltene Getreideanteile oder Getreideerzeugnisse müssen frei von Rückständen an Schleif- und Poliermitteln und frei von groben Spelzensplittern sein;
2. ihr Gehalt an in Salzsäure unlöslichen mineralischen Bestandteilen darf 0,1 Hundertteile nicht überschreiten;
3. in Backwaren darf nach dem Backprozeß der Gehalt an wasserlöslichen Kohlenhydraten, die durch den Stärkeabbau im Back- und Röstprozeß sowie durch enzymatischen Abbau entstanden sind, nicht weniger als 12 Hundertteile betragen;
4. sind sie unter Verwendung von Milch, Milcherzeugnissen oder Milchbestandteilen hergestellt, so dürfen

    a) in 1,0 Milliliter eines genußfertig in den Verkehr gebrachten Lebensmittels nicht mehr als 10 000 Keime, in 1,0 Gramm eines trocken oder eingedickt in den Verkehr gebrachten Lebensmittels nicht mehr als 50 000 Keime nachweisbar sein, wobei in sauren Milcherzeugnissen die diesen wesenseigentümlichen Bakterienarten nicht zu berücksichtigen sind,

    b) in 0,1 Milliliter des genußfertig oder in 0,01 Gramm des trocken oder eingedickt in den Verkehr gebrachten Lebensmittels Coli- und coliforme Bakterien nicht nachweisbar sein,

    c) in 1,0 Milliliter des genußfertig oder in 0,1 Gramm des trocken oder eingedickt in den Verkehr gebrachten Lebensmittels nicht mehr als 150 aerobe sporenbildende oder andere eiweißlösende Bakterien (Kaseolyten) züchtbar sein.

Tabelle 5

Beginn und Zusammensetzung der Beikost (1.–3. Breimahlzeit) im ersten Lebensjahr

	1.–4. Monat	5. Monat	6. Monat	7.–9. Monat	10.–12. Monat	ab 1 Jahr
1. Frühstück	**Nur Muttermilch** oder Säuglingsnahrung **keine Breie keine Säfte**	Muttermilch oder Säuglingsmilchnahrung	Muttermilch oder Säuglingsmilchnahrung	Muttermilch oder Säuglingsmilchnahrung oder Vollmilchflasche	Vollmilch Tasse üben Kauen üben	Vollmilch an die Tasse gewöhnen an feste Kost und regelmäßiges Kauen gewöhnen
2. Frühstück						
Mittagessen		**1. Brei** Fleisch-Gemüse-Kartoffel-Fett-Brei	Fleisch-Gemüse-Kartoffel-Fett-Brei	Fleisch-Gemüse-Kartoffel-Fett-Brei	Fleisch-Gemüse-Kartoffel-Fett-Brei	**Wichtig:** wenig Salz
Vesper	Ausnahme: ab 6. Woche Obstsaft bei selbstgekochter Nahrung	Muttermilch oder Säuglingsmilchnahrung	Muttermilch oder Säuglingsmilchnahrung	**3. Brei** Vollkorn-Obst-Brei mit Butter **milchfrei**	Vollkorn-Obst-Brei mit Butter **milchfrei**	**Täglich:** Vollmilch rohes Obst Gemüse Vollkorn pflanzl. Fette
Abendbrot	Tee nur bei Durst Fieber großer Hitze		**2. Brei** Vollmilch-Brei mit Obstsaft	Vollmilch-Brei mit Obstsaft	Vollmilch-Brei mit Obstsaft (Belegtes Brot)	

Die Breimahlzeit jeweils statt einer Brust- (oder Flaschen-)mahlzeit füttern mit dem Löffel.

Tabelle 6

Tägliche Milchmenge (ml/Tag) und Anzahl der Mahlzeiten (nach Forschungsinstitut für Kinderernährung, Dortmund)

Alter	Mahlzeiten	Milchmenge (ml/Tag)
2. Woche	5–6	450–600
3. Woche	5	500–650
4. Woche	5	550–700
5. Woche	5	600–750
6.–8. Woche	5	700–850
3. Monat	5	750–900
4. Monat	4–5	800–900

Tabelle 7

Das Gedeihen eines gesunden und gut genährten Säuglings:

* er ist vergnüglich
* er schläft gut
* er hat eine rosige Haut und einen wachen Blick
* er hat ein straffes Fettpolster und eine straffe Muskulatur
* er hat eine stetige Gewichtszunahme
* er hat einen zunehmenden Bewegungsdrang.

Tabelle 8

Erhitzungsverfahren der Milch

1. Temperaturen/Zeit/Haltbarkeitsdauer

Erhitzungsverfahren	Temperatur/Zeit	Haltbarkeit
– Pasteurisieren (Kurzzeiterhitzen)	71– 74 °C/40 Sek.	einige Tage
– Ultrahocherhitzen (H-Milch)	135–150 °C/2–3 Sek.	6 Wochen
– Sterilisieren	110–120 °C/10–30 Min.	½ Jahr

2. Eiweiß- und Vitaminverluste in %

Erhitzungsverfahren	**Eiweiß** (Lysin)	**Vit. B 1** Thiamin	**Vit. B 6** Pyridoxin	**Vit. C** Ascorbinsäure
– Pasteurisieren	1–2	1–10	0–5	5–15
– Ultrahocherhitzen	3–4	5–15	10	10–20
– Sterilisieren	6–10	30–40	10–20	30–50

n i c h t für die Kinder-Ernährung geeignet!!!

Die Nährstoffverluste **beim Aufkochen der Milch im Haushalt** sind etwa so hoch wie beim Ultrahocherhitzen.

3. Abschnitt

Tabelle 9
Die Ernährung im ersten Lebensjahr im Überblick

1.–4. Monat:
Muttermilch oder adaptierte/teiladaptierte Milch

5. Monat:
4 × Muttermilch oder adaptierte/teiladaptierte Milch
1 Karotten-Kartoffel-Fleisch-Fett-Mahlzeit mit Obstmus-Nachtisch

6. Monat:
2 × Muttermilch oder adaptierte/teiladaptierte Milch
1 Gemüse-Kartoffel-Fleisch-Fett-Mahlzeit mit Obstmus-Nachtisch
1 Vollmilch-Getreide-Brei mit Obst(saft)

7.–9. Monat:
1 Vollmilchflasche oder Muttermilch oder teiladaptierte Milch
1 Gemüse-Kartoffel-Fleisch-Fett-Mahlzeit mit Obstnachtisch
1 Obst-Getreide-Brei ohne Milch
1 Vollmilch-Getreide-Brei mit Obst(saft)

10.–12. Monat:
1. Frühstück mit Vollmilch, Brot mit Butter oder Vollmilchflasche
2. Frühstück mit Brot und Butter, Obst und Getränk
1 Gemüse-Kartoffel-Fleisch-Fett-Mahlzeit mit Obstnachtisch
1 Zwischenmahlzeit
Abendbrot mit Milchprodukten und Obst/Gemüse

Die einzelnen Mahlzeiten ergänzen sich als BAUSTEINE, ein GESAMTPLAN ist unerläßlich, die Mahlzeiten sind in der Reihenfolge austauschbar. Deshalb ist eine Absprache mit den Eltern dringend erwünscht.

Ernährung- im Säuglings- und Kleinkindalter

Tabelle 10
Nährwerttabelle für verschiedene Milchprodukte

	Eiweiß g	Fett g	Kohlenhydrate g	Calcium mg	Energie kJ/kcal
200 ml Vollmilch	7	7	10	240	550/132
200 ml Kakaotrunk	7	1	20	ca. 120	490/118
1 Becher Joghurt (3,5%, 175 g)	10	8	10	300	610/148
1 Becher Joghurt mit Früchten, fettarm (150 g)	5,25	1,5	22,5	180	518/125
50 g Quark, 20%	6,5	2,5	3	38	240/ 58
30 g Schmelzkäse halbfett	7,5	2,7	0,3	180	144/ 35
1 Scheibe Edamer (fett, 30 g)	7,2	6,6	0,9	213	396/ 95
GranoVita Soja Drink (200 ml, ungesüßt)	7,2	5,6	3,4	34	382/ 92

Man beachte den hohen Calcium-Gehalt von Joghurt und Vollmilch, den großen Kohlenhydrat-(Zucker-)Anteil bei Fruchtjoghurt, den geringen Calciumgehalt von Sojamilch.

Tabelle 11

Glutenhaltige, bei der Zöliakie verbotene Nahrungsmittel

1. **Weizen** und daraus hergestellte Erzeugnisse
   wie handelsübliches Brot und Gebäck, Zwieback
   Nährmittel
   wie Grieß, Graupen, Teigwaren, Paniermehl, Weizenflocken, Grütze
   Fertigprodukte mit Weizen
   wie Suppen- und Soßenpulver, Kartoffelfertiggerichte, Kuchenbackmischungen
2. **Roggen**
   wie Brot und Gebäck, Roggenschrot für Müsli
3. **Hafer**
   wie Brot, Flocken, Hafergrütze
4. **Gerste, Dinkel, Grünkern**
5. **Glutenhaltige Speisen wie**
   Salatsoßen, Müsli, Fertigdessert, Eiskrempulver, Eiswaffeln, Fleischextrakt, Süßigkeiten mit Waffeln. Mayonnaisen und Joghurt mit Bindemittel, Pizza, Fischstäbchen, Rahmspinat, Blut- und Leberwurst

Alle Fertigprodukte und industriell hergestellten Lebensmittel, deren Glutenfreiheit nicht gesichert ist, sind ungeeignet.

Klar ist die Aufschrift: GLUTENFREI (Säuglingsnahrung)

Geeignete, bei Zöliakie erlaubte Nahrungsmittel

1. **Getreide**
   Reis, Mais, Hirse, Soja, Buchweizen
2. **Getreideprodukte**
   aus den obengenannten Sorten und Stärke aller Getreidesorten
3. **Diätetische Produkte** wie
   glutenfreie Fertigmehle, Brot und Kuchenmischungen
   glutenfreie Brote und Backwaren
   glutenfreie Teigwaren
   glutenfreie Säuglingskost

Alle **Säuglingsmilchen** auf dem deutschen Markt sind glutenfrei.

Ernährung im Säuglings- und Kleinkindalter

Tabelle 12 **Datum!**

Wichtiger Hinweis für Pädagogen

Bund diabetischer Kinder und Jugendlicher e. V.

Das Kind ....

geb. am ....

wohnhaft in ....

ist seit dem .... an Diabetes erkrankt.

1. Diabetische Kinder sind den Schwerbehinderten gleichgestellt. In der Regel werden sie auf Antrag (Versorgungsamt) mit 50 bis 60 v. H. (Grad der Behinderung) eingestuft. Sie sind dennoch „bedingt gesund".

2. Es handelt sich bei Ihnen zuerst um einen relativen und später um einen absoluten Insulinmangeldiabetes. Aus diesem Grunde ist in der Regel 2 × täglich eine Insulininjektion erforderlich.

3. Insulin senkt den Blutzucker. Damit keine Unterzuckerung (Hypoglykämie) eintritt, muß das diabetische Kind 6–7 kleinere Mahlzeiten pünktlich in Form von Kohlenhydraten, Eiweiß, Fetten, Vitaminen usw. zu sich nehmen. Kohlenhydrate lassen den Blutzucker ansteigen, so daß das Insulin einen sogenannten „Gegenspieler" hat.

4. Das diabetische Kind ist vom Arzt so eingestellt worden, daß Insulin und Kohlenhydrate sich die Waage halten, wenn beides pünktlich und in der vom Arzt angegebenen Menge gegeben wird.

5. Läßt das diabetische Kind eine Mahlzeit aus, dann tritt eine **Unterzuckerung** ein, die sich wie folgt bemerkbar macht:

   Kopfschmerzen, Merkschwäche, Sprachstörungen, Benommenheit, Schläfrigkeit, Verwirrtheit, Sehstörungen, Wesensänderung, Bewußtlosigkeit u. a. m.

6. Wenn die vom Arzt verordneten Insulineinheiten nicht verabreicht werden, dann tritt eine Überzuckerung ein, die zum diabetischen Koma führen kann. Unterzuckerung (Hypoglykämie) und Überzuckerung (Hyperglykämie) führen in beiden Fällen zu schwerwiegenden Folgen, wenn keine rechtzeitige Hilfe durch den Arzt erfolgt.

7. Bitte, helfen Sie mit, daß das Kind während der Schulzeit seine Mahlzeiten pünktlich einnimmt.

   Das vorgenannte Kind muß

   um .... Uhr .... Broteinheiten verzehren,

   um .... Uhr .... Broteinheiten verzehren,

   um .... Uhr .... Broteinheiten verzehren,

   um .... Uhr .... Broteinheiten verzehren.

3. Abschnitt

8. Sollte sich dennoch einmal eine Unterzuckerung einstellen (Symptome siehe unter Ziffer 5.), dann ist es erforderlich, daß das diabetische Kind sofort 2 bis 3 Stück Würfel- oder Traubenzucker zu sich nimmt. Diesen trägt es immer bei sich. Eine Reserve von 2 bis 4 weiteren Stücken Würfel- oder Traubenzucker sollte sich beim Klassenlehrer befinden. Auf keinen Fall darf das diabetische Kind in diesem Zustand nach Hause geschickt werden. Dies kann erst erfolgen, wenn die eingenommenen 2 bis 3 Stück Würfel- oder Traubenzucker im positiven Sinn gewirkt haben. Schicken Sie auch dann das Kind niemals alleine nach Hause.

9. Sollte das diabetische Kind aufgrund einer eingetretenen Unterzuckerung schon bewußtlos geworden sein, dann lassen Sie es bitte entweder zum Hausarzt

    Anschrift ....
    ....
    bringen oder in das zuständige Krankenhaus

    Anschrift ....
    ....
    überführen.

10. Bei leichten Unterzuckerungserscheinungen läßt die Konzentrationsfähigkeit des Kindes schon nach. Angesetzte Klassenarbeiten lassen einen deutlichen Leistungsabfall erkennen. In solchen Fällen empfiehlt es sich, das Kind gut zu beobachten, um eine Benachteiligung zu vermeiden. Diabetische Kinder sind von der Begabung her den stoffwechselgesunden Kindern gleichzusetzen. Sie möchten in der Schule keine Sonderstellung einnehmen, sondern genauso gefordert werden wie alle anderen Kinder.

11. Allgemein besteht die Auffassung, daß diabetische Kinder sich in der Schule genauso sportlich betätigen sollen wie stoffwechselgesunde Kinder. Vorübergehende körperliche Anstrengungen bewirken jedoch einen Blutzuckerabfall. Aus diesem Grunde ist es erforderlich, daß das diabetische Kind 1–2 Broteinheiten zusätzlich vor Beginn der sportlichen Leistungen zu sich nimmt.

12. Wenn ein Klassenausflug oder eine Wanderung ansteht, dann ist dabei zu berücksichtigen, daß das Kind die erforderlichen Mahlzeiten einnimmt. Bei einer Wanderung empfiehlt es sich, ein zusätzliches Brot vorzusehen.

    Eltern und Arzt bitten den Pädagogen herzlich, dem diabetischen Kind die erforderlichen Hilfestellungen zu geben. Das Kind wird sich dem Lehrer gegenüber immer sehr dankbar erweisen.

Bund diabetischer Kinder und Jungendlicher e. V.
Hahnbrunner Str. 46, 6750 Kaiserslautern
Telefon (06 31) 7 64 88

Dieses Merkblatt für Pädagogen kann beim BdKJ angefordert werden. Bitte eine 0,50 DM Briefmarke beifügen.

3.2 Die Ernährung des Kleinkindes vom 1.–6. Lebensjahr
von Ursula Stenzel

3.2.1 Essen – ein Lernprozeß

Essen – auch gesundes Essen – muß Spaß machen und schmecken, sonst wird es nie zur Gewohnheit des Kindes, für Eltern und Erzieher eine nicht immer leichte Aufgabe. Neben Geduld und Einfühlungsvermögen sind Wissen und viele Ideen notwendig.

Im folgenden Beitrag werden zahlreiche Informationen und praktische Anregungen vermittelt, die helfen können, dieses Ziel beim Kind frühzeitig zu erreichen.

Innerhalb des ersten Lebensjahres entwickelt sich das Kind **von einem saugenden Säugling zu einem kauenden Kleinkind.** Die Mahlzeiten werden fester in der Konsistenz und herzhafter im Geschmack. Herzhaft ist jedoch nicht gleichzusetzen mit kochsalzreich; denn Kochsalz zum Würzen ist im Kleinkindalter grundsätzlich nur sparsam zu verwenden. Mit zunehmendem Kauvermögen braucht das Kind regelmäßig feste, zum Kauen zwingende Nahrungsmittel, damit eine überwiegend weiche Kost nicht zur Gewohnheit wird. Sie fördert eine schlechte Gebißentwicklung sowie das Entstehen von Übergewicht. Diese ungünstige Entwicklung kann verhindert werden, und manchem Kind bleiben dadurch viel Kummer und Folgekrankheiten erspart.

Übergang zu einer festen, zum Kauen zwingenden Kost

Der Erzieher als enge Bezugsperson des Kindes hat gute Möglichkeiten, eine gesunde Ernährung so zusammenzustellen und anzurichten, daß sie dem Kind schmeckt und dadurch auch gern und regelmäßig gegessen wird. Die Struktur der altersgemischten Gruppe bietet für die ernährungserzieherischen Aufgaben besonders günstige Voraussetzungen. Zu nennen sind hier das Alter der Kinder, die familienähnliche Gruppensituation, die Regelmäßigkeit der Mahlzeiten sowie der tägliche enge Kontakt mit den Eltern.

– Das Alter der Kinder:

Besonders in den ersten Lebensjahren wird das spätere Eßverhalten entscheidend geprägt. Die in der Kindheit angenommenen Eßgewohnheiten gehören zu den beständigsten Verhaltensweisen des Menschen überhaupt. Das Essen in der Gemeinschaft der Einrichtung ist dabei ebenso verhaltensprägend wie das Essen zu Hause.

Eßgewohnheiten werden im Kleinkindalter geprägt

3. Abschnitt

— Die familienähnliche Gruppensituation:

In Gesellschaft schmeckt es stets besser. Dies gilt für den Erwachsenen und das Kind gleichermaßen. Bei Kindern unterschiedlichen Alters lernen die Kleinen von den Größeren und umgekehrt, das betrifft die Speisenauswahl ebenso wie das Sozialverhalten. So ist immer wieder zu beobachten, daß Unbekanntes in der Gruppe viel leichter probiert wird als zu Hause, besonders dann, wenn die Kinder bei der Vor- und Zubereitung mithelfen dürfen.

<small>In der Gruppe wird Unbekanntes leichter probiert</small>

— Die Regelmäßigkeit der Mahlzeiten:

Der feste Mahlzeitenrhythmus, in den die jüngsten Kinder allmählich hineinwachsen, hilft, ebenso wie der einheitliche Speiseplan, gewünschte Gewohnheiten leichter zu erreichen, z. B. jeden Morgen zu frühstücken, mittags Gemüse zu essen und bei Durst auch Ungesüßtes (Tee, Mineralwasser) zu trinken. Dabei bieten sich immer wieder Möglichkeiten, Kinderwünsche zu berücksichtigen und etwas Neues gemeinsam auszuprobieren.

— Der enge Kontakt mit den Eltern:

Je jünger das Kind, um so häufiger treten Ernährungsfragen auf. Das kurze tägliche Gespräch in der Einrichtung, der ständige Austausch zwischen Erziehern und Mutter (Vater) beim Bringen und Abholen des Kindes sind wichtig. Der Appetit des Kindes ist nicht immer gleich. Es entwickelt zeitweise Vorlieben und Abneigungen, die besprochen und – soweit wie möglich – berücksichtigt werden sollten. Natürlich kann nicht jeder Wunsch des Kindes in der Gruppe erfüllt werden, z. B. nach Süßigkeiten. Auch das müssen die Eltern wissen und akzeptieren.

<small>Der Appetit des Kindes wechselt</small>

Ein wünschenswertes Eßverhalten des Kindes kann **nur stufenweise** und nur gemeinsam erreicht werden. Eltern, Erzieher und Kinder sind gleichermaßen davon betroffen.

Wichtige Stufen zur Verhaltensbildung sind:

<small>Stufen zur Verhaltensbildung</small>

— Interesse wecken
— zum Handeln anregen
— den Alltagssituationen anpassen
— Gewöhnung fördern
— Wissen vermitteln.

Jede Stufe ist ein wichtiger Lernschritt, der viel Zeit, Geduld und besonders von den Erziehern immer wieder neue Ideen erfordert.

Ernährung im Säuglings- und Kleinkindalter

Stufen zur Verhaltensbildung – ein Beispiel

Ziel: Die Kinder essen ROHES – Gemüse und Obst – gern und regelmäßig – auch schon vormittags –

Handlungsbereich	Stufen zur Verhaltensbildung
Wir säen und ernten: Kinder ernten Möhren und anderes Gemüse im Garten, das sie selbst gesät und gepflanzt haben.	Interesse wecken 
Was wir alles aus rohem Gemüse machen können: zu Rohkost reiben, zu Saft pressen, in Streifen schneiden oder auch eine Möhrentorte backen (vgl. Anhang, Rezeptesammlung).	Zum Handeln anregen 
Wir stellen eine Rohkostplatte zusammen: wir schneiden Möhren und anderes Gemüse in Scheiben oder Stücke und legen sie appetitlich auf eine Unterlage (Brett/Platte/Teller), zur Abwechslung auch einmal als Rohkostfisch, geeignet als Frühstücksergänzung oder kleine Zwischenmahlzeit.	Den Alltagssituationen anpassen 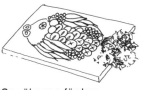
Wir bitten die Eltern, einen bereitgestellten Korb regelmäßig mit Früchten aus dem eigenen Garten – je nach Jahreszeit – zu füllen oder gelegentlich etwas Gemüse und Obst für den täglichen Rohkostteller einzukaufen. Kinder bringen gern etwas von zu Hause mit.	Gewöhnung fördern 
Wir veranstalten einen Diskussionsnachmittag oder -abend für die Eltern mit einer Fachkraft für Ernährung. Themenvorschläge: – Essen muß schmecken – gesundsein soll es auch – Ohne Kauen geht es nicht – Nahrungsmittel, die das Kind **täglich** braucht Mit Kostproben, z. B. Quark-Dips (vgl. Anhang, Rezeptesammlung) statt Chips und anderen salzigen und süßen Kleinigkeiten.	Wissen vermitteln 

3.2.2 Nährstoffbedarf und Nahrungsmittelempfehlungen

Höchste Wachstumsgeschwindigkeit in den ersten Lebensjahren

Bedingt durch das schnelle Wachstum in den ersten Lebensjahren ist der Bedarf des Kleinkindes an Energie (Joule/ Kalorien) und Nährstoffen sehr viel größer als beim Erwachsenen — stets bezogen auf sein Körpergewicht.

Energie- und Nährstoffbedarf verschiedener Altersstufen — Tagesbedarf —

Alter	Energiebedarf pro kg/Körpergewicht kJ/kcal	gesamt kJ/kcal	Eiweiß gesamt g	Calcium gesamt mg	Eisen gesamt mg
Säugling, 10 Mon.	460/110	3500/850	15	500	8
1.–3. Jahr	380/90	4600/1100	22	600	8
4.–6. Jahr	290/70	6300/1500	32	700	8

Der Eisenbedarf des Kleinkindes ist extrem hoch

Zum Vergleich:

Erwachsener: –60 kg, (weibl.)	125/30	7500/1800	50	700	18

Auffallend hoch ist der Eisenbedarf im Säuglings- und Kleinkindalter. **Im ersten Lebensjahr benötigt das Kind schon ebensoviel Eisen wie im sechsten Jahr.**

Eiweiß — Calcium — Eisen — lebenswichtige (= essentielle) Aufbaustoffe

Zu den lebensnotwendigen Aufbaustoffen im Kleinkindalter gehören Eiweiß (= Protein), Calcium und Eisen. Diese Nährstoffe müssen wie verschiedene andere mit der Nahrung aufgenommen werden. Ein gravierender Mangel in den ersten Lebensjahren kann zu schweren körperlichen und geistigen Gesundheitsschäden führen.

Zum Eiweißbedarf des Kindes

Eiweiß ist der wichtigste Baustoff im Wachstumsalter

Eiweiß ist Baustoff für jede Körperzelle und kann nicht durch andere Nährstoffe ersetzt werden. In den ersten Jahren braucht das Kleinkind 2–3 × soviel Eiweiß wie der Erwachsene (bezogen auf das jeweilige Körpergewicht). Der Nährstoff Zucker liefert dem Körper zwar ebensoviel Energie

(1 g = 17 kJ/4 kcal) wie der Nährstoff Eiweiß, jedoch können aus Zucker keine Körperzellen aufgebaut werden. Zucker wird nur in Kraft- und Wärmeenergie umgewandelt oder in Form von Körperfett gespeichert.

Der Nährstoff Eiweiß kommt in tierischen und pflanzlichen Nahrungsmitteln vor. Er besteht, je nach Herkunft, aus zahlreichen unterschiedlichen Bausteinen (= Aminosäuren). Acht dieser Bausteine sind zum Aufbau von Körperzellen (Muskeln/Blut) unentbehrlich (essentielle Aminosäuren). Sie sind **besonders reichlich in tierischen Nahrungsmitteln** enthalten, z. B. in Milch, Eiern, Fleisch, Fisch. Dieses Eiweiß wird daher auch als „biologisch hochwertiges Eiweiß" bezeichnet.

Nur wenige pflanzliche Nahrungsmittel enthalten biologisch hochwertiges Eiweiß in nennenswerter Menge, z. B. Sojabohnen (Tofu), Nüsse, Haferflocken und Kartoffeln. Reine Pflanzenesser (Veganer) sind auf diese Nahrungsmittel als Eiweißträger angewiesen.

Empfehlenswert für Kinder ist eine gemischte Kost, bei der ca. 50% des täglichen Eiweiß-Bedarfs aus tierischen Nahrungsmitteln gedeckt wird. Die folgenden Beispiele zeigen, welche Nahrungsmittelmengen dafür notwendig sind.

Das Kleinkind braucht täglich tierisches Eiweiß

Nahrungsmittelbeispiel für ein Kind, 1–3 Jahre, Eiweißbedarf pro Tag: 22 g Eiweiß gesamt, davon ca. 50% = 11 g tier. Eiweiß enthalten in	
– 250 ml Milch	8,0 g tier. Eiweiß
– 30 g Rindfleisch.........	6,4 g
zus.	14,4 g tier. Eiweiß
Nahrungsmittelbeispiel für ein Kind, 4–6 Jahre, Eiweißbedarf pro Tag: 32 g Eiweiß gesamt, davon ca. 50% = 16 g tier. Eiweiß enthalten in	
125 ml Milch...............	4,0 g tier. Eiweiß
30 g Goudakäse...........	7,7 g
1 Ei.....................	7,0 g
zus.	18,7 g tier. Eiweiß

Fleisch – für Säuglinge und Kleinkinder unentbehrlich

Das Kleinkind braucht einige tierische Nahrungsmittel nicht nur wegen des hohen Gehalts an Eiweiß, sondern auch wegen anderer wichtiger Inhaltsstoffe. So enthält Fleisch besonders viel und gut verwertbares Eisen, auf das in der Kleinkinderernährung nicht verzichtet werden kann. Eisen

Fleisch ist für das Kleinkind unentbehrlich

3. Abschnitt

wird hauptsächlich zur Blutbildung benötigt. **Der extrem hohe Eisenbedarf in den ersten Lebensjahren ist durch eine fleischfreie Pflanzenkost nicht zu decken.** Die vegetarische Kost – für den Erwachsenen durchaus empfehlenswert – wäre für das Kleinkind bei einer ausreichenden Eisenzufuhr viel zu ballaststoffreich und zu schwer verdaulich. Diese voluminöse Kost würde zu schweren Gesundheitsstörungen führen.

Das Kleinkind braucht wenig – aber regelmäßig Fleisch.

Empfehlungen für den täglichen Fleischbedarf des Kindes, 1–6 Jahre:

Faustregel: 20 g Fleisch im 1. Lebensjahr (ab 5. Monat) und 10 g für jedes weitere Lebensjahr dazu, d. h.

30 g Fleisch im 2. Lebensjahr

40 g Fleisch im 3. Lebensjahr

Erst ab dem Schulkindalter ist es möglich, eine vollwertige Kost für das Kind ohne Fleisch problemlos zusammenzustellen.

vgl. S. 121

Die Ausnutzung des Eisens im Körper ist sehr unterschiedlich

Hülsenfrüchte, Vollkornnahrungsmittel, Samen (Sesam), Kerne (Sonnenblumenkerne) und einige Gemüsesorten zeichnen sich durch einen höheren Eisengehalt gegenüber anderen pflanzlichen Nahrungsmitteln aus. Wie schon bei der Säuglingsernährung erwähnt, ist jedoch zu berücksichtigen, daß das Eisen aus pflanzlicher Nahrung schlechter ausgenutzt wird als aus tierischer Nahrung. **Der Ausnutzungsgrad** des Eisens beträgt im Durchschnitt aus pflanzlicher Nahrung 3–8%, aus Fleisch 20%, aus Leber 60% und aus Muttermilch 70%.

Vergleich: Eisengehalt in Nahrungsmitteln

1 mg Eisen ist in 30 g Fleisch (Rindfleisch) enthalten,
oder auch in ..... 200 g Kohlrabi
..... 100 g Weißbrot
..... 300 g Äpfeln
..... 1 l Milch
..... 50 g Vollkornbrot
..... 30 g Haferflocken
..... 15 g Sonnenblumenkernen
..... 15 g Linsen

Durch Zugabe von Vitamin C kann die Ausnutzung des Eisens aus pflanzlichen Nahrungsmitteln verbessert werden, z. B. durch Zugabe von Obst oder Obstsaft zum Müsli (Haferflocken).

Ernährung im Säuglings- und Kleinkindalter

Ohne Milch kein Calcium

Milch und Milchprodukte tragen zwar nur unwesentlich zur Eisenversorgung bei, gehören aber dennoch wie Fleisch zu den tragenden Säulen der Kinderernährung von Anfang an. Biologisch hochwertiges und leicht verdauliches Eiweiß und Calcium sind die wichtigsten Inhaltsstoffe. Calcium wird als Baustoff für Knochen und Zähne benötigt, Eiweiß ist unentbehrlicher Baustoff für jede Körperzelle (s. S. 154 f.).

Schwangere und Kinder haben bedingt durch das Wachstum einen besonders hohen Bedarf.

Milch gehört zur täglichen Kost des Kindes

3. Abschnitt

Empfehlenswerte Milchmenge

Kleinkinder brauchen täglich ¼ l Milch und ein Milchprodukt (Joghurt/Käse) oder ½ l Milch, jeweils 3,5% Fett, pasteurisiert.

Nur Milch und Milchprodukte enthalten viel Calcium

Der Calciumbedarf des Kindes ist ohne Milchprodukte nicht zu decken, da in allen anderen Nahrungsmitteln – wie die umseitige Tabelle deutlich veranschaulicht – nur sehr wenig Calcium enthalten ist. Das Kleinkind (1–3 Jahre) benötigt täglich 400–600 mg Calcium.

Sojamilch und Sojamilch-Drinks sind keine Empfehlungen für gesunde Kinder. Diese Pflanzenmilchzubereitungen bieten keinerlei Vorteile. Als Nahrungsmittel für das Kind im Wachstumsalter ist der sehr niedrige Calciumgehalt negativ zu bewerten.

Sojamilch ist sehr calciumarm

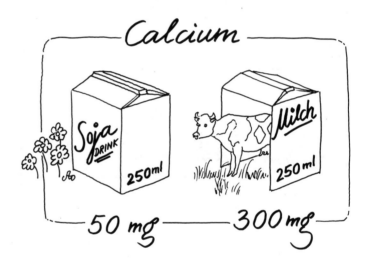

vgl. S. 131

Das Kleinkind müßte drei Liter Soja-Drink pro Tag trinken, um seinen Calciumbedarf zu decken. Eiweiß- und Vitamingehalt sind bei Soja- und Kuhmilch annähernd gleich. Für Kinder mit einer Kuhmilcheiweißunverträglichkeit gibt es im Handel nährstoffangereicherte Sojamilcharten und andere Milchersatzpräparate, hierbei sind Calciumzusätze gekennzeichnet.

Ernährung im Säuglings- und Kleinkindalter

Getränke im Kleinkindalter

Milch nimmt unter den Getränken eine Sonderstellung ein. Milch ist kein Getränk, sondern flüssige, nährstoff- und energiereiche Nahrung. Ein zu hoher Milchgenuß im Kindesalter begünstigt eine Über- und Fehlernährung. **Mehr Milch als einen halben Liter sollte ein gesundes Kind nicht bekommen.** Milch enthält nur für den Säugling in den ersten Monaten alle wichtigen Aufbaustoffe in ausreichender Menge.

Häufig werden von kleinen und kaufaulen Kindern mittags Fleisch, Gemüse und Kartoffeln zurückgelassen und dafür mehr Milch, Kakao oder Milchspeisen bevorzugt. Eltern und Erzieher sind dann oft froh, daß das Kind überhaupt etwas zu sich nimmt. Die Nährstoffe der Milch gleichen jedoch in keiner Weise ein Mittagessen aus. Schlechte Esser und kleine Kaumuffel dürfen ruhig eine Mahlzeit auslassen und konsequent bis zur nächsten warten, ohne Milch und Milchspeisen als Zwischen- oder Ersatzmahlzeit angeboten zu bekommen. Solche süßen flüssigen oder flüssig-breiigen Nahrungsmittel verderben den Appetit auf die nächste herzhafte Mahlzeit, z. B. auf die Brotmahlzeit am Abend.

Milch ist kein Ersatz für Fleisch und Gemüse

Keine süßen Zwischenmahlzeiten als Mittagessenersatz

Empfehlenswert ist es, dem Kind in der Einrichtung keine Milch und keinen Kakao zum Durstlöschen, z. B. beim Mittagessen anzubieten.

Die Getränke – Empfehlung für Kleinkinder

Trinkmenge: durchschnittlicher Tagesbedarf 750–850 ml

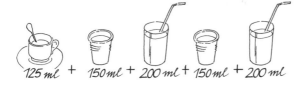

125 ml + 150 ml + 200 ml + 150 ml + 200 ml

zusammengesetzt z. B. so:
- 250–500 ml Milch oder Kakao
- 250 ml Kräutertee, **ungesüßt** ..... nach Belieben mehr
- 150 ml Saft oder Limonade, ggf. ..... nicht mehr
- 200 ml Mineralwasser ..... nach Belieben mehr
  oder Trinkwasser

Die tägliche Getränke-Empfehlung

Ungesüßte Getränke gehören von Anfang an zur Kinderernährung dazu.

3. Abschnitt

Zum Mittagessen ist Wasser (bei Durst) immer empfehlenswert. Es kann Mineralwasser oder auch Trinkwasser gegeben werden, dabei sind die jeweiligen Nitrat- und Natriumwerte zu beachten. Das Wasserwerk nennt die Werte auf Anfrage. Bei Trinkwasser liegt der gesetzlich festgelegte Höchstwert für Nitrat bei 50 mg pro Liter.

Der Natriumgehalt in Mineralwässern ist stets auf dem Etikett abzulesen. Er sollte für das Kleinkind möglichst niedrig sein und 100 mg Na/l nicht übersteigen. Einige handelsübliche Sorten enthalten 400−600 mg/Natrium pro Liter.

Wenig gesüßte Getränke heißt auch wenig Saft

Die Begrenzung für gesüßte Getränke gilt auch für Saft, für den teuersten, naturreinen Fruchtsaft ebenso wie für Fruchtsaftgetränke und Limonade. Der Zucker im Saft ist nicht gesünder als jeder andere Zucker, und die Zuckermenge ist ebenso hoch wie in anderen gesüßten Getränken, z. B.

Hoher Zuckergehalt auch im Saft

1 l Saft enthält	100−180 g Zucker
1 l Limonade enthält	100−120 g Zucker
1 l Cola enthält	110 g Zucker

Die im Saft enthaltenen Vitamine und anderen Aufbaustoffe bekommt das Kind mit weniger Zucker und gleichzeitig mit wertvollen Inhaltsstoffen durch Obst und Gemüsefrischkost. Gleichzeitig werden durch das notwendige Kauen Gebiß und Zahnfleisch gekräftigt. In Ausnahmefällen, z. B. bei Appetitlosigkeit und Fieber ist Saft als wertvolle Nahrung unbedingt zu empfehlen und nicht mit Limonade zu vergleichen. Das ist jedoch die Ausnahme. **Ein gesundes Kind sollte nicht mehr als 1−2 Gläser Saft (oder andere gesüßte Getränke) pro Tag bekommen.**

Mehr Frischkost kauen und weniger Saft trinken

Zucker − häufig zuviel − nie zu wenig

Viele Kinder erhalten durch Süßigkeiten und gesüßte Getränke etwa die Hälfte der Tagesenergiemenge (Joule/Kalorien) in Form von Zucker, nur 10% sind die Empfehlung, das sind 30−40 g Zucker am Tag. Diese Zuckermenge ist sehr schnell erreicht.

Selbstauferlegte Eßregeln helfen, den Zuckerkonsum beim Kleinkind von Anfang an zu drosseln und die empfehlenswerte tägliche Zuckermenge nicht wesentlich zu übersteigen.

Ernährung im Säuglings- und Kleinkindalter

Die Empfehlung		
· täglich nur **einmal** süßen Brotaufstrich	nach freier Wahl	Regeln helfen, ein wünschenswertes Eßverhalten zu erlernen
· täglich nur **ein** süßes Getränk	max. 250 ml	
· täglich nur **eine** kleine Süßigkeit	20–30 g/max. 200 g/ Woche	
aber · täglich **mehrmals** Herzhaftes und Frisches	weniger rohes Obst, mehr rohes Gemüse	

Die empfehlenswerte Zuckermenge pro Tag für Kleinkinder in Nahrungsmitteln:

Die empfehlenswerte Tageszuckermenge

Diese Empfehlungen beziehen sich auf den ganzen Tag, nicht nur auf die Zeit, die das Kind in der Einrichtung verbringt.

3.2.3 Rund um das Frühstück

Wünschenswert ist es, daß das Kind **die erste Mahlzeit des Tages immer zu Hause und immer in Gesellschaft** seiner engsten Bezugsperson erlebt. Diese Gewohnheit kann das Kind nur zu Hause und nur durch Vorbild und Regelmäßigkeit erlernen. Die Erzieher können dieses Bemühen ergänzen und unterstützen.

Das erste Frühstück zu Hause

3. Abschnitt

Allgemein lassen die Frühstücksgewohnheiten von Kindern und Erwachsenen sehr zu wünschen übrig. In etlichen Familien wird morgens überhaupt nicht gefrühstückt. Viele Kinder kommen regelmäßig mit leerem Magen in die Gruppe und bringen nur ein unzureichendes Frühstück mit, z. B. ein paar Plätzchen, ein trockenes Rosinenbrötchen, einen Schokoriegel oder einen Fertigpudding. Natürlich können auch süße Nahrungsmittel zum Frühstück angeboten werden – aber möglichst nicht täglich und nicht als ausschließliches Frühstück am Vormittag.

Was braucht das Kleinkind zum gesunden Frühstück?

Das Kind braucht schon vormittags (erstes und zweites Frühstück) ein Drittel des Tagesbedarfs aller lebenswichtigen Nährstoffe, d. h. ein Drittel der gesamten Tageskost. Das ist sehr viel. **Der Stoffwechsel des Kindes ist vormittags am aktivsten und benötigt dementsprechend Nahrung.** Die physiologische Leistungskurve zeigt diesen biologischen Rhythmus des Körpers mit seinen tageszeitlichen Schwankungen, denen jeder Mensch mehr oder weniger unterliegt.

Der Körper braucht schon morgens Nahrung

Die physiologische Leistungskurve

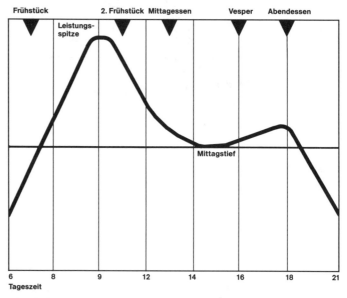

– Kurve nach Graf 1961 –

Im Wachstumsalter macht sich dieser erhöhte Bedarf an Nahrung besonders bemerkbar. **Das fehlende oder unzureichende Frühstück am Morgen kann nicht durch ein reichli-**

Ernährung im Säuglings- und Kleinkindalter

ches Mittag- oder Abendessen ausgeglichen werden. Je nach Alter wirkt sich ein Defizit an Nahrung am Morgen unterschiedlich aus. Während das gesunde Baby schreit und sein Recht auf Nahrung verlangt, träumt das Kleinkind lustlos vor sich hin und kommt nur zögernd in Schwung.

Mit Schulbeginn und steigenden geistigen Anforderungen wird die Bedeutung einer bedarfsangepaßten Frühstücksmahlzeit noch offensichtlicher. **Eine ausreichende Eisen- und Vitamin-B-Zufuhr ist für die Lern-, Denk- und Konzentrationsfähigkeit entscheidend.** Diese Nährstoffe bekommt das Kind beim Frühstück hauptsächlich durch Vollkorn-Nahrungsmittel. Vitamin C, z. B. als Obst im Müsli, verbessert gleichzeitig die Ausnutzung des Eisens aus der Nahrung (s. S. 156).

Das Frühstück beeinflußt die Lern- und Konzentrationsfähigkeit

Zu einem gesunden Frühstück gehören stets Nahrungsmittel aus **VOLLKORN, MILCH** und **MILCHPRODUKTE** sowie etwas **ROHES OBST** oder **ROHES GEMÜSE** dazu. Vollkorn-Nahrungsmittel sind z. B. Haferflocken und andere Vollkornflocken, Frischkornbreie und alle Müslimischungen sowie die verschiedenen Vollkornbrotsorten und Knäckebrotarten.

Nahrungsmittel aus Vollkorn zeichnen sich durch einen hohen Ballaststoffgehalt aus und enthalten die genannten lebenswichtigen Vitamine und Mineralstoffe, die in Weißmehl-Nahrungsmitteln nur noch in Spuren oder gar nicht mehr enthalten sind, dazu ein Vergleich:

Nahrungsmittel aus Vollkorn gehören zu einem gesunden Frühstück

Ein gesundes Frühstück kann sehr verschieden aussehen. Es ist abhängig vom Geschmack, dem Alter des Kindes und seinem individuellen Bedarf. Wie unterschiedlich die Zusammensetzung auch sein mag, so gibt es einige allgemein gültige Regeln:

3. Abschnitt

Frühstücksregeln für Kinder

1. Frühstücksregel

Das erste Frühstück zu Hause

Wenigstens ein Milchgetränk zum Frühstück zu Hause

Jeden Morgen, auch dann, wenn das Kind einmal nichts frühstücken mag, sollte sich die Familie **gemeinsam ein paar ruhige Minuten am Tisch gönnen.** Empfehlenswert ist es, dem Kind Vorschläge zu machen und seine Wünsche dabei einzubeziehen. Dies erleichtert dem unschlüssigen Kind die Entscheidung, und gleichzeitig ist schon vom Erwachsenen eine gewisse Auswahl getroffen, ohne daß das Kind es als Einschränkung empfindet. Wenigstens eine Tasse Kakao oder ein anderes Milchgetränk sollte das Kind morgens zu sich nehmen. Viel Abwechslung und appetitliches Anrichten verlocken auch schlechte Esser am Morgen, etwas zu kosten. Dazu einige Vorschläge:

Frühstücksgestaltung

Vorschläge zum 1. Frühstück zu Hause
— wenn süß bevorzugt wird —

Kakao
Vollkornzwieback mit Butter

Milch, mit Sanddornsaft gesüßt, über ein paar gemischte Flocken (kernige Haferflocken mit Cornflakes) gegeben

Orangen-Früchtetee, dazu Vollkornbrötchen mit Quark und Honig

Obststückchen (je nach Jahreszeit: Erdbeeren/Weintrauben) darüber Frischkornbrei[1] mit Milch

Joghurt, verrührt, etwas gesüßt, über geröstete Haferflocken mit Nüssen und ein paar Bananenscheiben.

2. Frühstücksregel

Das zweite Frühstück in der Gruppe
— als entsprechende Ergänzung

Wenn Süßes zum 1. Frühstück, dann Herzhaftes zum 2. Frühstück

Das zweite Frühstück sollte jeweils die Ergänzung zum ersten sein, d. h.

— weich und süß ---------------- das erste

— herzhaft und erfrischend ------------ das zweite

dazu ein Beispiel:

zu Hause: Bananenmilch
            Nußnougattoast

---

1) Geschrotetes Korn sollte zum Quellen stets in den Kühlschrank gestellt werden, um die Keimgefahr zu vermindern. Frischkornbrei ist erst ab dem 2. Lebensjahr zu empfehlen.

Ernährung im Säuglings- und Kleinkindalter

in der Gruppe: Dreikornbrot mit
Frischkäse und Radieschenscheiben
1 Mandarine
Tee, ungesüßt

3. Frühstücksregel

Die Verpackung ist so wichtig wie der Inhalt. Ein paar Apfelscheiben – mundgerecht geschnitten – und gut verpackt werden von einem kleinen Kind sicher gern gegessen. Dagegen bleibt ein großer, harter Apfel im ganzen mitgegeben, in den das Kind kaum hineinbeißen kann, oft unberührt liegen. Beim Frühstücksbrot für kleine Kinder die Brotrinde abzuschneiden ist nicht empfehlenswert. **Günstiger ist es, das Brot mit Rinde in mundgerechte Häppchen zu schneiden.** Eine qualitativ gute und besonders hübsche Brotdose hält das Frühstück nicht nur länger frisch, sondern erhöht auch den Anreiz und die Eßlust des Kindes. Bei den regelmäßigen kurzen Gesprächen mit den Eltern sind solche Beobachtungen der Erzieher mitaufzunehmen und möglichst gleich mit ein paar Anregungen zu verbinden.

Das Frühstück zum Mitnehmen, appetitlich zubereitet und mundgerecht zugeschnitten, erhöht die Eßlust

Abb. 1: Das Frühstück zum Mitnehmen

4. Frühstücksregel

Und wie sieht es mit Süßigkeiten zum Frühstück aus?

Süßigkeiten gehören weder zum 1. Frühstück, noch sollten sie zum 2. Frühstück in die Einrichtung mitgenommen werden. Es ist wichtig, daß Eltern und Erzieher sich darin einig sind. Zu den Süßigkeiten gehören auch die verschiedenen süßen Riegel, von der Werbung angepriesen. Der Zuckergehalt ist stets unerwünscht hoch – und der Gehalt an wertvollen Nährstoffen nur gering – dazu ein Beispiel:

Süßigkeiten und Werbung

Die Kindermilchschnitte — ein empfehlenswertes Frühstück?

Die Werbung sagt:

- hochwertiges EIWEISS aus Milch
- unentbehrliches CALCIUM für Knochen und Zähne
- wertvolle KOHLENHYDRATE
- gesundes FETT

Zum Vergleich:

Die Kindermilchschnitte gehört zu den Süßigkeiten

Kind, 4–6 Jahre	Tägl. Bedarf	Milchschnitte 30 g	Milch 3,5% F 0,2 l	Schokolade 30 g	Früchtejoghurt 150 g	Schwarzbrot mit Käse*
Eiweiß	32 g	2	7	3	5	4
Calcium	700 mg	40	240	65	225	113
Fett	60 g	10	7	10	5	5
Kohlenhydrate	180 g	15	13	10	20	11
kcal	1500	143	132	169	145	110

* Größe und Aussehen wie die Kindermilchschnitte

Die Schlußfolgerung:

Die Milchschnitte ist **nicht als Frühstück** geeignet, die Nährstoffdichte ist zu gering, z. B. enthalten MILCH, JOGHURT und die kleine Schnitte KÄSEBROT 2–3 × soviel Eiweiß und 3–6 × soviel Calcium.

Als Tagessüßigkeitsmenge für 4–6jährige Kinder ist die Kindermilchschnitte jederzeit zu akzeptieren (s. Meine Süßigkeiten für eine Woche S. 187).

Ernährung im Säuglings- und Kleinkindalter

Gestaltungsmöglichkeiten des Frühstücks in der Gruppe – Zusammenarbeit zwischen Erziehern und Eltern

Es gibt viele Möglichkeiten, das Frühstück in der altersgemischten Gruppe abwechslungsreich zu gestalten, beim freien Frühstück ebenso wie beim gemeinsamen Frühstück. Möglichkeiten der Frühstücksgestaltung sind z. B.:

Möglichkeiten der Frühstücksgestaltung in der Gruppe

1. Die Kinder bringen ihr Frühstück von zu Hause mit. Getränke liefert die Einrichtung.

Hierbei ist der zeitliche Aufwand für die Erzieher am geringsten. Die Kinder können beim Tischdecken einbezogen werden. Für Kinder, die ihr Frühstück vergessen haben, sollte die Einrichtung stets lang haltbare Nahrungsmittel vorrätig haben, um diese dem Kind anbieten zu können (Obst/Joghurt/Käse/Knäckebrot/Müslimischungen).

2. Die Erzieher gestalten das Frühstück gemeinsam mit den Kindern – möglichst unter Einbeziehung der Eltern.

Das gemeinsame Frühstück

Einmal in der Woche sollte stets ein gemeinsames Frühstück eingeplant werden. Zum Beispiel kann zusammen mit den Kindern eingekauft werden, oder die Erzieher besorgen die notwendigen Nahrungsmittel selbst, und die Kinder helfen beim Zubereiten: Obst schneiden/Quark anrühren/Brot streichen/Tisch decken.

Empfehlenswert ist es, die Eltern so oft wie möglich einzubeziehen. Nach Absprache mit den Erziehern können sie Nahrungsmittel einkaufen und mitbringen. Wenn Eltern es zeitlich ermöglichen können, ist es wünschenswert, daß jeweils zwei oder drei Mütter bzw. Väter einmal im Monat bei der Zubereitung mithelfen und, sofern sie es möchten, auch mit den Kindern in der Gruppe frühstücken. Kinder haben dies sehr gern.

Einbeziehen der Eltern

Neben dem Spaß des gemeinsamen Frühstücks liegt der Vorteil auch darin, daß Kinder unbekannte Nahrungsmittel leichter probieren, wenn sie selbst bei der Zubereitung mitgeholfen haben. Gleichzeitig erhalten die Eltern Anregungen für zu Hause.

3. Die Erzieher stellen einen Wochenplan auf und bereiten das Frühstück täglich selbst zu

Die Erzieher erstellen einen Wochenfrühstücksplan und kaufen dementsprechend selbst ein. Vor- und Nachteile sind hierbei abzuwägen. Der Vorteil liegt darin, daß die Kinder allgemein ein gut zusammengestelltes Frühstück vorgesetzt

Wenn Erzieher täglich das Frühstück zubereiten

3. Abschnitt

bekommen. Allerdings nimmt dieses Angebot täglich viel Zeit der Erzieher in Anspruch. Ein weiterer Nachteil besteht darin, daß die Eltern überhaupt nicht an diesem Teil der Ernährung ihres Kindes beteiligt werden. Sie können sich auf die Einrichtung verlassen, und häufiger als sonst werden hierbei die Kinder in die Einrichtung gebracht, ohne daß sie zu Hause irgend etwas gegessen oder getrunken haben.

Die Eltern können auf verschiedene Weise bei diesem Angebot einbezogen werden.

Variationsmöglichkeiten

Eltern und Kinder bringen Nahrungsmittel von zu Hause mit

Die Erzieher machen einen Wochenfrühstücksplan und hängen kleine Zettel an das Informationsbrett, auf denen die Nahrungsmittel aufgeführt sind, die täglich für das Frühstück gebraucht werden. Die Eltern nehmen sich die entsprechenden Zettel und bringen diese Nahrungsmittel mit.

Zur Abwechslung können auch die Eltern selbst einmal nach Absprache einen Wochenfrühstücksplan aufstellen. Auf diese Weise werden Anregungen zum Frühstück von zu Hause in die Gruppe getragen und umgekehrt... für die Kinder stets zum Vorteil und zur Freude.

Unser Wochenfrühstücksplan

Ein Wochenfrühstücksplan

– abwechselnd von Erziehern und Eltern erstellt – ein empfehlenswertes Beispiel aus der Praxis

Montag	Milch Vollkornbrot, Butter Holländer Käse Quarknußcreme, Mandarinenstückchen
Dienstag	Früchtetee Vollkornmüsli – mit geriebenen Äpfeln, Bananenscheiben, Nüssen und Milch
Mittwoch	Milch Vollkornbrötchen mit Sonnenblumenkernen, Margarine Rührei mit Schnittlauch Rohkost: Kohlrabi, Radieschen
Donnerstag	Kakao Frischkornbrei aus Roggen und Weizen – mit Apfelsinen und getrockneten Aprikosen rohe Möhrenstückchen (zwischendurch)
Freitag	Kräutertee Vollkornstuten/Knäckebrot, Butter Kalbsleberwurst, Paprikastreifen Quark, Pflaumenmus

Eine Anregung, um die tägliche Rohkost sicherzustellen, ist das Aufstellen des Frischkost-Korbes (s. S. 153), der von Eltern und Kindern bestückt wird. Kinder bringen gern etwas von zu Hause mit. **Ob beim freien oder gemeinsamen Frühstück:** ein paar Rohkoststückchen, von den Erziehern mundgerecht geschnitten, schmecken immer.

3.2.4 Kindergeburtstag in der Gruppe – ein festliches Essen gehört dazu

Kinder feiern besonders gern. Feiern macht Spaß, fördert die Lebensfreude und die Gemeinschaft. Bei vielen Kindern gibt es häufig einen Grund zum Feiern.

Kindergeburtstage sind häufig

Der eigene Geburtstag ist für das Kind etwas ganz Besonderes, es ist **sein** Fest, im Gegensatz zu Ostern, Weihnachten und anderen allgemeinen Festtagen. Es möchte diesen Tag auch als einen besonderen in der vertrauten Umgebung erleben. Je häufiger Geburtstag gefeiert wird, desto mehr Ideen sind notwendig, um die Abwechslung zu erhalten. Das gilt auch für Kinder in der altersgemischten Gruppe und auch für das Geburtstagsessen, denn das gehört dazu. Kinder sind für vieles zu begeistern, nicht nur für Süßes. Natürlich soll es stets etwas Besonderes und Leckeres sein, wobei das Besondere oft nur im attraktiven Aussehen liegt.

Jedes Kind möchte sein Fest

Wann – ob vormittags oder nachmittags – in der altersgemischten Gruppe bei einem Kindergeburtstag die festliche Mahlzeit angeboten wird, richtet sich nach der Absprache mit den Eltern des Geburtstagskindes. Manche Kinder werden am Geburtstag schon mittags abgeholt, so daß morgens

Ein festliches Essen gehört dazu

3. Abschnitt

in der Gruppe gefeiert wird, für andere Kinder ist die Geburtstagsfeier in der Gruppe der Höhepunkt des Tages, dann kann auch am Nachmittag ein kleines Kinderbuffet das Besondere sein.

Beim festlichen Frühstück sollten auch die Nahrungsmittel nicht fehlen, die das Kind als Teil der Gesamternährung vormittags braucht. Dies ist deshalb so wichtig, weil Geburtstage in der Kindergruppe so häufig vorkommen und nicht die Ausnahme sind. Regelmäßig Kuchen und Süßigkeiten schon vormittags und an vielen Geburtstagen nachmittags noch einmal fördern nicht nur die süße Geschmacksrichtung, sondern auch eine Fehlernährung und Karies. Oft lassen die Kinder dazwischen die herzhafte Mittagsmahlzeit stehen, weil sie von dem vielen Süßen satt sind. Deshalb heißt die Empfehlung: **Feiern mit Kindern immer — ob vormittags, nachmittags oder den ganzen Tag lang — aber nur selten mit Süßem.** Brot, Quark, Wurst, Obst können so attraktiv zubereitet werden, daß die Kinder begeistert sind.[2]

Die Gefahr des Süßen liegt in der Häufigkeit

Abb. 2: Was Kindern Spaß macht und schmeckt

Das Sammeln von Ideen macht Spaß und spart Zeit

In vielen Einrichtungen hat sich das **Anlegen eines Geburtstagsbuches** bewährt, in dem bebilderte Eß- und Trinkvorschläge für Kinderfeste gesammelt werden. Solch eine Ideensammlung, laufend ergänzt durch Fotos und Abbildun-

---

2) Rezeptvorschläge für das Feiern mit Kindern siehe Anhang.

Ernährung im Säuglings- und Kleinkindalter

gen aus Zeitschriften, hilft bei der Entscheidung und macht langes Überlegen überflüssig. Viel Zeit wird dabei gespart. Manche Anregung findet auch bei Feiern der Erwachsenen Anklang oder gar Begeisterung.

Empfehlenswert ist es, daß die Erzieher ein paar Tage vor dem Geburtstag mit den Eltern sprechen und gemeinsam festlegen, was es an Besonderem zu essen geben soll und inwieweit kleine Vorbereitungsarbeiten von der Einrichtung übernommen werden können. **Natürlich kann es auch gelegentlich ein selbstgebackener Kuchen sein — aber nicht regelmäßig.**

Essen und Trinken sind nur ein kleiner Teil der Geburtstagsfreuden — wenn richtig gefeiert wird. Je mehr das Kind die anderen Freuden auskosten kann, desto unbedeutender wird das Essen. Zu diesen Freuden gehören z. B.:

- das Ständchen am Morgen

- das Schmücken des Geburtstagskindes (z. B. mit einem Kränzchen) als äußeres Zeichen des besonderen Tages

- die brennenden Kerzen, der verdunkelte Raum

- die kleinen Überraschungen und Geschenke

- der festlich gedeckte Tisch mit Blumen und anderem kleinen selbstgemachten Schmuck der Kinder

- das gemeinsame Spiel

- die kleinen erfüllten Wünsche und besonderen Vergünstigungen.

Viele Freuden gehören zur Geburtstagsfeier des Kindes

Die Erzieher sollten es ablehnen, wenn Eltern dem Geburtstagskind kleine Päckchen mit Süßigkeiten oder sonstigen Kleinigkeiten zum Verteilen mitgeben. Neben den zusätzlichen unerwünschten Süßigkeiten ist gleichzeitig daran zu denken, daß der finanzielle Aufwand nicht unerheblich ist und von manchen Eltern gar nicht getragen werden kann bzw. sie stark belastet.

Keine Süßigkeitspäckchen zum Verteilen

3.2.5 Das Mittagessen in der Tageseinrichtung

Viele Kinder essen die ersten **zwölf Jahre** ihres Lebens das Mittagessen in der Kindertageseinrichtung — von der Aufnahme als Säugling in die altersgemischte Gruppe bis zum Ausscheiden aus dem Hort. Verständlich, daß das Thema Essen besonders häufig Anlaß zu Diskussionen gibt. Leider steht heute nur noch als Ausnahme eine hauptamtliche Fachkraft ausschließlich zum Kochen zur Verfügung. **In der**

Das Mittagessen in der Einrichtung

3. Abschnitt

Regel müssen die Erzieher die Gestaltung der Mahlzeiten mit übernehmen, von der Planung über die Vorbereitung bis hin zum eigenen Verhalten und Vorbild beim gemeinsamen Essen mit den Kindern. Um diese verantwortungsvolle Arbeit leisten zu können, sind besondere Kenntnisse und auch ständig neue Ideen notwendig. Bei der altersgemischten Gruppe kommt erschwerend hinzu, daß Kinder in den ersten zwei Jahren entwicklungsbedingt noch nicht alles mitessen können und dies bei der Speisenplanung zu berücksichtigen ist.

Folgende Fragen treten immer wieder auf:

1. Welches Verpflegungssystem ist für das Kind das beste und für die Einrichtung durchführbar?

2. Was muß ein vollwertiges Mittagessen enthalten?

3. Welche Besonderheiten sind im 2. Lebensjahr beim Mittagessen zu berücksichtigen?

4. Welche Planungsarbeiten sind notwendig, und wie ist eine Arbeitsteilung möglich?

1. Welches Verpflegungssystem ist für das Kind das beste und für die Einrichtung durchführbar?

Das Selbstzubereiten

Das Selberkochen für die ganze Gruppe bietet viele Vorteile: Qualitative, geschmackliche und individuelle Komponenten können am besten berücksichtigt werden. Leider kann diese Art der Verpflegung heute aus finanziellen Gründen viel zu selten verwirklicht werden. Dort, wo selbst gekocht wird, ist darauf zu achten, daß die Kraft, die das Essen zubereitet, über spezielle Kenntnisse in Kinderernährung verfügt und ihr Wissen fortlaufend durch Teilnahme an Fortbildungen ergänzt.

Der Henkelmann

Der Henkelmann — dem Kind morgens mitgegeben, mit einem Essen, das oft am Abend vorher gekocht wurde — **sollte der Vergangenheit angehören.** Ernährungsphysiologisch ist dieses Essen nicht vertretbar. Durch das lange Stehen und ungünstige Aufwärmen werden Nährwert, Genuß, Geschmack und das Aussehen stark beeinträchtigt, und die Eßlust des Kindes wird erheblich geschmälert. Hinzu kommt, daß eine Speise — am Abend zubereitet — am nächsten Mittag bei ungünstigen Umgebungstemperaturen und je nach Zusammensetzung bakteriell schon verdorben sein kann, z. B. Hackfleischgerichte. Eine kalte Mahlzeit ist unter diesen Umständen gesünder für das Kind, kostet die Eltern jedoch auch Zeit und Überlegung.

Ernährung im Säuglings- und Kleinkindalter

Beispiel: 1 Mehrkornbrötchen mit Käse
ein paar Paprikastreifen
Obstquark mit Nüssen (selbst zubereitet)

Die Träger von Tageseinrichtungen ohne Mittagessenangebot sollten alles daran setzen, die Henkelmann-Mahlzeit abzuschaffen und es durch finanzielle und andere Unterstützung ermöglichen, daß die Kinder eine schmackhafte, gesunde Gemeinschaftskost erhalten können.

Das Fremdbeziehen, d. h. die tägliche Anlieferung des fertigen Menüs in Warmhaltegefäßen (Thermophoren) aus einer Großküche ist nur bedingt empfehlenswert. Lange Warmhaltezeiten und damit verbundene Minderungen des Geschmacks und der ursprünglichen Qualität bleiben nicht aus. Dieses System erfordert jedoch den geringsten personellen Einsatz von der Einrichtung. Wichtig ist die Absprache mit dem Hersteller. Auf den kindlichen Geschmack und seinen speziellen Bedarf muß Rücksicht genommen werden. Das wird zum Beispiel schwierig, wenn die Großküche das Mittagessen überwiegend für körperlich schwer arbeitende Erwachsene herstellt.

Das Thermophorensystem

Salate und Frischkostzubereitungen sind unbedingt so anzuliefern, daß die Möglichkeit besteht, sie erst kurz vor dem Verzehr fertigzustellen und anzurichten. Die Kartoffeln sollten stets in der Einrichtung frisch gekocht werden.

Die Tiefkühlkost — Fertigmenübestandteile speziell für Kinder — durch Frischkost ergänzt ist zur Zeit die qualitativ beste Gemeinschaftskost für das Kind, wenn nicht selbst gekocht werden kann. Diese Angebotsform ist

Die Tiefkühlkost

— finanziell und personell vertretbar,

— qualitativ ausgewogen, sofern sinnvoll zusammengestellt (durch Frischkost ergänzt) und

— sie bietet große Variationsmöglichkeiten, auch bezogen auf das unterschiedliche Alter der Kinder.

Das Einbeziehen von Tiefkühlkost bzw. Tiefkühlmenübestandteilen setzt voraus, daß Erzieher und andere Mitarbeiter Planungs- und Ergänzungsarbeiten übernehmen. Durch die vorhandenen Tiefkühlschränke bestehen zudem gute Lagerungsmöglichkeiten für die gelegentlich notwendigen, selbst herzustellenden Beilagen (Fleisch/Gemüse) für Säuglinge und Kleinstkinder. Damit ist gleichzeitig eine große Arbeitserleichterung verbunden.

Die Mitarbeit der Erzieher ist notwendig

3. Abschnitt

Die Tiefkühlkost ohne Frischkost-Ergänzung ist als Dauerkost für Kinder nicht zu empfehlen. Sie ist durch den Gefrierprozeß zu weich in der Konsistenz und gleichzeitig zu einseitig im Geschmack, da die sehr feinen Aromastoffe verlorengehen. Werden alle Menübestandteile aus dem Tiefkühlsortiment genommen, wird die Kost nicht nur eintönig, sondern auch sehr teuer.

Frischkostergänzung ist notwendig

Die Ergänzung der Tiefkühlkost mit ballaststoffreicher, vitaminhaltiger Frischkost ist stets notwendig. Die fehlenden Aromastoffe sind durch frische Kräuter und Gemüseeinlagen gut auszugleichen, dazu ein Beispiel:

Unser Wochenspeiseplan

MONTAG
Gemüsesuppe mit Kräutern
Vollkornpfannkuchen mit Apfelfüllung

DIENSTAG
Szegediner Kraut, Stampfkartoffeln
frische Melone

MITTWOCH
Brathähnchen, Risotto
gemischter Salat
Vanillepudding mit Mandarinen

DONNERSTAG
Linsensuppe
Quarkspeise mit Heidelbeeren und
gerösteten Flocken

FREITAG
Frikadelle
Wirsinggemüse, Salzkartoffeln
1 Birne

Die Frischkost-Ergänzungen
sind hierbei:

- frische Kräuter — Montag/Donnerstag
- Melone — Dienstag
- gemischter Salat — Mittwoch
- Quark-Obst-Zubereitung — Donnerstag
- Birnen, Kartoffeln — Freitag

Ernährung im Säuglings- und Kleinkindalter

2. Was muß ein vollwertiges Mittagessen enthalten?

An das Mittagessen, die Hauptmahlzeit des Tages, werden besonders hohe Erwartungen und Ansprüche gestellt. Es soll mindestens ein Drittel des Tagesbedarfs an Energie und wichtigen Nährstoffen enthalten. Unseren Eßgewohnheiten entsprechend ist es im allgemeinen eine warme Mahlzeit, obwohl auch ein kaltes Mittagessen bei entsprechender Zusammensetzung ernährungsphysiologisch ausgewogen sein kann.

Zu einem vollwertigen Mittagessen des Kindes gehören immer drei unaustauschbare Bestandteile: TIERISCHES EIWEISS – GEMÜSE – ETWAS ZUM KAUEN.

<small>Bestandteile eines vollwertigen Mittagessens</small>

Tierisches Eiweiß

Als Fleisch, Fisch, Ei oder als Milchspeise kann tierisches Eiweiß auf ganz verschiedene Weise mittags gegeben werden, zum Beispiel

als Vorsuppe	zum fleischlosen Hauptgericht, Menüvorschlag: **Gemüsesuppe mit Hühnerfleisch** Reibekuchen mit Apfelmus
als Hauptmahlzeit	Menüvorschlag: **Gewürfeltes Rindfleisch mit Kräutersoße** Pellkartoffeln Sojasprossensalat mit Radieschen Banane
als Nachtisch	bei Eintopfgerichten ohne Fleisch, Menüvorschlag: Linsensuppe **Quarkauflauf** mit Mandarinen

<small>TierischesEiweiß bedeutet nicht nur Fleisch</small>

Das Kleinkind sollte von den 5 Tagen in der Einrichtung viermal Fleisch zur Hauptmahlzeit erhalten. Dies ist auch wegen des hohen Eisengehaltes so wichtig.

Gemüse

Durch den Ballaststoffgehalt trägt Gemüse zur Sättigung bei, und **es enthält wichtige Mineralstoffe, die nicht durch Obst zu ersetzen sind.**

<small>Gemüse ist nicht durch Obst zu ersetzen</small>

Gemüse gehört zu jedem Mittagessen – auch zum süßen Hauptgericht – dazu, z. B. als Vorsuppe oder kleiner Rohkostteller vorweg.

3. Abschnitt

nicht so
Milchreis
Kirschkompott

sondern so
Möhrenrohkost mit Sonnenblumenkernen u. Äpfeln
Milchreis
Kirschkompott

nicht so
Pfannkuchen
Pfirsichkompott

sondern so
Tomatensuppe mit frischen Paprikastückchen und Kräutern
Pfannkuchen
Pfirsichkompott

Etwas zum Kauen

Kauen ist für das Kind wichtig

Mehr Kauen bedeutet mehr Vitamine – mehr Ballaststoffe – mehr Sättigung – Kräftigung des Gebisses – weniger Zucker in der Kost; denn gekaut werden müssen vor allem bestimmte rohe Gemüse- und Obstarten sowie Kartoffeln und – je nach Zubereitung – festes Fleisch. Kinder müssen kauen lernen, und zwar täglich von klein an.

zu weich
Rührei
Spinat
Kartoffelpüree
Soße
Apfelmus

so empfehlenswert
Rührei
Spinat
Sesam-Backkartoffeln
Apfelspalten

Zu Kartoffelpüree sollte es nicht auch noch Soße geben; denn solche Speisenzusammensetzungen verführen nur zum Schlucken. Gekaut zu werden braucht nichts.

zu weich
Nudeln
Hackfleischsoße
Schokocreme mit Sahne

so empfehlenswert
Nudeln
Hackfleischsoße
Chinakohlsalat
½ rohe Birne mit Schokoladensoße und gehackten Mandeln

Nachtisch

Nachtisch ist mehr als eine süße Zugabe

Im Kleinkindalter gehört ein Nachtisch täglich zum Mittagessen dazu. Er ist als passende Ergänzung zum Hauptgericht auszuwählen, z. B. als Eiweißergänzung, als Vitaminergänzung, als Sättigungsergänzung und natürlich stets als zusätzlicher Genuß.

ungünstige Ergänzung	gute Ergänzung
Erbsensuppe mit Würstchen	Erbsensuppe mit Würstchen
Gefüllter Pfannkuchen	Obstsalat

- zu gehaltvoll
- beides zu stark sättigend
- vitaminarm

- erfrischend
- vitaminreich
- weniger kompakt

ungünstige Ergänzung	gute Ergänzung
Ei in Kräutersoße	Ei in Kräutersoße
Kopfsalat	Kopfsalat
Salzkartoffeln	Salzkartoffeln
Obstsalat	Gefüllter Pfannkuchen

- wenig sättigend
- viel Arbeit
- zweimal Frischkost zum Kauen (bessere Verteilung der Rohkost innerhalb der Woche, täglich eine ist wünschenswert)

- leichtes Hauptgericht
- sättigender Nachtisch
- Abrundung des Geschmacks durch mehl- und zuckerhaltige Ergänzung

Fertig-Süßspeisen sind möglichst ganz zu meiden, z. B. Pudding, Joghurt-Quarkzubereitungen und Götterspeisen in Portionsbechern. Diese Speisen sind ohne viel Arbeitsaufwand mit frischem Obst genußvoller und vitaminreicher selbst herzustellen. Die Fertigspeisen sind immer stark gesüßt, vitaminärmer als selbst hergestellte und enthalten oft unerwünschte Zusatzstoffe. Außerdem sind sie meistens wesentlich teurer. Ein gleichzeitig zu beachtender Aspekt ist der entstehende Abfall. **Allein vom Umweltbewußtsein her ist von solch einem Einkauf unbedingt abzuraten.**

Fertigsüßspeisen nur als Ausnahme

Eis als Nachtisch sollte nur selten und dann als Speiseeis im Block gekauft und stets mit Obst auf Tellern oder in Gläsern portioniert angeboten werden. Diese individuelle Gestaltung des Nachtisches erhöht die Freude am Essen und fördert eine wünschenswerte Eßkultur. Kinder sind diesbezüglich sehr aufgeschlossen. Ein Eis in der Tüte als Nachtisch ist nicht zu empfehlen. Es begünstigt ebenso wie andere Fertigspeisen auf Pappe oder in Einwegbechern serviert die Gewöhnung an eine Fast-Food-Schnellimbiß-Abfütterung.

Mit Genuß essen und gleichzeitig Eßkultur pflegen

3. Abschnitt

3. Welche Besonderheiten sind im 1. und 2. Lebensjahr beim Mittagessen zu berücksichtigen?

Das Mittagessen im 1. Lebensjahr ist im Kapitel Säuglingsernährung ausführlich dargestellt. Zusammengefaßt ist im ersten Lebensjahr beim Mittagessen zu beachten:

Gemeinschaftskost ab Ende des 1. Lebensjahres teilweise möglich

— kein Essen aus der Gemeinschaftskost* bis zum 10. Lebensmonat
(zu scharf — zu fett — zu schwer)
— keine gesalzenen Speisen
— kein Kohl, keine Hülsenfrüchte
— nur Selbstzubereitetes und Gläschen-Fertigkost

* Ausnahme: Süßspeisen können gegeben werden.
Am Ende des ersten Lebensjahres kann langsam mit der Gemeinschaftskost begonnen werden.

Das Mittagessen im 2. Lebensjahr erfordert noch einige Rücksichtnahme und Besonderheiten, obwohl schon vieles aus der Gemeinschaftskost mitgegessen werden kann.

Aus entwicklungsbedingten gesundheitlichen Gründen sind folgende Empfehlungen zu beachten:

Keine gepökelten Fleischwaren im 1. und 2. Lebensjahr

— **Gepökelte Fleischsorten und Würste, z. B. Kasseler und Mettwürstchen, sind** wegen des hohen Nitrat- und Kochsalzgehaltes **zu meiden.**

— **Mindestens ein Menübestandteil ist ohne Kochsalz zuzubereiten,** z. B. können Kartoffeln oder Gemüse extra — ohne Salz — zubereitet werden.

— Empfehlenswert ist es ferner, gelegentlich ein komplettes Mittagessen selbst zuzubereiten oder Gläschen-Fertignahrung (wie gelegentlich im ersten Jahr) anzubieten. Natürlich sollte hierbei Frischware und kein Kochsalz verwendet werden.

— **Nachtisch ist** wie im ersten Lebensjahr als wichtige Nährstoffergänzung **täglich zu empfehlen.** Bei einer geschickten Wochenspeiseplangestaltung ist es möglich, allen Kindern der altersgemischten Gruppe einen passenden kleinen Nachtisch täglich anzubieten.

— **Hülsenfrüchte und Kohl können** ab dem 2. Lebensjahr — je nach individueller Verträglichkeit — **angeboten werden.** Sie zeichnen sich durch einen hohen Eiweißgehalt und einen besonders hohen Mineralstoffgehalt (Eisen) aus und sind dadurch ein wertvoller Bestandteil der Nahrung.

— **Fettgebackenes und scharf gewürzte Speisen sind** möglichst zu meiden. Sie sollten auch später die Ausnahme sein.

Ernährung im Säuglings- und Kleinkindalter

- Fisch sollte wegen der Grätengefahr erst ab dem dritten Lebensjahr gegeben werden.
- **Kochsalz ist generell in der Kinderernährung sparsam zu gebrauchen.**

Beispiel

Wochenspeiseplan für die altersgemischte Gruppe	
allgemein	**im 2. Lebensjahr**
Rührei Spinat Bratkartoffeln 1 Apfel	Rührei Spinat *Kartoffeln (ohne Salz gekocht) Apfelstücke
Gemüse-Eintopf mit Rindfleisch Buttermilchgelee mit Banane	dgl.
Kasseler Sauerkraut Kartoffelpüree Pfirsichkompott	Gläschen- oder Selbstgekochtes: *Blumenkohl mit Hühnerfleisch und *Kartoffeln Pfirsichkompott
Königsberger Klopse Chinakohlsalat Reis Tutti-frutti	Gekochte Klopse (ohne Soße – zu salzig) *Chinakohl, gedünstet ohne Salz Reis Tutti-frutti
Kräuterquark ½ Sesam-Backkartoffel (als Vorspeise) Grießklöße/Sauerkirschkompott	dgl.

Der Wochenplan mit Änderungen für die Kleinsten

* Besonderheiten/Abweichungen vom allgemeinen Speiseplan

4. Welche Planungsarbeiten sind notwendig – wie ist eine Arbeitsteilung möglich?

Zur Abwechslung und zur Erhöhung des Genusses ist eine jahreszeitgerechte Planung unbedingt zu beachten. Gemüse- und Obstarten wie z. B. Möhren, Rotkohl, Äpfel gibt es

3. Abschnitt

Obst und Gemüse zur jeweiligen Erntezeit verwenden — das ganze Jahr, dagegen sind Rhabarber, frische Erdbeeren, Melonen und Kohlrabi nur kurze Zeit des Jahres im Angebot und sollten **jeweils zur Erntezeit** in den Speiseplan einbezogen werden. Eintönigkeit ist der häufigste Grund der Unzufriedenheit bei jahrelanger Teilnahme an der Gemeinschaftsverpflegung.

Der allgemeine Wochenplan ist in der Kindertageseinrichtung zwei bis drei Wochen im voraus zu erstellen. Dafür ist nicht nur die Leitung zuständig. Alle Erzieher sollten diese Aufgabe im Wechsel übernehmen, jeweils mindestens ein halbes Jahr hintereinander. Der Wochenplan ist auch im Hinblick auf das Einkaufen der Frischkost so zu erstellen, daß wegen des damit verbundenen Zeitaufwandes nicht öfter als zweimal in der Woche eingekauft werden muß. Der Speiseplan für die ein- und zweijährigen Kinder ist jeweils abzuwandeln. **Der fertige Wochenplan sollte so aushängen, daß die Eltern auch Einsicht nehmen können.**

Den Wochenspeiseplan für Eltern sichtbar anbringen

vgl. S. 119 f.

Kleine, notwendige Extraportionen wie z. B. frischgekochte, salzfreie Gemüse- oder Fleischzubereitungen können portionsweise schockgefroren werden. Zur Abwechslung und zur Arbeitserleichterung ist es empfehlenswert, gelegentlich Kartoffeln unter das Gemüse zu mischen und dann erst einzufrieren. Diese Speisen eignen sich für den Säugling im ersten Lebensjahr ebenso wie für das Kleinkind im zweiten Jahr als Alternative zur Gläschen-Fertigkost.

Für die Kleinsten ist gelegentlich Gläschen-Fertigkost zu kaufen

Die Kosten für die gelegentlich notwendige Gläschen-Fertigkost müssen aus dem zur Verfügung stehenden Geld für das Mittagessen bereitgestellt werden. Für die Eltern dürfen keine Extrakosten entstehen.

Die gemeinsame Mahlzeit

Das Mittagessen in der altersgemischten Gruppe ist eine gemeinsame Mahlzeit. **In Gesellschaft macht auch das Essen mehr Spaß.** In dieser Großfamiliensituation fühlen sich die Kinder wohl und sicher. Die Jüngsten können dabei sein, sofern es ihrem Rhythmus schon entspricht, gegebenenfalls auf dem Schoß der Erzieher sitzen und gefüttert werden. Die Kleineren lernen von den Größeren. Die Großen helfen den Kleinen, üben freiwillig Rücksicht und Toleranz. Ein notwendiger Mahlzeitenrhythmus wird gleichzeitig eingeübt. Die gemeinsame Mahlzeit ist viel mehr als Nahrungsaufnahme. Das Essen in der Gemeinschaft bei einer ruhigen Atmosphäre, an einem freundlich gedeckten Tisch, trägt nicht nur zum körperlichen, sondern auch zum seelischen Wohlbefinden bei.

Eine gemütliche Atmosphäre beim Essen erhöht das Wohlbefinden

Ernährung im Säuglings- und Kleinkindalter

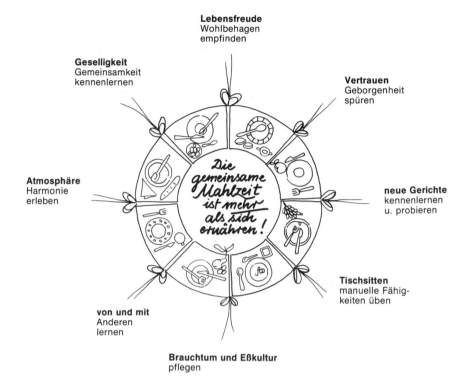

Lebensfreude
Wohlbehagen empfinden

Geselligkeit
Gemeinsamkeit kennenlernen

Vertrauen
Geborgenheit spüren

Atmosphäre
Harmonie erleben

neue Gerichte
kennenlernen u. probieren

Tischsitten
manuelle Fähigkeiten üben

von und mit Anderen lernen

Brauchtum und Eßkultur pflegen

Eine Zwischenmahlzeit am Nachmittag ist für die Kleinen bis zu drei Jahren stets notwendig, für Kinder im Kindergartenalter aber ebenso empfehlenswert. Auch dafür ist es sinnvoll, zur Arbeitserleichterung und zur Abwechslung einen kleinen internen Wochenplan zu erstellen. Geeignete Kleinigkeiten sind z. B. Obststückchen mit Dickmilch/gemischte Vollkornflocken mit Milch/Müslivariationen/Obstmischgetränke oder Tee, dazu Käsehappen/Kakao und Vollkornzwieback/Quark-Gemüse-Dips/Kräuterquark und Knäckebrot oder auch kleine Stückchen Hefe-Obstgebäck.

Die Zwischenmahlzeit am Nachmittag braucht das Kind

vgl. Bd. I, S. 173 ff.

3.2.6 Aktuelle Ernährungsfragen

Hier werden häufig gestellte Fragen von Eltern und Erziehern zur Ernährung des Kindes aufgegriffen und beantwortet. Die Antworten und Empfehlungen beziehen sich stets nur auf die Ernährung des Kleinkindes, die z. T. sehr von den Empfehlungen für den Erwachsenen abweichen kann.

3. Abschnitt

Thema: Butter und Margarine

Frage:

Ist für das Kleinkind Butter oder Margarine gesünder?

Antwort:

Mit Butter und Margarine gesund ernährt

Das Kleinkind soll sowohl mit Butter als auch mit Margarine ernährt werden. Butter und hochwertige Pflanzenmargarine sind gut verträglich, und beide enthalten lebenswichtige fettlösliche Vitamine. Das Vitamin D ist für das Kleinkind von besonderer Bedeutung. In der Butter ist dieses Vitamin von Natur aus enthalten, der Margarine wird es stets zugesetzt (Kennzeichnungspflicht bei Margarine). Der relativ hohe Cholesteringehalt von Butter ist für das Kleinkind – im Gegensatz zum Erwachsenen – **in keiner Weise** von gesundheitlichem Nachteil. Der Säugling braucht Cholesterin zum Zellaufbau. Hochwertige Pflanzenfette (Margarine/Öl) enthalten kein Cholesterin, aber lebenswichtige sog. hochungesättigte Fettsäuren, die in der Butter nur in Spuren enthalten sind.

Die Empfehlung:

1 × am Tag etwas (1 TL) hochwertiges Pflanzenfett (Margarine/Sonnenblumen- oder Maiskeimöl) verwenden. Die übrige Fettmenge kann beim Kleinkind je nach Wunsch Butter oder Margarine sein, beim Säugling sollte es Butter sein. Der Bedarf des Kleinkindes (1–6 J.) an lebenswichtigen (= essentiellen = hochungesättigten) Fettsäuren beträgt täglich 4–5 g. Diese Menge ist zum Beispiel in 20 g handelsüblicher Margarine oder in 5 g Sonnenblumenöl enthalten.

Thema: Zucker und Süßstoff

Frage:

Ist Süßstoff statt Zucker zu bevorzugen, wenn Kinder gern Süßes essen und trinken?

Antwort:

Süßstoff nur als Ausnahme

Nein! Süßstoff statt Zucker ist für das gesunde Kind **keine** Empfehlung. Es ist sinnvoller, sparsam mit Zucker umzugehen, als Süßstoff oder einen Zucker-Ersatz regelmäßig zu verwenden, die bevorzugte süße Geschmacksrichtung wird auch durch Süßstoff gefördert und begünstigt einseitige, gesundheitsgefährdende Eßgewohnheiten einschließlich Übergewicht.

Ernährung im Säuglings- und Kleinkindalter

Ungesüßtes (Tee/Mineralwasser) regelmäßig zu trinken, sollte jedes Kind schon früh lernen. Viele Kindertageseinrichtungen bieten zur Freude der Eltern nur ungesüßten Tee an – und die Kinder trinken ihn.

Ungesüßtes trinken lernen

Die Empfehlung:
So wenig Zucker wie möglich verwenden, wenig Süßes anbieten und auf Fertigsüßspeisen verzichten (häufig übersüßt). **Süßstoff ist nur bei Zuckerkranken und notwendiger Gewichtsabnahme empfehlenswert, dann auch beim Kind.** Ein Süßstoff im Handel, der aus natürlichen Bestandteilen (2 Eiweißbausteinen) besteht, heißt CANDEREL. Für diesen Süßstoff gibt es aus gesundheitlichen Gründen keine Mengenbegrenzung.[3] Fruchtzucker, Traubenzucker, Rohzucker (brauner Zucker) und Honig haben **keinen** höheren Gesundheitswert.

Thema: Zuckerfreie ‚zahnfreundliche' Süßigkeiten

Frage:
Können Kleinkinder zuckerfreie Bonbons und andere zahnfreundliche Süßigkeiten uneingeschränkt ohne gesundheitliche Bedenken essen?

Antwort:
Nein. Ein uneingeschränkter Genuß von „zuckerfreien" aber süß schmeckenden Bonbons ist nicht zu empfehlen. Zuckerfreie Süßigkeiten enthalten statt Zucker hauptsächlich sog. **Zuckeraustauschstoffe, z. B. Sorbit, Xylit und Mannit (kennzeichnungspflichtig).** Diese Stoffe haben zum Teil andere Eigenschaften als Zucker, fördern aber ebenso die Geschmacksrichtung süß (s. Süßstoff).

[4]

Zuckerfreie Bonbons enthalten Joule (Kalorien) wie Zucker

1. Im Gegensatz zum Zucker haben sie keine oder nur eine sehr geringe kariesfördernde Wirkung, daher die Bezeichnung zahnfreundlich.
2. Im Gegensatz zum Zucker sind sie auch für Zuckerkranke geeignet.
3. Kein Unterschied zum Zucker besteht im Energiegehalt (Joule/Kalorien). Sie sind daher – im Gegensatz zu Süßstoff – **nicht bei wünschenswerter Gewichtsabnahme geeignet.**
4. Sie haben häufig eine abführende Wirkung. Beim Kleinkind besteht beim Verzehr größerer Mengen Durchfallgefahr.

---

3) Ausnahme: Verbot für Kinder mit der seltenen Stoffwechselkrankheit PQU.
4) In der Bundesrepublik Deutschland werden unter diesem Zeichen „zahnschonende Süßwaren" angeboten.

3. Abschnitt

Die Empfehlung:

Die Süßigkeitsmenge ist stets zu begrenzen

Süßigkeiten sind beim Kleinkind von Anfang an sehr zu begrenzen. 20–30 g Süßigkeiten pro Tag (max. 200 g pro Woche) ist die empfehlenswerte Höchstmenge, die auch bei zuckerfreien Süßigkeiten nicht zu überschreiten ist.

3.2.7 Übergewicht im Kindesalter

Übergewicht im Kleinkindalter

Übergewicht ist bei Kindern, abgesehen von einigen wenigen Ausnahmen, die Folge ungünstiger Eß- und Bewegungsgewohnheiten bei gleichzeitiger Veranlagung. Die Wurzeln werden häufig im Kleinkindalter gelegt. Die Erzieher in der altersgemischten Gruppe können mithelfen, übergewichtsfördernde Eßgewohnheiten zu verhindern und vorhandenes Übergewicht beim Kind abzubauen. Es geht dabei nicht um die superschlanke Idealfigur, sondern um das körperliche und seelische Wohlbefinden des Kindes. Die Risikofaktoren und Folgekrankheiten des Übergewichts im Erwachsenenalter sind allgemein bekannt. Weniger beachtet und auch von den Eltern erst sehr spät erkannt werden die Belastungen, denen ein übergewichtiges Kind ausgesetzt ist.

Die seelischen Belastungen werden erst spät erkannt

Das übergewichtige Kind

– ist weniger widerstandsfähig und leichter ermüdbar,

– hat weniger Freude am Sport und meidet ihn daher,

– leidet unter den Hänseleien anderer Kinder und

– fühlt sich isoliert und ausgeschlossen und tröstet sich u. a. mit Süßigkeiten.

Diese körperlichen und seelischen Belastungen nehmen dem Kind viel Lebensfreude. Aus diesen Gründen ist es wichtig, schon im Kleinkindalter ein entstehendes Übergewicht zu beachten und seine Ursachen frühzeitig zu korrigieren.

Welche Eßgewohnheiten begünstigen ein Übergewicht?

Übergewichtige Kinder essen einseitig

Bei übergewichtigen Kindern bestehen viele Gemeinsamkeiten beim Eßverhalten. **Sie kauen nicht gern** und bevorzugen eine überwiegend weiche, einseitige und süße Kost mit wenig Gemüse, nur hellen, weichen Brotsorten, viel Kuchen, Nudeln, Pommes frites und ausschließlich gesüßten Getränken. Die Kost ist ballaststoffarm und sättigt wenig, daher brauchen diese Kinder mehr Menge, um satt zu werden. Sie nehmen dadurch mehr Joule/Kalorien als bei einer wünschenswerten ballaststoffreichen Kost zu sich. Der Vergleich mit den Äpfeln in verschiedenen Zubereitungsformen zeigt dies deutlich.

Ernährung im Säuglings- und Kleinkindalter

Je mehr Ballaststoffe, je mehr Sättigung

Unterschiedliche Sättigung bei gleicher Energiemenge

Die folgende Scheckliste hilft, ein Eßverhalten zu erkennen und ggf. zu korrigieren, das Übergewicht begünstigt und gleichzeitig dem Kind zu wenig Aufbaustoffe liefert.

Bei übergewichtigen Kindern werden auffallend häufig alle Fragen **mit nein** beantwortet.

Bei einem guten, wünschenswerten Eßverhalten werden die meisten Fragen **mit ja** beantwortet.

Das Kind ....   ja/nein

..... trinkt täglich UNGESÜSSTES, z. B. ungesüßten Tee oder Mineralwasser.
Empfehlung: mittags als Getränk nur Wasser

..... ißt täglich VOLLKORN, z. B. Vollkornbrot/ Knäckebrot/Haferflocken (als Müsli).
Empfehlung: wenn morgens Toast – abends Vollkornbrot

..... ißt täglich ROHES OBST oder GEMÜSE, das **gekaut** werden muß (Banane zählt nicht!).
Empfehlung: immer Rohes zum 2. Frühstück, öfter Gemüse als Obst (weniger Zucker), z. B. 1 Möhre/1 Stück Kohlrabi

..... ißt täglich GEMÜSE, z. B. gegart warm oder kalt oder roh als Salat.
Empfehlung: zu jedem Mittag gehört Gemüse – nicht durch Obst zu ersetzen.

Je mehr Ja-Antworten, je wünschenswerter das Eßverhalten

3. Abschnitt

Das Kind ....   ja/nein

..... mag mindestens 3 GEMÜSESORTEN roh essen, z. B. Gurken/Möhren/Paprika.
Empfehlung: abends immer etwas Rohkost zum belegten Brot, evtl. dafür ein belegtes Brot weniger.

..... mag mindestens 2 FLEISCHSORTEN, die **gekaut** werden müssen, d. h. nicht nur Würstchen und Gehacktes, sondern auch Schnitzel/Hähnchen/Bratenfleisch.
Empfehlung: 4–5 × Fleisch pro Woche zum Hauptgericht, davon max. 2 × Gehacktes oder Würstchen.

..... ißt höchstens 200 g SÜSSES pro Woche, d. h. nicht mehr als 30 g Süßigkeiten am Tag (1 Schokoriegel/oder 1 Eis am Stiel).
Empfehlung: Wochenration festlegen, 150–200 g für alle Kleinkinder (1–6 J.) empfehlenswerte Höchstmenge.

Diese Fragen bzw. Aussagen sind gleichzeitig ein Teil der zu erlernenden Eßregeln beim übergewichtigen Kind.

Die wöchentliche Süßigkeitsration hat sich bewährt

Die Eßregel — max. 200 g Süßigkeiten pro Woche — hat sich bei übergewichtigen Kindern in der Beratungspraxis sehr bewährt. Die Kinder dürfen sich diese Menge nach eigenem Belieben zusammenstellen. Sie haben dadurch das Gefühl, daß sie nicht auf alles, was sie besonders gern mögen, verzichten müssen. Bei dieser begrenzten Menge spielen sog. ‚gesunde' Süßigkeiten keine Rolle. Außerdem enthalten auch sie überwiegend Zucker bzw. Honig.

In der altersgemischten Gruppe sollten die Kinder nie Süßigkeiten mitbringen bzw. nie von den Eltern Süßigkeiten mitbekommen.

Ein Beispiel für die empfehlenswerte Begrenzung der Süßigkeitsmenge für das Kind – mit und ohne Übergewicht – täglich 20–30 g.

Begrenzte Menge, aber freie Auswahl

Eine attraktive Dose oder ein besonders schönes Glas erhöhen den Anreiz für das Kind und fördern sein Durchhaltevermögen. Diese Regel gilt nur für zu Hause.

Hilfe für das übergewichtige Kind

Eine langfristige Zusammenarbeit zwischen Eltern, Erziehern und Ernährungsfachleuten (Kinderarzt/Ernährungsberater) ist die beste Hilfe für das übergewichtige Kind. Die Gesundheitsämter geben Auskunft, durch wen diese Hilfe zu erhalten ist, z. T. bieten sie diese selbst an.

Fachliche Unterstützung und eine gute Zusammenarbeit

Das Führen eines Ernährungsprotokolls über einen längeren Zeitraum und das gleichzeitige Erlernen neuer Eßgewohnheiten sind wesentlich hilfreicher und leichter durchführbar für das Kind als kurzfristige Diäten.

3. Abschnitt

Eßregeln helfen beim Abnehmen

Das tägliche Ernährungsprotokoll ist notwendig

**Beispiel aus der Beratungspraxis:
Ernährungsprotokoll eines 5jährigen Kindes mit Übergewicht**

Das habe ich gegessen	so wäre es besser	Eßregeln
1. Frühstück 2 Sch. Toast mit Butter u. Schokostreuseln 1 Tasse Kakao	**1. Frühstück** 1 Sch. Toast mit Butter u. Schokostreuseln 1 Eßl. Quark mit Obst 1 Tasse Tee, ungesüßt (evtl. mit Süßstoff)	**Eßregel:** Morgens esse und trinke ich **nicht nur Süßes**
2. Frühstück (Gruppe) 1 Sch. Toast mit Butter u. Schokostreuseln 1 Tasse Kakao	**2. Frühstück (Gruppe)** 1 Sch. Knäckebrot mit Frischkäse ½ Apfel 1 Tasse Kakao	**Eßregel:** Vormittags esse ich u. a. **immer etwas Rohes** (Apfel, Möhre usw.)
Mittagessen Spinat Kartoffelpüree Vanillepudding mit Kirschen 1 Glas Milch	**Mittagessen** 1 Rührei Spinat 1 Kartoffel Quarkspeise mit Kirschen (selbst zubereitet) 1 Glas Mineralwasser	**Eßregel:** Mittags esse ich mich immer satt: aber nur eine Kartoffel, und dafür **immer reichlich Gemüse und Salat** (warm oder kalt) und tierisches Eiweiß
Vesper 2 Kekse Apfelmus	**Vesper** Joghurt mit 1 TL Sonnenblumenkernen und Obst	**Eßregel:** Nachmittags esse ich **kein Brot,** sondern Obst/Joghurt
Kinder zu Besuch: **Ausnahme:** 2 Gläser kalorienarme Limonade		
Abendessen 3 Sch. Toast mit Butter und Schokostreuseln 1 Glas Saft	**Abendessen** 1 Sch. Mischbrot mit Wurst/Käse-**Häppchen** mit Radieschen und Gurkenstückchen/½ Ei, 2 Tassen Tee, ungesüßt	**Eßregel:** Abends esse ich **immer etwas Rohes,** dafür weniger Brote

Möglichkeiten, dem übergewichtigen Kind in der altersgemischten Gruppe zu helfen

Mögliche Unterstützung in der Einrichtung

Alle Eßregeln und Empfehlungen für das übergewichtige Kind können natürlich nicht in der altersgemischten Gruppe berücksichtigt werden. Jedoch ist es möglich, daß die Erzieher das Bemühen der Eltern unterstützen, dazu einige Beispiele:

Ernährung im Säuglings- und Kleinkindalter

Bei den Getränken

Das Kind benötigt (vom Nährstoffgehalt her) am Tag nur ¼ l Milch oder Kakao. Für das übergewichtige Kind bedeutet dies, jeweils **nur eine Tasse Milchgetränk** zu Hause und in der Einrichtung, denn Milch macht nicht satt, hat aber dennoch viel Joule/Kalorien.

Nur eine Tasse Milch

Vergleiche: **1 Glas Milch (0,2 l)** enthält ebensoviel Energie (500 kJ/130 kcal)
→ wie eine große Scheibe Vollkornbrot (ca. 50 g) oder
→ wie 1½ Äpfel (250 g) oder
→ wie zwei große Portionen Gemüse, gekocht (400 g Möhren)

Ungesüßter Tee und Mineralwasser sind dem übergewichtigen Kind stets in unbegrenzter Menge anzubieten. Eventuell ist den Eltern als Ausnahme zu empfehlen, Mineralwasser mitzubringen, wenn dies von der Einrichtung nicht angeboten werden kann. **In der Regel sollen Eltern jedoch kein Getränk mit in die Einrichtung bringen.**

Tee mit Süßstoff und sog. Diät-Limonaden (mit Süßstoff gesüßt) sind nur vorübergehend anzubieten, z. B. wenn das Kind noch nicht gelernt hat, Ungesüßtes zu trinken und der Tee für die Gruppe allgemein mit Zucker gesüßt wird. – **Zu empfehlen und anzustreben ist stets ungesüßter Tee für alle Kinder.** Kinder in der Gruppe gewöhnen sich schnell daran. Saft, Limonaden und gesüßte Instantteezubereitungen – auch die mit Süßholz gesüßten – sind abzulehnen.

Beim Mittagessen

Neben den Getränken sind die Nachtischangebote beim Mittagessen soweit es geht zu berücksichtigen und auszutauschen. Selbstzubereitete Quark-, Joghurt- und Obstspeisen mit frischem Obst und ggf. Süßstoff sind anstelle von Puddingen und Mehlspeisen (Pfannkuchen) anzubieten. Gegebenenfalls sollten die Eltern die Grundnahrungsmittel dafür mitbringen, die die Erzieher für das Kind zubereiten. Ein völlig anderes Mittagessen dem Kind anzubieten, ist weder möglich noch empfehlenswert.

Als Nachtisch frisches Obst oder Quarkspeisen selbst zubereiten

Die altersgemischte Gruppe kann nur unterstützend wirken. Sie kann die Aufgaben der Eltern bei der Ernährungserziehung nicht vollständig übernehmen.

3.2.8 Ernährungserziehung — eine gemeinsame Aufgabe

Bei der Gestaltung der einzelnen Mahlzeiten für Kinder in der altersgemischten Gruppe ist die Zusammenarbeit aller Beteiligten notwendig. Um Eltern, Erzieher und andere Mitarbeiter in den Tageseinrichtungen zu informieren, sie kritik- und entscheidungsfähiger zu machen, ihnen Ratschläge und praktische Anregungen zur Ernährung des Kindes in den verschiedenen Altersstufen und bei besonderen Problemen zu vermitteln, bieten die Gesundheitsämter verschiedener Städte ihre Hilfe und Mitarbeit an.

Informations- und Beratungsmöglichkeiten

In Düsseldorf geschieht dies bereits seit Jahren. Der Kinder- und Jugendärztliche Dienst einschließlich der Ernährungsmedizinischen Beratung sowie der Jugendzahnärztliche Dienst mit der Kariesprophylaxe arbeiten mit allen Kindertageseinrichtungen in der Stadt zusammen, unabhängig von der Trägerorganisation. Das regelmäßig durchgeführte Angebot beinhaltet u. a.

Das Düsseldorfer Beispiel

— Informationsgespräche mit Erziehern und Kinderkrankenschwestern

— individuelle Beratungsgespräche mit Eltern bei Ernährungsfragen und Ernährungsproblemen des Kindes

— Elternnachmittage und -abende

— Ernährungsmedizinische Fortbildungsveranstaltungen für Erzieher und andere Mitarbeiter der Einrichtung

— Kariesprophylaxeveranstaltungen.

Diese Zusammenarbeit hat sich sehr bewährt.

Anschrift der Verfasserin:

Ursula Stenzel
Ernährungsmedizinische Beraterin
Gesundheitsamt der Stadt Düsseldorf
Kölner Straße 180
4000 Düsseldorf 1

Literatur zur Vertiefung

1. *Achtnich, Elisabeth,* Feste in der Kindergruppe: Anlässe, Vorbereitungen, Ideen für Kinderfeste, Freiburg i. B. 1980
2. *Cramm, Dagmar von,* Was kleine Kinder gerne mögen. Vom Krabbel- bis zum Vorschulalter gesund ernährt mit schadstoffarmen Lebensmitteln, München 1989
3. *Deutsche Gesellschaft für Ernährung,* Von Anfang an. Zur Bedeutung der Ernährung in den ersten Lebensjahren,

Broschüre, Bezug: Feldbergstr. 28, 6000 Frankfurt 1 (kostenlos)

4. *Deutsche Gesellschaft für Ernährung,* Richtig essen KINDERLEICHT, Bezug: Feldbergstr. 28, 6000 Frankfurt 1 (pro Broschüre 1,– DM)

5. *Forschungsinstitut für Kinderernährung,* Merkblätter zur Ernährung für Kinder und Mütter (7 Stück), Bezug: Heinstück 11, 4600 Dortmund 50 (kostenlos)

6. *Franke, Rosemarie,* Modernes Ernährungsmärchen, Broschüre, Bezug: AID-Auswertungs- und Informationsdienst für Ernährung, Landwirtschaft und Forsten e.V., Postfach 20 01 53, 5300 Bonn 2 (kostenlos)

7. *Holtmeier, Hans-Jürgen,* Gesunde Ernährung von Kindern und Jugendlichen, 2. Auflage, Stuttgart 1988

8. *Katalyse e.V.,* Kinderernährung, Köln 1987

9. *Trurnit, Gisela,* Säuglings- und Kleinkinderernährung in gesunden und kranken Tagen, Paderborn 1983

10. *Wachtel, Ursula,* Ernährung von gesunden Säuglingen und Kleinkindern, Stuttgart 1990

Kochbücher – zum Kochen für Kinder und mit Kindern (einschließlich Informationen zur Kinderernährung)

1. *Adam, C.,* Gesundes Frühstücksvergnügen: Müsli & Co., Niedernhausen/Ts 1988

2. *Bustorf-Hirsch, Maren,* Gesunde Ernährung für mein Kind, Nachauflage, Niedernhausen/Ts 1989

3. *Björk, Christina/Anderson, Lena,* Linus läßt nichts anbrennen, München 1981

4. *Danner, Helma,* Die Bio-Kochschule für unsere Kinder, Düsseldorf, New York 1987

5. *Gutta, Margrit,* Kinder lernen spielend kochen, 2. Auflage, Niedernhausen/Ts 1981

6. *Kurz, Marey,* Vollwertkost, die Kindern schmeckt, 2. Auflage, München 1986

7. *Pay, Joanna,* Das gesunde Kinderkochbuch – Aktive Gesundheit –, London 1986 (englische Originalausgabe), deutsch: 1987, Verlag Orac

3. Abschnitt

8. *Pütz, Jean,* Süßigkeiten mit und ohne Zucker, Köln 1989
9. *Reiter, Susanne,* Vollwertkost für Kinder: Bärenstark und kerngesund, Niedernhausen/Ts 1988
10. *Schönfeldt, Sybil Gräfin,* Ravensburger Kochbuch für Kinder, 2. Auflage, Ravensburg 1987

Zur Erarbeitung dieses Kapitels wurden die Quellen Nr. 1, 17, 26, 28, 29, 34, 36, 40, 45, 55, 59, 60, 65, 67, 69, 75, 77, 82, 90, 91, 99, 107, 112, 118, 127, 128, 129, 130 und 131 des Gesamt-Quellenverzeichnisses (siehe am Ende des Buches) benutzt.

Anhang

Tabelle 1: Empfehlenswerte Nährstoffzufuhr pro Tag (Hauptnährstoffe/Mineralstoffe)

Tabelle 2: Empfehlenswerte Nährstoffzufuhr pro Tag (Vitamine)

Tabelle 3: Tageskost-Beispiele

Tabelle 3a: Tageskost-Beispiele – Mittagessen –

Tabelle 4: Süßstoff-Information

Tabelle 5: Wissenswertes zum Frischkornbrei

Rezepte: Vorschläge und Anregungen für die verschiedenen Mahlzeiten und Feiern in der Gruppe

    1. Rezepte für gesunde Kinder

    2. Rezepte für diabetische (zuckerkranke) Kinder

3. Abschnitt

Tabelle 1

Empfohlene Nährstoffzufuhr pro Tag

(Hauptnährstoffe/Mineralstoffe)

	Protein g		Essentielle Fettsäuren g	Calcium mg		Phosphor mg		Magnesium mg		Eisen mg			Jod µg	Zink mg	
	m	w		m	w	m	w	m	w	m	w	w[4]			
Säuglinge															Säuglinge
0– 2 Monate	2,3[1]		2	(250[3])–500		(120[3])–280		(30[3])	50	0[5)6)]			50	3	0– 2 Monate
3– 5 Monate	2,1[1]		3	(250[3])–500		(120[3])–280		(40[3])	70	6			70	4	3– 5 Monate
6–11 Monate	2,0[1]		3	500		500		120		8			80	5	6–11 Monate
Kinder															Kinder
1– 3 Jahre	22		4	600		600		140		8			100	8	1– 3 Jahre
4– 6 Jahre	32		5	700		700		200		8			120	10	4– 6 Jahre
7– 9 Jahre	40		6	800		800		220		10			140	12	7– 9 Jahre
10–12 Jahre	45	45	7	1000	900	1000	900	280	250	12		18	180	12	10–12 Jahre
13–14 Jahre	60	55	9	1000	900	1000	900	330	300	12		18	200	15	13–14 Jahre
Jugendliche und Erwachsene															Jugendliche und Erwachsene
15–18 Jahre	60	50	10	900	800	900	800	400	350	12		18	200	15	15–18 Jahre
19–35 Jahre	55	45	10	800		800		350	300	12		18	200	15	19–35 Jahre
36–50 Jahre	55	45	10	800		800		350	300	12		18	180	15	36–50 Jahre
51–65 Jahre	55	45	10	800		800		350	300	12		12	180	15	51–65 Jahre
über 65 Jahre	55	45	10	800		800		350	300	12		12	180	15	über 65 Jahre
Schwangere	+ 30[2]		+ 1[2]	+ 400		+ 200		+ 100[2]				+ 7	+ 30	+ 10[2]	Schwangere
Stillende	+ 20		+ 3	+ 400		+ 200		+ 150				+ 4	+ 60	+ 10	Stillende

[1]) g/kg KG
[2]) ab 4. Monat der Schwangerschaft
[3]) bei Muttermilchernährung
[4]) nichtmenstruierende Frauen 12 mg
[5]) ausgenommen Unreifgeborene
[6]) ein Eisenbedarf besteht infolge der dem Neugeborenen von der Plazenta als Hb-Eisen mitgegebenen Eisenmenge erst ab dem 4. Monat.
Quelle: Deutsche Gesellschaft für Ernährung (D G E), Empfehlungen für die Nährstoffzufuhr, Frankfurt 1985

Ernährung im Säuglings- und Kleinkindalter

Tabelle 2
Empfohlene Nährstoffzufuhr pro Tag (Vitamine)

	Vit. A mg RÄ[7] m	Vit. A mg RÄ[7] w	Vit. D µg	Vit. E mg TÄ[8]	Thiamin B1 mg m	Thiamin B1 mg w	Riboflavin B2 mg m	Riboflavin B2 mg w	Niacin mgNÄ[9] m	Niacin mgNÄ[9] w	Vit. B6 mg m	Vit. B6 mg w	Folsäure µg [10) 11)]	Pantothen-säure mg	Vit. B12 µg	Vit. C mg
Säuglinge																
0– 2 Monate	0,5		10	3	0,3		0,4		5		0,3			4	0,5	40
3– 5 Monate	0,6		10	4	0,4		0,5		7		0,4			4	1,0	45
6–11 Monate	0,6		10	4	0,5		0,6		8		0,5			4	1,5	50
Kinder																
1– 3 Jahre	0,6		10	5	0,6		0,7		8		0,7		200	5	2,5	55
4– 6 Jahre	0,7		10	7	0,8		1,0		11		1,3		300	5	3,0	60
7– 9 Jahre	0,8		10	8	1,0		1,3		13		1,4		300	6	5,0	65
10–12 Jahre	0,9	0,9	10	10	1,2	1,1	1,5	1,4	15	14	1,6	1,4	400	6	5,0	70
13–14 Jahre	1,1	1,0	10	12	1,4	1,3	1,6	1,5	19	17	2,0	1,6	400	8	5,0	75
Jugendliche und Erwachsene																
15–18 Jahre	1,1	0,9	10	12	1,5	1,3	1,8	1,7	20	16	2,1	1,8	400	8	5,0	75
19–35 Jahre	1,0	0,8	5	12	1,4	1,2	1,7	1,5	18	15	1,8	1,6	400	8	5,0	75
36–50 Jahre	1,0	0,8	5	12	1,3	1,1	1,7	1,5	18	15	1,8	1,6	400	8	5,0	75
51–65 Jahre	1,0	0,8	5	12	1,3	1,1	1,7	1,5	18	15	1,8	1,6	400	8	5,0	75
über 65 Jahre	1,0	0,8	5	12	1,3	1,1	1,7	1,5	18	15	1,8	1,6	400	8	5,0	75
Schwangere	+0,3[2]		+5[2]	+2[2]	+0,3[2]		+0,3[2]		+2[2]		+1,0[2]		+400+160	+2[2]	+1,0	+25[2]
Stillende	+1,0		+5	+5	+0,5		+0,8		+5		+0,6		+200+80	+3	+1,0	+50

[7)] 1mg Retinol-Äquivalent = 6mg all-trans-β-Carotin = 12mg andere Provitamin A-Carotinoide
[8)] 1mg D-α-Tocopherol-Äquivalent = 1,1mg D-α-Tocopherylacetat = 2mg D-β-Tocopherol = 4mg D-γ-Tocopherol = 100mg D-δ-Tocopherol = 3,3mg D-α-Tocotrienol = 1,49mg D,L-α-Tocopherylacetat.
[9)] 1mg Niacin-Äquivalent = 60mg Tryptophan
[10)] berechnet auf „Gesamtfolat" (Summe folatwirksamer Verbindungen in üblicher Nahrung)
[11)] Folat-Äquivalente bzw. freie Folsäure (Pteroyl-monoglutamat)

Quelle: Deutsche Gesellschaft für Ernährung (D G E), Empfehlungen für die Nährstoffzufuhr, Frankfurt 1985

Tabelle 3
Anhaltswerte für altersgemäße Lebensmittel-Verzehrmengen

Alter	(Jahre)	1	2–3	4–6	7–9	10–12	13–14	Mengenbeispiele
Milch, Milchprodukte	(ml)/(g)/Tag	300	350	375	400	450	500	1 Tasse: ca. 150 ml
Fleisch, -waren oder Seefisch*	(g/Tag)	40	50	60	70	80	90	1 kleines Schnitzel, 1 mittlere Frikadelle: ca. 100 g
Eier	(Stück/Woche)	2	2	2	2–3	2–3	2–3	
Butter, Margarine, Öle	(g/Tag)	20	25	30	35	40	45	1 gestrichener Eßl.: ca. 12 g
Vollkornbrot	(g/Tag)	80	120	150	200	250	250	1 Scheibe: ca. 40–50 g
Graubrot	(g/Tag)	15	15	20	20	25	30	1 Eßl.: ca 10 g
Getreideflocken								1 kleine Kartoffel:
Kartoffeln	(g/Tag)	70	100	120	150	180	200	ca. 40–50 g
Gemüse	(g/Tag)	120	150	180	200	250	250	1 Eßl.: ca 30 g
Frischobst	(g/Tag)	120	150	180	200	250	250	1 kleiner Apfel: ca. 100 g
Flüssigkeit (Getränke, dünne Suppen)	(ml)(g)/Tag	450	600	700	1000	1200	1400	1 Glas: ca. 150–200 ml

* 1 ×/Woche

Quelle: „Leitsätze zur Ernährung von Klein- und Schulkindern" aus dem Forschungsinstitut für Kinderernährung, Dortmund 10/88

Ernährung im Säglings- und Kleinkindalter

Tabelle 3 a

Das braucht ein Kind zum Mittagessen

Alter: 4–6 Jahre*	Kilojoule kJ	Kilokalorien kcal	Eiweiß	Fett	Kohlen-hydrate KH
pro Tag:	6300	1500	32 g	60 g	200 g
davon ⅓ zum Mittagessen	2100	500	10 g	20 g	65 g

* Für die 7–9jährigen erhöht sich der Bedarf um ca. 20%

2 Beispiele für Kinder-Menüs

1. Menü mit Fleisch

	Menge	kJ	kcal	Eiweiß	Fett	KH
Rindswürstchen	1 St./45 g	507	124	4 g	12 g	–
Wirsinggemüse	150 g	464	110	3 g	8 g	8 g
Salzkartoffeln	150 g	536	126	3 g	–	29 g
Obstsalat	150 g	559	133	1 g	–	32 g
	zusammen	2066	493	11 g	20 g	69 g

2. Menü ohne Fleisch

Erbsensuppe	300 ml	1146	270	12 g*	6 g	42 g
Pflaumengelee	130 g	473	113	2 g	–	26 g
Garniert mit gerösteten Flocken	15 g	311	75	1 g	5 g	7 g
Schlagsahne	20 ml	260	62	–	6 g	1 g
	zusammen	2190	520	15 g	17 g	76 g

* Hülsenfrüchte enthalten besonders viel Pflanzeneiweiß, das jedoch biologisch nicht so hochwertig ist wie tierisches Eiweiß

Quelle: „Das Mittagessen für Kinder", Tiefkühlkost und Ergänzungen, Broschüre des Gesundheitsamtes Düsseldorf

3. Abschnitt

Tabelle 4

Süßstoffe = Zuckerersatzstoffe

Süßstoffe sind kalorienfrei,
    sind nicht kariesfördernd,
    sind für Zuckerkranke und bei gewünschter Gewichtsabnahme zu empfehlen, − aber

Süßstoffe gehören nicht zur täglichen gesunden Ernährung, sie sollten stets die Ausnahme sein.

Empfehlungen für die gesundheitlich unbedenkliche tägliche Aufnahmemenge werden von der WHO in Form der ADI-Werte angegeben.

ADI = Acceptable Daily Intake

ADI-Werte
− für Saccharin: 2,5 mg pro kg/Körpergewicht
− für Cyclamat: 11   mg pro kg/Körpergewicht
− für Aspartam: 40   mg pro kg/Körpergewicht

− z. B.: Erwachsener, 70 kg ..... max. 175 mg Saccharin
                                          max. 875 mg Cyclamat

    Kind, 6 J. 20 kg ..... max.   50 mg Saccharin
                                 max. 250 mg Cyclamat

Höchstmengen-Empfehlungen

Handelsname	Zusammensetzung/ 1 Tablette	Höchstmenge pro Tag
Natreen Diätsüße	4 mg Saccharin 40 mg Cyclamat	21 Tabletten/Erw. 6 Tabletten/Kind
Sukrinetten	16 mg Saccharin − Cyclamat	11 Tabletten/Erw. 3 Tabletten/Kind
Assugrin feinsüß	− Saccharin 70 mg Cyclamat	12 Tabletten/Erw. 3 Tabletten/Kind
CANDEREL	18 mg Aspartam **Aspartam,** − bestehend aus 2 Aminosäuren=Eiweißbausteinen: − Asparaginsäure − Phenylalanin	44 Tabletten/Kind 150 Tabletten/Erw.
Sunett	**Acesulfam − K** − synthetische Herstellung	9 mg/kg Körpergewicht

Quelle: Paulus, K./Braun, M., Süßkraft und Geschmacksprofil von Süßstoffen, in: Ernährungsumschau, H. 11, 1988

Tabelle 5

Wissenswertes zum Frischkornbrei

Frage: Bei der Zubereitung von Frischkornmüslis wird meist geschrotetes Getreide mehrere Stunden in Wasser eingeweicht. Besteht die Gefahr, daß hier eine unerwünschte Vermehrung von Mikroorganismen stattfindet?

Antwort: Beim Einweichen des Getreideschrotes bei Zimmertemperatur (20 °C) kommt es schon nach wenigen Stunden zu einer unerwünschten Vermehrung von Keimen. Nach einer Zeit von 18 Stunden kann man von einem Verderb des Getreides sprechen. Die Aufbewahrung des eingeweichten Schrotes im Kühlschrank oder die Verwendung von Sauermilcherzeugnissen zum Einweichen verhindert zum größten Teil die Entwicklung von Mikroorganismen.

Beim Einweichen von Weizen- und Roggenschroten in Wasser von 20 °C setzt innerhalb kurzer Zeit eine Entwicklung der Mikroflora ein und es kommt zu einem Anstieg von mesophilen Bakterien, coliformen Bakterien (incl. Escherichia coli) und faekalen Streptokokken.

Werden die zubereiteten Produkte bei 5 °C aufbewahrt, dann kann, bis auf faekale Streptokokken, die Entwicklung der Mikroorganismen, zumindest für 18 Stunden, unterbunden werden.

Durch Zubereitung der Produkte unter Verwendung eines Sauermilcherzeugnisses gelingt es, die Vermehrung von mesophilen Bakterien, Sporenbildnern, coliformen Bakterien, Escherichia coli und Staphylococcus aureus für 18 Stunden zu unterbinden, selbst wenn diese einer Temperatur von 20 °C ausgesetzt sind.

Daraus läßt sich folgende Empfehlung für das Einweichen von Getreide ableiten:

- Sollen die Produkte in Wasser eingeweicht werden, dann kann dies bei Zimmertemperatur (20 °C) bis zu 3 Stunden erfolgen, ohne Gefahr zu laufen, daß eine nennenswerte Entwicklung der Mikroflora einsetzt;
- Ist hingegen ein längerer Zeitraum zwischen der Zubereitung und dem Verzehr des Speisegetreides vorgesehen, dann muß eine ausreichende Kühlung bzw. das Einweichen der Körner im Kühlschrank (+5 °C) erfolgen;
- Findet anstelle von Wasser ein Sauermilcherzeugnis Verwendung, dann dürfte es erlaubt sein, die Zubereitung selbst bei Einhaltung von 20 °C auf eine Zeit von 18 Stunden auszudehnen.

Quelle:

G. Spicher, Deutsche Lebensm.-Rdsch., Heft 9, 1982, abgedruckt in: Ernährungsberatungsdienst Haushalt und Heime, Deutsche Gesellschaft für Ernährung e.V., Feldbergstr. 28, 6000 Frankfurt/M. 1

3. Abschnitt

Rezepte

Vorschläge und Anregungen für die verschiedenen Mahlzeiten und Feiern in der Gruppe

1. Rezepte für gesunde Kinder (*auch für zuckerkranke Kinder geeignet)

Möhrentorte

Zutaten für eine Torte:
5 Eier/120 g Honig/250 g Möhren/250 g gemahlene Haselnüsse/50 g Weizenvollkornmehl/ 1 TL Backpulver/1 Messerspitze Zimt/1 Zitrone. Zum Garnieren: 250 ml Schlagsahne/ 1 Möhre/einige ganze Nußkerne.
Zubereitung:
Die gewaschenen Möhren fein raspeln, die Eier trennen. Eigelb mit Honig, Zimt und Zitronensaft schaumig rühren, Mehl, Backpulver und Nüsse nach und nach dazugeben, Eischnee schlagen und unter die Masse heben. Den Teig in eine gefettete Springform füllen, im vorgeheizten Ofen bei 180 °C ca. 50 Minuten backen. Den Kuchen nach dem Erkalten mit der geschlagenen Sahne, der Möhre und den Nüssen garnieren.

Pizza-Toast mit Sojasprossen*

Zutaten für 16 Portionen:
8 Scheiben Weizenvollkorntoast/Butter zum Bestreichen/300 g Sojasprossen/300 g junger Gouda/500 g Tomaten/1 Bund Petersilie/etwas Thymian/Salz.
Zubereitung:
Das Brot leicht toasten, mit Butter bestreichen, halbieren und auf das Backblech legen. Die portionierten Scheiben Toast mit Tomaten belegen, mit frischen oder getrockneten Kräutern bestäuben. Den Käse grob raffeln, die Kräuter waschen und hacken, die Sojasprossen blanchieren (mit kochendem Wasser überbrühen). Den Käse mit den Kräutern und den Sojasprossen vermengen, die Masse über die Tomaten verteilen. Im vorgeheizten Ofen bei 225 °C ca. 6 Minuten überbacken, sofort servieren.

Quark-Dip*

Zutaten für 15 Portionen:
250 g Magerquark/300 ml saure Sahne/200 g Frischkäse/Salz/1–2 Zwiebeln/frische Kräuter (Kresse/Schnittlauch) oder 50 g Sesamsamen, geröstet.
Zum Dippen: 2 Kohlrabiknollen/2 Möhren/½ grüne Gurke/oder 2 Paprikaschoten/selbstgebackene Sesamstangen, Vollkornbrotstreifen oder Knäckebrot (Crisp).
Zubereitung:
Aus Quark, saurer Sahne und Frischkäse eine cremige Masse herstellen, die feingeschnittenen Zwiebeln und Kräuter (bzw. Sesamsamen) dazugeben, mit Salz abschmecken, in kleinen Schüsseln anrichten.
Das Gemüse waschen, in ca. 8–10 cm lange Streifen schneiden, auf Tellern oder in Gläsern anrichten.
Der Quark wird auf Portionstellern mit Gemüse und Brot gedippt.

Gefüllter Bratapfel

Zutaten für 16 halbe Äpfel (= Portionen):
8 große Äpfel/250 g Sahnequark/50 g gehackte Nüsse/50 g Rosinen/50 g Haferflocken/ 1 EL Butter/Zucker/1 TL Zimt.
Zubereitung:
Die gewaschenen Äpfel quer halbieren, das Kerngehäuse ausstechen und die Apfelhälften in eine gefettete Auflaufform (oder auf eine Backpfanne) setzen.
Den Quark mit Rosinen und Nüssen mischen, mit Zimt und Zucker abschmecken, auf die Äpfel geben. Die gerösteten Haferflocken über die Quarkmasse streuen, die Äpfel im vorgeheizten Ofen ca. 15 Minuten backen.
Für die gerösteten Haferflocken 1 EL Butter und 1 EL Zucker in einer Pfanne schmelzen, die Haferflocken dazugeben und unter Rühren kurz anrösten.

Ernährung im Säuglings- und Kleinkinderalter

Tip:
Haferflocken können gut auf Vorrat geröstet werden. Sie schmecken als Müsli, über Obstsalat, Quark- und Joghurtspeisen. Neben der Geschmacksverbesserung wird gleichzeitig eine wertvolle Nährstoffanreicherung erreicht.

Müslikugeln

Zutaten für ca. 30 Kugeln:
60 g Butter/100 g Honig/4 EL Kakao/250 g feine Haferflocken/5 EL Sahne/50 g Kokosflocken.
Zubereitung:
Die weiche Butter mit dem Honig, Kakao und der Sahne glatt rühren. Die Haferflocken unterkneten. Aus dem Teig ca. 30 kleine Kugeln formen – Kinder formen gern mit – und diese in den Kokosflocken wälzen. Die fertigen Kugeln auf eine Platte setzen und im Kühlschrank einen Tag durchziehen lassen. So schmecken sie besonders gut.
Variation: Die Müslikugeln mit kleinen Piekern auf Obststückchen setzen (Honigmelone, Pfirsiche, Apfelsinenscheiben).

Vollkornwaffeln

Rezept für 6 Waffeln:
120 g Butter/2 EL Zucker/4 Eier/250 ml saure Sahne/150 g Weizenvollkornmehl/1 Messerspitze Backpulver.
Zubereitung:
Butter und Zucker schaumig rühren, Eigelb und saure Sahne hinzufügen, danach das Mehl (gemischt mit dem Backpulver) einrühren. Den Eischnee unter den Teig heben und eine halbe Stunde quellen lassen. Waffeln backen. Zu den Waffeln Obst, Obstmus oder Kompott geben, z. B. frische Erdbeeren, Hagebuttenmus oder Kirschkompott.

Sesamstangen mit Käsecreme*

Zutaten für 30 Sesamstangen:
150 g Roggenmehl Type 1150/350 g Weizenvollkornmehl/100 g Sesamsamen/100 g Margarine/40 g Hefe/1 TL Salz/300 ml Buttermilch.
Käsecreme: 500 g Magerquark/200 g Frischkäse/Paprikapulver/Salz/1 rote Paprikaschote/50 g Sonnenblumenkerne.
Zubereitung:
Einen Hefeteig herstellen, wobei nur 50 g Sesamsamen in den Teig kommen. 30 kleine Stangen formen und auf ein gefettetes Blech setzen, mit Wasser bepinseln und mit dem restlichen Sesamsamen bestreuen. Im vorgeheizten Ofen bei 220 °C ca. 15 Minuten backen.
Für die Käsecreme Quark mit Frischkäse verrühren, 2–3 EL Milch dazugeben, mit Salz und Paprika abschmecken. Die gewaschene Paprikaschote in kleine Stücke schneiden. Käsecreme entweder auf die Sesamstangen spritzen (mit dem Spritzbeutel) oder separat in einer Schüssel anrichten, jeweils mit den gehackten Paprikastückchen und Sonnenblumenkernen bestreuen.
Variation: Aus dem Teig können auch **Mäuse** geformt werden. Für die Augen eignen sich Sonnenblumenkerne oder Kürbiskerne.

Sesam-Backkartoffeln*

Zutaten für 10 Kartoffeln (= 20 Hälften):
10 große Kartoffeln/100 g Sesamsamen/4–5 EL Öl.
Zubereitung:
Die Kartoffeln gründlich waschen und abreiben, längs halbieren, mit der Schnittfläche in die Sesamkörner drücken und auf ein gefettetes Backblech setzen. Die Kartoffeln mit Öl bepinseln, mit Sesam bestreuen und im vorgeheizten Ofen bei 200 °C ca. 30–40 Minuten backen.

3. Abschnitt

Tsatsiki

Zutaten für 10–15 Portionen:
500 g Magerquark/200 ml saure Sahne/1 grüne Gurke/2–3 Knoblauchzehen/Salz/Essig/Schnittlauch.
Zubereitung:
Den Quark mit der sauren Sahne verrühren. Die gewaschene Gurke schälen, grob raspeln, die Knoblauchzehen und den Schittlauch fein schneiden. Die Zutaten in die Quarkmasse rühren, mit Salz und ganz wenig Essig abschmecken.

Der Tip:

Wenn's ins Freie geht — Zum Lagerfeuer oder Grillen

Stockbrot

Der Teig von den Sesamstangen eignet sich gut zum Stockbrot-Backen.

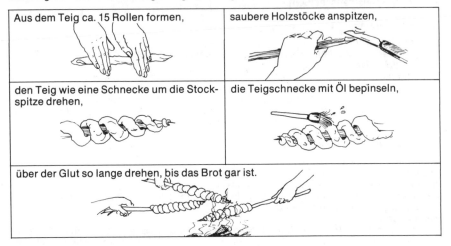

Aus dem Teig ca. 15 Rollen formen,	saubere Holzstöcke anspitzen,
den Teig wie eine Schnecke um die Stockspitze drehen,	die Teigschnecke mit Öl bepinseln,
über der Glut so lange drehen, bis das Brot gar ist.	

Die Sesam-Backkartoffeln eignen sich ebenfalls gut für ein Lagerfeuer- oder Grillfest. Sie werden statt auf ein Backblech auf ein Stück Alufolie gelegt, fest darin eingewickelt und ca. 30 Minuten in der Glut gegart.

2. Rezepte für diabetische (zuckerkranke) Kinder

Diese Speisen schmecken natürlich auch gesunden Kindern.

Frühstückskranz/Frühstücksbrezel

Zutaten für 8 Stück:
125 g Weizenmehl, Type 405/125 g Weizenvollkornmehl, Type 1700/½ Päckchen Trockenbackhefe/50 g gemahlene Mandeln/1 Prise Salz/125 ml Milch/2 TL Süßstoff flüssig/1 Ei
Zubereitung:
Mehl mit Hefe mischen, Mandeln und Salz zugeben. Warme Milch, Süßstoff und das Ei dazugeben und einen Teig kneten. Solange gehen lassen, bis der Teig sichtbar größer ist (bei 50 °C im Backofen), dann nochmals durchkneten, zu 8 Kugeln formen, kranzförmig auf ein gefettetes Backblech setzen (oder als Brezeln formen), gehen lassen, mit Milch bestreichen, evtl. mit Sesamsamen, Mohn oder gehackten Nüssen bestreuen, bei 200 °C ca. 30 Minuten backen.
1 Stück enthält: 6 g Eiweiß/4 g Fett/23 g Kohlenhydrate = 2 BE/645 kJ (152 kcal).

Ernährung im Säuglings- und Kleinkindalter

Zwiebelbrötchen

Zutaten für 10 Personen:
10 g Butter/50 g Zwiebeln (1 Stück), gewürfelt/200 g Roggenvollkornmehl, Type 1150/ 150 g Magerquark/1 Ei/2 TL Backpulver/1 Prise Salz/Pfeffer/Thymian/2 EL Büchsenmilch.
Zubereitung:
Die Zwiebel in der Butter hellbraun dünsten, mit den anderen Zutaten zu einem Teig kneten. Den Teig in 10 gleiche Stücke teilen und Brötchen daraus formen, auf ein gefettetes Backblech (oder mit Backtrennpapier ausgelegtes) legen, längs die Brötchen mit einem Messer einritzen und mit Büchsenmilch bepinseln. Bei 175 °C ca. 20 Minuten backen.
1 Stück enthält:
5 g Eiweiß/1 g Fett/12 g Kohlenhydrate = 1 BE/360 kJ (85 kcal).

Thunfischsalat

Zutaten für 10 Portionen:
2 Dosen Thunfisch in Wasser/100 g Zwiebeln/300 g grüne Gurke (½ Stück)/300 g Tomaten/2–3 EL Essig/2–3 EL Öl/Salz/Pfeffer/ 1 Kopf grüner Salat.
Zubereitung:
Den Thunfisch auf einem Sieb abtropfen lassen und in eine Schüssel geben. Das Gemüse waschen, die Zwiebeln fein würfeln, Gurken und Tomaten in halbe Scheiben schneiden, den Salat zerpflücken. Mit den Gewürzen abschmecken.
1 Portion enthält:
8 g Eiweiß/7 g Fett/6 g Kohlenhydrate = keine BE anzurechnen/525 kJ (125 kcal).

Haferflocken-Sesam-Waffeln

Zutaten für 10 Waffeln:
200 g feine Haferflocken/1 TL Backpulver/50 g flüssige Butter/125 ml Sahne/175 ml Wasser/2 Eier/2 EL Zitronensaft (1 Zitrone)/Süßstoff nach Geschmack/30 g Sesamsamen zum Einbacken/10 g Öl (ca. 1 EL) zum Auspinseln des Waffeleisens.
Zubereitung:
Alle Zutaten in eine Schüssel geben und mit einem Schneebesen gut verrühren. Das Waffeleisen vorheizen, dünn mit Öl auspinseln. Darauf 1 TL Sesamsamen streuen, 1 gehäuften Eßlöffel Teig in das Eisen geben, Waffel backen.
1 Waffel enthält:
5 g Eiweiß/15 g Fett/13 g Kohlenhydrate = 1 BE/800 kJ (190 kcal).

Schokowaffeln

Zutaten für 10 Waffeln:
250 g Magerquark/200 g Weizenvollkornmehl, Type 1700/10 g (1 EL) Kakao/5 EL Büchsenmilch/3 Eier/125 ml Wasser/100 g gemahlene Haselnüsse/1 TL Backpulver/½ TL Süßstoff, flüssig/10 g (ca. 1 EL) Öl zum Auspinseln.
Zubereitung:
Alle Zutaten in eine Schüssel geben und mit einem Schneebesen gut verrühren. Das Waffeleisen vorheizen, dünn mit Öl auspinseln, Waffeln backen (pro Waffel 1 gehäufter EL).
1 Waffel enthält:
10 g Eiweiß/8 g Fett/12 g Kohlenhydrate = 1 BE/715 kJ (170 kcal).

Zimt-Sahne zu den Waffeln

Zutaten für 10 Waffeln:
250 ml Schlagsahne/½ TL Zimt, gemahlen/½ TL Süßstoff, flüssig.
Zubereitung:
Die Sahne schlagen, Zimt und Süßstoff unterziehen. Die Zimt-Sahne muß nicht auf Broteinheiten (BE) angerechnet werden.

4. Gesund leben — sich wohlfühlen — Pädagogische Überlegungen zur Gesundheitserziehung in Tageseinrichtungen für Kinder —

4.1 Bedeutung, Ziele und Entwicklung gesundheitserzieherischer Bemühungen im Elementarbereich

Fragen der Gesunderhaltung von Mensch und Umwelt werden in jüngerer Zeit nicht nur in der Öffentlichkeit, sondern auch in sozialpädagogischen Fachkreisen vermehrt diskutiert. Denn obwohl Kinder in unserer Gesellschaft noch nie so gut medizinisch versorgt waren wie heute — Vorsorgeuntersuchungen, Schutzimpfungen, Früherkennung und Frühförderung ... — zeigen Beobachtungen, daß Gesundheitsstörungen bereits bei Kindern in immer früherem Alter einsetzen und in ihrer Häufigkeit zunehmen. Dabei sind es weniger die früher so gefürchteten Kinderkrankheiten, die die Gesundheit von Kindern bedrohen, als vielmehr Gesundheitsschäden durch unzureichende Bewegungsmöglichkeiten, Fehlernährung, Reizüberflutung, Umweltvergiftung und Schadstoffe sowie psycho-soziale Belastungen — Verlust stabiler Beziehungen, überhöhte Leistungserwartungen von Eltern ... —, die zu Konzentrationsstörungen, Verhaltensauffälligkeiten u. a. führen.

<small>Das vermehrte Interesse an Fragen der Gesundheitsförderung</small>

<small>Ursachen von Gesundheitsbeeinträchtigungen im Kindesalter</small>

Zweifellos wird die Art der Lebensführung schon in früher Kindheit entscheidend geformt. Auch die meisten Risikofaktoren, die später krank machen und zu den sog. Zivilisationskrankheiten — Übergewicht, Bluthochdruck, Herz-Kreislauferkrankungen etc. — führen, entstehen in diesem Lebensalter. Deshalb ist es wichtig, gesundheitserzieherischen Belangen nicht nur in der Familie, sondern auch in Tageseinrichtungen für Kinder vermehrte Aufmerksamkeit zu schenken. Dies gilt in besonderer Weise für solche Einrichtungen, die Kinder ganztägig und vom Säuglingsalter an betreuen, wie es bei altersgemischten Gruppen der Fall ist. Denn in frühem Lebensalter sind Kinder noch offen und zugleich besonders lernfähig. Insofern sind hier die Chancen am größten, sie von Anfang an, also bevor sich problematische Einstellungen und Verhaltensweisen entwickelt haben, an eine gesunde Lebensweise heranzuführen und dabei die Grundlagen für eine verantwortungsvolle Haltung gegenüber dem eigenen Körper, gegenüber den Mitmenschen und der Gesellschaft zu schaffen. Der Aufbau dieser grundlegenden Einstellungen muß das übergeordnete Ziel der Gesundheitserziehung sein, denn die Vermittlung von Kenntnissen und Wissen allein —

<small>Die Bedeutung der Gesundheitserziehung ‚von Anfang an'</small>

4. Abschnitt

dies haben auch die Erfahrungen mit großen Aufklärungs- und Informationsprogrammen gezeigt — ist wenig erfolgreich.

Gesundheitserzieherische Bemühungen in Tageseinrichtungen dürfen jedoch nicht auf eine ‚Gesundheit um jeden Preis' ausgerichtet sein, vielmehr sollen Kinder erfahren, daß Gesundsein und Kranksein zum menschlichen Leben dazugehören, daß man Gesundheit nicht ein für allemal hat, sondern daß man sich ständig neu darum bemühen muß. Dazu gehört, daß man den eigenen Körper und seine Signale wahrnimmt und sorgsam mit dem gesunden bzw. gesundheitlich beeinträchtigten Körper umgeht, ihn stärkt und schützt. Dazu gehört auch, daß man eine Krankheit als Möglichkeit akzeptiert, anzuhalten, sich Ruhe zu gönnen, daß man ‚so gesund ist, auch einmal krank zu sein'.

Die Entwicklung gesundheitserzieherischer Bemühungen im Elementarbereich

Allerdings hat die Entwicklung gesundheitserzieherischer Bemühungen im Elementarbereich vielerorts zu — aus sozialpädagogischer Sicht — problematischen Formen der Gesundheitserziehung geführt. Dazu folgendes: Im Rahmen breit angelegter Präventions- und Prophylaxemaßnahmen, hinter denen vor allem die Kostenexplosion im Gesundheitswesen stand, wurden Tageseinrichtungen für Kinder zum bevorzugten Ort gesundheitserzieherischer Aktivitäten, sah man doch hier die Chance, die Mehrzahl aller Kinder in einem Alter zu erreichen, das sich durch eine hohe Formbarkeit der kindlichen Persönlichkeit auszeichnet. Des weiteren hoffte man, durch die Arbeit mit den Kindern auch die Eltern ansprechen zu können. Diese gesundheitserzieherischen Bemühungen gingen zunächst vor allem von Interessengruppen (Krankenkassen, Zahnärzten, Sportverbänden etc.) aus und führten dazu, daß zunehmend **‚Experten von außerhalb'** — Zahnärzte, Prophylaxehelferinnen, Rhythmiklehrerinnen ... — in die Tageseinrichtungen drängten und ihre gesundheitserzieherischen Anliegen dort **in Form von Einzelmaßnahmen** (z. B. Zahnputzaktionen) bzw. **durch eine Art Fachunterricht** (z. B. eine wöchentliche Rhythmikstunde) einbrachten. Insbesondere die Zahnpflege war dabei der Bereich der Gesundheitserziehung, der unverhältnismäßig stark in den Vordergrund rückte. Im Rahmen all dieser gesundheitserzieherischen Aktivitäten wurden auch vielfältige Materialien — Informationsschriften, Bilderbücher, didaktische Materialien etc. — an Erzieher und Kinder herangetragen, die auf Curriculumkonzepten beruhen, die nicht dem heutigen — situationsorientierten — Arbeitsansatz in Tageseinrichtungen entsprachen, vielmehr eher lernbereichs- und funktionsorientierten Curriculumansätzen nahestanden.

Gesund leben – sich wohlfühlen

Da die genannten gesundheitserzieherischen Maßnahmen und Materialien somit weitgehend **unabhängig vom Konzept sozialpädagogischer Einrichtungen entwickelt** worden waren und **in der Praxis zusammenhanglos nebeneinanderstanden,** wandte man sich von sozialpädagogischer Seite bald gegen diesen, den Tageseinrichtungen für Kinder von außen aufgedrängten ‚Gesundheitsboom' und bemühte sich, das grundlegende Verständnis von Gesundheitserziehung aus der Sicht der Kindergartenpädagogik zu verdeutlichen[1]. Dieses soll im folgenden in seinen wesentlichen Elementen dargestellt werden.

4.2 Das ganzheitliche Verständnis von Gesundheit als Grundlage der Gesundheitserziehung

Das Ziel der pädagogischen Arbeit in Tageseinrichtungen für Kinder ist die Förderung der kindlichen Gesamtpersönlichkeit. Dieser Zielsetzung entsprechend kann die Grundlage der Gesundheitserziehung in Tageseinrichtungen nur ein breites Gesundheitsverständnis sein, das nicht nur die körperliche, sondern ebenso die psycho-soziale Gesundheit umfaßt. Dieser ganzheitliche Gesundheitsbegriff entspricht auch der Definition von Gesundheit durch die Weltgesundheitsorganisation (WHO) und ist somit heute allgemein, d. h. nicht nur im Elementarbereich, die Basis gesundheitserzieherischer Bemühungen.

vgl. Bd. I, S. 148 f.

Gesundheitserziehung muß sich auf die körperliche und die psycho-soziale Gesundheit beziehen

Nun ist die Gesundheitserziehung zweifellos schon immer ein Bestandteil der Kindergartenpädagogik gewesen, allerdings beschränkte sich das **explizite Verständnis** von Gesundheitserziehung früher primär auf Bereiche wie **Körperpflege, Ernährung, Unfallverhütung, die Vorbeugung von Krankheiten** – was angesichts der bis in die Mitte unseres Jahrhunderts oftmals schwierigen hygienischen und medizinischen Verhältnisse auch sehr wichtig war. In der Erzieherausbildung hat sich dieses traditionelle Verständnis von Gesundheitserziehung vielerorts bis heute gehalten, d. h. gesundheitserzieherische Inhalte werden in eher naturwissenschaftlich orientierten Fächern wie Biologie und Hygiene vermittelt.

Bei einem breiten Verständnis hingegen gehören zur Gesundheitserziehung über die bereits angesprochenen Bereiche hinaus auch **die Zahngesundheit, der Umgang mit Krankheiten und Behinderungen, Fragen der Bewegungs-, Umwelt-, Medien- und Sexualerziehung sowie der psychischen Gesunderhaltung.** Dieser umfassende Ansatz soll nun

Gesundheitserzieherisch relevante Bereiche

---
1) Vgl. Bundesarbeitsgemeinschaft der Freien Wohlfahrtspflege, 1986.

4. Abschnitt

nicht dazu führen, alles in der Kindergartenpädagogik als ‚Gesundheitserziehung' zu bezeichnen, vielmehr geht es darum, **sich als Erzieher die gesundheitserzieherischen Anteile der pädagogischen Arbeit bewußt zu machen** und sensibel zu werden für mögliche Gesundheitsbeeinträchtigungen, d. h. sich beispielsweise folgende Fragen zu stellen: Entspricht die eigene Raumgestaltung den Bewegungsbedürfnissen der Kinder? Ist diese so, daß die ohnehin überall in der Umwelt anzutreffende Reizüberflutung vermieden wird? Ist das eigene Ernährungsverhalten – was man ißt und wie man ißt – ein gutes Vorbild für die Kinder? Wie geht man als Erzieher mit Krankheit und Unwohlsein um: gönnt man sich auch einmal Ruhe oder greift man sofort zu starken Medikamenten ...?

Die pädagogische Arbeit in Tageseinrichtungen enthält vielfältige gesundheitserzieherische Anteile

Diese Fragen sollen zeigen, daß ‚Gesundheitserziehung' in Tageseinrichtungen für Kinder ständig passiert, allerdings werden die gesundheitserzieherischen Anteile der pädagogischen Arbeit oft nicht bewußt genug wahrgenommen und gestaltet. Dies zeigt auch eine Untersuchung der Bundeszentrale für gesundheitliche Aufklärung (BZgA) zur gegenwärtigen Praxis der Gesundheitserziehung in Tageseinrichtungen für Kinder:[2] während etliche der befragten Erzieher unter Gesundheitserziehung nur Zahnpflege und Körperhygiene verstehen, betonen andere, daß gesundheitserzieherische Aspekte die gesamte pädagogische Arbeit durchziehen. Sie betreffen z. B. die Raumgestaltung (Bewegung ermöglichen, Sich-wohl-fühlen), den Tagesablauf (Rhythmus von Aktivität und Ruhe, täglicher Aufenthalt im Freien bei jedem Wetter ...) sowie das Angebot an Materialien (Reizüberflutung vermeiden, sich über Schadstoffgehalte informieren ...). Ein auffälliges Ergebnis der genannten Untersuchung ist auch, **daß bei den sog. ‚Versorgungssituationen' (Essen, Körperpflege, Schlafen) zu wenig die psycho-sozialen Aspekte gesehen werden,** z. B. daß die Mahlzeiten nicht nur eine gesunde Ernährung bieten sollten, sondern auch die Erfahrung von Tischgemeinschaft, Eßkultur, Muße etc. ermöglichen müssen.

4.3 Kindgemäße Wege der Gesundheitserziehung in Tageseinrichtungen

Lernen in früher Kindheit

Lernen in früher Kindheit ist ein ununterbrochenes Lernen am und im Leben selbst, d. h. das kleine Kind lernt vor allem **durch nachahmenden Mit-/Nachvollzug und durch die eigene Tätigkeit.** Wichtig ist deshalb, daß die Umwelt nach-

---

2) Bundeszentrale für gesundheitliche Aufklärung (Hrsg.), 1987.

Gesund leben – sich wohlfühlen

ahmenswert ist und dem Kind die Möglichkeit gibt, auf vielfältige Weise aktiv zu werden, um die eigenen Fähigkeiten im selbstbestimmten Tun zu entwickeln. Das isolierte Vermitteln von Kenntnissen bzw. Einüben von Fertigkeiten hat hingegen in früher Kindheit wenig Einfluß auf das Handeln in Alltagssituationen. Das Kind kann das, was es in abgehobener Form, z. B. anhand von Arbeitsblättern, didaktischen Materialien etc. gelernt hat, nicht auf das tägliche Leben übertragen. Eine kindgemäße Gesundheitserziehung in Tageseinrichtungen kann deshalb nicht auf vorgefertigten, von außen eingegebenen Materialien und Programmen bzw. gesundheitserzieherischen Einzelmaßnahmen aufbauen oder auf die Vermittlung von Kenntnissen und pragmatischen Fertigkeiten begrenzt werden – zeigt sich doch selbst bei Erwachsenen immer wieder, wie wenig erfolgreich es ist, Menschen durch bloße Information und Wissensvermittlung zu einer gesunden Lebensweise hinführen zu wollen.

Vielmehr gilt, daß die gesundheitserzieherischen Bemühungen das Kind stets in seiner Gesamtpersönlichkeit ansprechen müssen, im Erleben, Verstehen und Handeln. Gesundheitserziehung in Tageseinrichtungen muß deshalb bedeuten, Kinder im Zusammenleben mit Erwachsenen eine gesunde Lebensweise (regelmäßige Körperpflege, viel Bewegung an frischer Luft bei jedem Wetter, eine gesunde Ernährung ...) kontinuierlich, d. h. als alltägliche Normalität, erleben zu lassen, ihnen, eingebunden in Alltagssituationen und Lernzusammenhänge in der Gruppe, Kenntnisse und Fähigkeiten zu vermitteln und sie zu zunehmender Selbstverantwortlichkeit hinzuführen. Wesentlich ist dabei, daß das Kind eine gesunde Lebensführung positiv erleben kann; denn weniger durch Drohungen („Wenn Du kein Gemüse ist, wirst Du krank...") als vielmehr durch angenehme Erfahrungen (abwechslungsreiche, appetitlich angerichtete Speisen, erlebnisreiche Aktivitäten im Freien ...) kann das Kind langfristig motiviert werden, sich gesundheitsbewußt zu verhalten.

Merkmale einer kindgerechten Gesundheitserziehung in Tageseinrichtungen

Lebensnähe, Kontinuität und Motivierung durch positive Erfahrungen sind somit unverzichtbare Merkmale einer kindgerechten Gesundheitserziehung in Tageseinrichtungen. Bilderbücher (z. B. zum Zahnarztbesuch, zur Herkunft von Nahrungsmitteln ...), didaktische Materialien und gesundheitserzieherische Einzelmaßnahmen (Besuch des Zahnarztes, der Prophylaxehelferin etc.) können Kenntnisse und Fähigkeiten vertiefen, sind insgesamt aber von zweitrangiger Bedeutung.

4. Abschnitt

Die Bedeutung des Vorbildes des Erziehers vgl. Bd. I, S. 80 f.

Hingegen ist das Vorbild des Erziehers, ergänzend zu den Erfahrungen im Elternhaus, von größter Wichtigkeit, werden doch die Grundlagen für die zukünftige Lebensführung vorrangig durch die Interaktion zwischen dem Kind und seinen Bezugspersonen gelegt. Vorbild meint dabei insbesondere auch die nicht-willentliche Vermittlung von Einstellungen und Verhaltensweisen, denn weniger die Worte und Belehrungen des Erwachsenen beeinflussen das Kind als vielmehr das, was er dem Kind vorlebt und wie er den Erfahrungsraum des Kindes gestaltet.

Gesundheitserziehung heißt für den Erzieher auch, sich mit sich selbst auseinanderzusetzen

Der Erzieher muß sich also stets selbst als Lernender begreifen, d. h. er muß sein eigenes Handeln kritisch überprüfen, um Diskrepanzen zwischen Anspruch und Realität zu verringern. Die Auseinandersetzung des Erziehers mit der eigenen Person ist somit eine wesentliche Voraussetzung auch für die Gesundheitserziehung in früher Kindheit.

4.4 Gesundheitserziehung als integrierter Bestandteil der pädagogischen Arbeit

Situationsorientiertes Arbeiten in der Tageseinrichtung, vgl. Bd. I, S. 145 ff.

Dem Entwicklungsstand des Kleinkindes entsprechend, bedeutet Lernen in Tageseinrichtungen vor allem lebensnahes Lernen in Situationen und von Situationen ausgehend, die sich beispielsweise durch aktuelle Anlässe in der Gruppe, Gegebenheiten in den Familien oder im sozialen Umfeld ergeben. Aufgabe des Erziehers ist es, solche Anlässe zu erkennen, aufzugreifen und den Kindern die darin enthaltenen Lernmöglichkeiten und Erfahrungsräume zu erschließen.

Gesundheitserzieherische Belange müssen durchgängig in die pädagogische Arbeit integriert werden

Um dem damit angesprochenen Konzept situationsorientierten Arbeitens gerecht zu werden, müssen gesundheitserzieherische Belange durchgängig in die pädagogische Arbeit integriert werden. Was dies konkret bedeutet, soll im folgenden an zwei Beispielen, der Ernährungs- und der Bewegungserziehung, veranschaulicht werden.

Beispiel 1:

Ernährungserziehung als integrierter Bestandteil der pädagogischen Arbeit

Ganzheitliche Ernährungserziehung in der Tageseinrichtung heißt:

— Eßkultur und Eßgenuß erfahren (gemütliche Atmosphäre, schön gedeckter Tisch, appetitlich angerichtete Speisen . . .);

— Tischgemeinschaft erleben, auch in unterschiedlichen Formen;

— Selbständigkeit entwickeln (mit Besteck umgehen, entscheiden lernen, was und wieviel man essen möchte . . .);

Gesund leben – sich wohlfühlen

- kulturspezifische Ernährungsgewohnheiten kennenlernen und respektieren;
- Kenntnisse über den Ursprung und die Herstellung der Nahrung gewinnen (z. B. durch Anlegen eines Gemüsebeetes/Pflanzen von Obststräuchern/-bäumen, durch Besuche beim Bauern, beim Bäcker ..., ergänzt durch geeignete Bilderbücher);
- eine gesunde Zusammenstellung der Nahrung kennenlernen (ausgewogen, abwechslungsreich, umweltbewußt ...);
- ein gesundheitsförderndes Eßverhalten entwickeln (mit Muße essen, sinnvolle Verteilung der Mahlzeiten/der Nahrungsmenge pro Mahlzeit ...).

Um die genannten ernährungserzieherischen Belange umzusetzen, bieten sich im Gruppenalltag, insbesondere bei einer ganztägigen Betreuung, vielfältige Möglichkeiten, z. B. durch regelmäßige Einkäufe mit den Kindern, durch das Selbstzubereiten des Frühstücks bzw. von Beilagen für das Mittagessen, durch Feiern mit den Kindern/mit Kindern und Eltern ... Auch die Raumgestaltung – gemütlicher Eßbereich, hauswirtschaftlicher Bereich – ist dabei von Bedeutung. Aufgabe des Erziehers ist es ferner, im Alltag auf problematische Ernährungs- und Eßgewohnheiten und damit zusammenhängende Verhaltensweisen zu achten. Diese können Ausdruck psychischer Probleme sein bzw. begehrte Nahrungsmittel, wie Süßigkeiten, können von Kindern z. B. gebraucht werden, um sich die Zuneigung anderer Kinder zu ‚erkaufen'. In solchen Fällen würden die oben genannten Wege der Ernährungserziehung an ihre Grenze stoßen, wenn nicht gleichzeitig an den Ursachen der psychosozialen Probleme von Kindern angesetzt wird.

Beispiel 2:

Bewegungsförderung in der Tageseinrichtung bedeutet:

- den starken Bewegungsdrang des Kleinkindes bei der Gestaltung der Gruppenräume berücksichtigen;
- Flure/Mehrzweckräume tagtäglich für Bewegungsspiele mitbenutzen;
- Tanz, Kreis- und andere Bewegungsspiele häufig, auch spontan, in den Tagesablauf einbeziehen;
- den Kindern vielfältige Materialien anbieten, die zu unterschiedlichen Bewegungsformen (werfen, klettern, kriechen, hüpfen ...) anregen;

Bewegungserziehung als integrierter Bestandteil der pädagogischen Arbeit

4. Abschnitt

- gezielte Angebote im Bereich der Bewegungserziehung/ Rhythmik durchführen;
- Spiel im Freien bei jedem Wetter;
- erlebnisreiche Spaziergänge.

Eine Bewegungsförderung, die dem starken Bewegungsbedürfnis kleiner Kinder gerecht werden will, darf sich also nicht auf eine wöchentliche ‚Turnstunde' beschränken, sondern muß auf vielfältige Weise in den Gruppenalltag integriert werden. Zudem müssen auch die Gegebenheiten in der Einrichtung (Raumgestaltung, Materialangebot etc.) unter Bewegungsgesichtspunkten durchdacht und gestaltet werden.

Die Gesundheitserziehung in der Tageseinrichtung ist Aufgabe des dort tätigen Erziehers	Aus dem bisher Gesagten ergibt sich, daß die Gesundheitserziehung in Tageseinrichtungen vorrangig die Aufgabe des den Kindern vertrauten Erziehers ist, nicht des Experten ‚von draußen', der dazu eigens in die Einrichtung kommt. Allerdings können Fachleute anderer, für die frühkindliche Gesundheitserziehung relevanter Gebiete – Kinder- und Zahnärzte, Ernährungsberater ... – zu wichtigen Gesprächspartnern für Erzieher und Eltern werden. Austausch
Fachleute können die Arbeit des Erziehers unterstützen und ergänzen	und Kooperation können helfen, das eigene Sachwissen und die eigene Handlungskompetenz zu erhöhen und so zugleich kritikfähiger gegenüber einseitigen, modischen Trends in der Gesundheitsdiskussion zu werden. Eine für die Erzieher in Tageseinrichtungen sinnvolle Zusammenarbeit kann sich allerdings nur dann entwickeln, wenn es gelingt, beim jeweiligen Gesprächspartner Verständnis für den sozialpädagogischen Auftrag und die situationsorientierte Arbeitsweise von Tageseinrichtungen herzustellen.

4.5 Die Zusammenarbeit mit den Eltern

Ziele und Formen der Zusammenarbeit mit den Eltern

Die grundsätzliche Bedeutung einer engen Zusammenarbeit mit den Eltern gilt in besonderer Weise auch für alle gesundheitserzieherischen Bemühungen. Dabei geht es zum einen um **klare Absprachen über Zuständigkeiten,** z. B. gehören die grundlegende Körperpflege und die Verabreichung von Medikamenten zu den Aufgaben der Eltern. Zum anderen sollte die Tageseinrichtung bemüht sein, **sich fortlaufend über die vielfältigen gesundheitserzieherischen Belange mit den Eltern abzustimmen.** Den anstehenden Fragen und

vgl. Bd. IV, Kap. 1

Problemen entsprechend, werden dabei unterschiedliche Formen des Austausches sinnvoll sein, z. B. Einzelgespräche, Elternabende, Gesprächskreise, gemeinsame Aktivitäten (z. B. Kochen und Backen, Ausflüge und Besichtigungen), Eltern-Kind-Nachmittage, gemeinsame Feiern ...

Gesund leben – sich wohlfühlen

Gesundheitsbewußte Eltern, selbst wenn es nur einzelne sind, können dabei eine große Unterstützung für die Erzieher sein.

In Abstimmung mit den Eltern können gelegentlich auch Fachleute, z. B. ein Arzt, eine Ernährungsberaterin, beteiligt werden. Grundsätzlich darf die Aufgabe der Tageseinrichtung aber nicht in der Belehrung und ‚Erziehung' der Eltern gesehen werden, obschon es oftmals gelingt, durch die Arbeit mit den Kindern und dem dabei stattfindenden Austausch auch bei den Eltern Problembewußtsein zu wecken. Bei allen Gesprächen mit den Eltern sollte stets sehr behutsam vorgegangen werden, da gesundheitliche Belange eng mit grundsätzlichen Lebensauffassungen und -stilen zusammenhängen, wobei auch soziale und kulturspezifische Gegebenheiten eine Rolle spielen.

‚Erziehung' der Eltern ist nicht Aufgabe der Tageseinrichtung

Gegebenenfalls müssen sich die Erzieher in einer Tageseinrichtung aber auch gegenüber problematischen Forderungen von Eltern abgrenzen, z. B. dem Verlangen, die Ernährung in der Tagesstätte einseitig nach einer bestimmten Ernährungsrichtung zu gestalten. Auch hier kann es evtl. sinnvoll sein, entsprechende Fachleute zur Beratung/Unterstützung hinzuzuziehen.

Abgrenzung gegenüber problematischen Forderungen von Eltern

Schließlich sollte es ein gemeinsames Anliegen von Eltern und Erziehern sein, sich aktiv für gesundheitsfördernde Lebensbedingungen in unserer Gesellschaft einzusetzen, z. B. dafür, daß auch Kinder berufstätiger Eltern Kranksein als Situation erfahren können, in der sie zu Hause umsorgt und gepflegt werden und nicht, wie es leider häufiger die Realität ist, starke Medikamente verabreicht bekommen und die Tagesstätte schon wieder besuchen müssen, bevor sie richtig gesund sind.

4.6 Materialien zur Gesundheitsförderung/-erziehung

Im Bereich der Gesundheitserziehung gibt es eine kaum noch überschaubare Fülle von Materialien – Broschüren, Faltblätter, Fachbücher und Filme für Erzieher und Eltern bzw. Bilderbücher, Spiele und didaktische Materialien für Kinder. Deren Qualität ist häufig unzureichend. Bei allen Materialien, die in die Gruppenarbeit bzw. in die Zusammenarbeit mit den Eltern einbezogen werden, sollte der Erzieher deshalb stets vorab kritisch prüfen, ob die Inhalte und gesundheitsbezogenen ‚Botschaften' mit den eigenen gesundheitserzieherischen Zielvorstellungen übereinstimmen, ob die vermittelten Informationen – soweit beurteilbar – sachlich richtig sind und für Kinder bzw. Eltern ansprechend und verständlich dargestellt werden. Dabei muß auch bedacht werden, daß gesundheitserzieherische Botschaften

Die Qualität von Materialien zur Gesundheitserziehung sollte stets geprüft werden

4. Abschnitt

Materialien mit versteckten gesundheitserzieherischen Botschaften

und Informationen nicht nur in Materialien enthalten sind, die ausdrücklich ein gesundheitsbezogenes Thema, z. B. Besuch beim Zahnarzt, behandeln, sondern oft in versteckter Form in Bilderbüchern, Spielen etc. zu finden sind, in denen es vorrangig um ganz andere Inhalte geht. Solche versteckten Informationen und Botschaften können die eigenen gesundheitserzieherischen Bemühungen unterstützen, z. B. veranschaulicht das Bilderbuch ‚Frederick' von Lionni sehr schön, daß zum Wohlergehen mehr gehört als ‚ein voller Bauch'. Sie können den eigenen Bemühungen aber auch entgegenstehen, z. B. wenn in Bilderbüchern Kindern ein falscher Umgang mit die Gesundheit gefährdenden Dingen gezeigt wird, Süßigkeiten überall, wo Kinder essen und feiern, dazugehören . . .

Materialien haben eine ergänzende und unterstützende Funktion

Zum Stellenwert von Materialien in der Arbeit mit den Kindern ist zu sagen, daß Bilderbücher, Spiele, Bilder etc. eine unterstützende und ergänzende Funktion haben, um z. B. Alltagserfahrungen aufzugreifen, zu vertiefen oder Verarbeitungshilfen zu geben. Sie können kein Ersatz für lebensnahe Lern- und Erfahrungsmöglichkeiten sein, denn dem eigenen Tun und Erleben und dem Lernen am Vorbild des Erziehers kommt bei allen gesundheitserzieherischen Bemühungen die größte Bedeutung zu.

Materialsammlung zur Gesundheitserziehung in Tageseinrichtungen für Kinder

Im Anhang dieses Kapitels werden einige, für die Arbeit in einer altersgemischten Gruppe geeignete Materialien mit gesundheitsbezogenen Inhalten vorgestellt. Diese Materialien sind Bestandteil einer umfangreicheren Materialsammlung zur Gesundheitserziehung in Tageseinrichtungen für Kinder,[3] die im Rahmen eines Projektes der Bundeszentrale für gesundheitliche Aufklärung erstellt wurde. Die Materialsammlung soll Erziehern Orientierungshilfen bei der Auswahl geeigneter Materialien zur Gesundheitserziehung geben.

---

[3] Diese Materialsammlung ist eine Leihgabe der Bundeszentrale für gesundheitliche Aufklärung, Köln und steht Erziehern, Fachkräften in der Aus- und Fortbildung und sonstigen mit Fragen der Gesundheitserziehung von Kindern unter sechs Jahren befaßten Personen zunächst für eine Erprobungsphase (bis Ende 1990) im Staatsinstitut für Frühpädagogik und Familienforschung in München und im Sozialpädagogischen Institut für Kleinkind- und außerschulische Erziehung des Landes NRW in Köln zur Verfügung.

Literatur zur Vertiefung

1. *Bundesarbeitsgemeinschaft der Freien Wohlfahrtspflege* (Hrsg.), Gesundheitserziehung im Elementarbereich aus sozialpädagogischer Sicht — Gesundheitspolitisches Positions- und gesundheitserzieherisches Konzeptpapier, Bonn 1986 (Bezug: Bundesarbeitsgemeinschaft der Freien Wohlfahrtspflege, Franz-Lohe-Straße 17, 5300 Bonn 1)

2. *Bundeszentrale für gesundheitliche Aufklärung* (Hrsg.), Untersuchung zur gegenwärtigen Praxis der Gesundheitserziehung in Tageseinrichtungen für Kinder bis 6 Jahre, verfaßt von M. Wiese, Köln 1987

3. *Burtchen, Irene,* Die Bedeutung des Erzieherverhaltens für die Gesundheitserziehung im Vorschulalter, in: Nickel, H. (Hrsg.), Sozialisation im Vorschulalter, Weinheim 1985, S. 163–171

4. *Wehrfritz Wissenschaftlicher Dienst,* Sonderausgabe: Gesundheits- und Ernährungserziehung im Kindergarten, Februar 1989

5. *Welt des Kindes,* H. 5, 1985, Themenheft Gesundheitserziehung

Zur Erarbeitung dieses Kapitels wurden die Quellen Nr. 15, 18, 19, 20, 21, 22, 23, 46, 95 und 139 des Gesamt-Quellenverzeichnisses (siehe am Ende des Kapitels) benutzt.

4. Abschnitt

Anhang

Bei den im folgenden vorgestellten Materialien zur Gesundheitserziehung handelt es sich um Fachbücher, Broschüren und Faltblätter für Erzieher bzw. Eltern sowie um Bilderbücher für Kinder, wobei insbesondere auch Bilderbücher für die jüngeren Kinder in altersgemischten Gruppen einbezogen werden. Die Materialien sind nach verschiedenen Bereichen der Gesundheitserziehung geordnet. Ausgeklammert sind hier die Bereiche Umwelt- und Medienerziehung sowie Behinderung, die zwar auch vielfältige gesundheitserzieherische Bezüge aufweisen, aber in sich zu umfangreich sind, um an dieser Stelle behandelt zu werden. Allerdings sind einige Materialien, in denen auch Aspekte der Umwelterziehung eine wichtige Rolle spielen, in den Bereichen Gesundheitsvorsorge und Ernährung enthalten.

Gesundheitsvorsorge

(dazu gehören Körperhygiene/-pflege, Impfungen und Vorsorgeuntersuchungen, Unfallverhütung und Sicherheitserziehung, allgemeine Darstellungen zur Gesundheitsvorsorge/-erziehung)

Brodersen, Ingke/Duve, Freimut
Öko-Test. Ratgeber Kleinkinder, Reinbek b. Hamburg 1988
Fachbuch, 204 S.

Dieses Fachbuch gibt Eltern und Erziehern Hilfen für die Ernährung, die Körperpflege und die Gesundheitsvorsorge bei 0–3jährigen Kindern sowie Anregungen für die Spielzeugauswahl unter gesundheitsbezogenen Aspekten (Sicherheit, Schadstoffgehalt etc.). Im einzelnen geht es um Gläschenkost, Babytees, Körperpflegeprodukte, Windeln, Impfen, Fluortabletten, Babyspielzeug, Knete und Fingerfarben, Tragehilfen für Säuglinge... Neben kurz gehaltenen allgemeinen Informationen enthält das Buch zu den meisten Bereichen die Testergebnisse des Öko-Test-Magazins.

Das Baby
hrsg. von der Bundeszentrale für gesundheitliche Aufklärung, Köln o. J.
Broschüre, 58 S., Bezug: Bundeszentrale für gesundheitliche Aufklärung, Postfach 91 01 52, 5000 Köln 91 (kostenlos)

Die übersichtlich und ansprechend gestaltete Broschüre behandelt das erste Lebensjahr des Kindes und eignet sich insbesondere als Informationsschrift für junge Eltern bzw. für Erzieher, die keine Erfahrungen und Kenntnisse in der Betreuung von Säuglingen haben. Konkret geht es dabei um folgende Fragen: Ernährung des Säuglings, Pflege und Gesundheitsvorsorge, Umgang mit Krankheiten, Entwicklung im ersten Lebensjahr, Erziehungsfragen (z. B. Sauberkeitserziehung, Bedeutung des Spiels).
Die Broschüre gibt es auch in Italienisch, Spanisch, Türkisch, Griechisch, Portugiesisch und Serbokroatisch. Sie kann deshalb auch für ausländische Eltern in der Tageseinrichtung zum Mitnehmen (der Bezug ist in größeren Mengen möglich) oder zum Anschauen ausgelegt werden.

Entwicklungskalender
hrsg. von der Bundeszentrale für gesundheitliche Aufklärung, Köln o. J.
Faltblatt, Bezug: Bundeszentrale für gesundheitliche Aufklärung, Postfach 91 01 52, 5000 Köln 91 (kostenlos)

Der Entwicklungskalender beschreibt in knapper Form die wichtigsten Entwicklungsschritte des Säuglings von der Geburt bis zum 18. Lebensmonat, weist auf notwendige Impfungen/Vorsorgemaßnahmen hin und gibt Anregungen zur Entwicklungsförderung. Der Entwicklungskalender ist geeignet, Eltern und Erziehern Hilfen für die Beobachtung der frühkindlichen Entwicklung zu geben, wobei allerdings stets bedacht werden sollte,

Gesund leben – sich wohlfühlen

daß der Entwicklungsablauf bei jedem Kind individuell unterschiedlich ist und nie genau ‚nach Plan' verläuft.
Der Entwicklungskalender ist auch in Italienisch, Spanisch, Türkisch, Griechisch, Portugiesisch und Serbokroatisch erhältlich und kann deshalb ebenso wie die o. g. Broschüre ‚Das Baby' auch für ausländische Eltern zum Mitnehmen (der Bezug ist ebenfalls in größeren Mengen möglich) oder zum Anschauen ausgelegt werden.

Friege, Hannelore/Claus, Frank/D'Haese, Marigret
Chemie im Kinderzimmer, Reinbek b. Hamburg 1986
Fachbuch, 255 S.

Das Buch informiert über Schadstoffe in Spielmaterialien (Fingerfarbe, Seifenblasen, Modelliermasse etc.), in der Kindernahrung, in der Bekleidung und in Ausstattungsgegenständen für das Kinderzimmer. Es kann Eltern und Erziehern helfen, Kinder vor gesundheitsbelastenden Materialien und Nahrungsmitteln zu schützen.

Gesundheitserziehung im Elementarbereich aus sozialpädagogischer Sicht – Gesundheitspolitisches Positions- und gesundheitserzieherisches Konzeptpapier – hrsg. von der Bundesarbeitsgemeinschaft der Freien Wohlfahrtspflege, Bonn 1986
Broschüre, 46 S., Bezug: Bundesarbeitsgemeinschaft der Freien Wohlfahrtspflege, Franz-Lohe-Straße 17, 5300 Bonn 1 (DM 3,–)

Die Broschüre beschreibt die Grundzüge der Gesundheitserziehung im Elementarbereich aus sozialpädagogischer Sicht und bietet somit für Mitarbeiter in Tageseinrichtungen für Kinder bzw. für die Aus- und Fortbildung und die Beratung eine wichtige Informations- und Diskussionsgrundlage.

Kopfläuse . . . was tun?
hrsg. von der Bundeszentrale für gesundheitliche Aufklärung, Köln 1981
Faltblatt, 8 S., Bezug: Bundeszentrale für gesundheitliche Aufklärung, Postfach 91 01 52, 5000 Köln 91 (kostenlos)

Das Faltblatt informiert über Ursachen und Folgen von Läusebefall, es beschreibt das Aussehen und die Entwicklung von Kopfläusen und behandelt die Gegenmaßnahmen. Die wichtigsten Informationen werden in Serbokroatisch, Türkisch und Griechisch wiederholt.
Das Faltblatt eignet sich als Aushang am Elterninformationsbrett bzw. auch zur Weitergabe an Eltern.

Pée, Lieselotte
Sicherheit und Risiko bei Kinderspiel und Spielzeug
hrsg. vom „spiel gut" Arbeitsausschuß Kinderspiel und Spielzeug e.V., Ulm 1986
Fachbuch, 168 S.

Das Buch will Eltern und Erziehern helfen, das richtige Maß an Sicherheit und Risiko bei Spiel und Spielzeug zu finden. Im einzelnen werden Informationen zu folgenden Gesichtspunkten gegeben: Entwicklung und Fähigkeiten von Kindern auf den verschiedenen Altersstufen; Wissenswertes zu den Werkstoffen, aus denen Spielmaterialien gefertigt sind; Sicherheit bzw. Risiko bei verschiedenen Spielen/Spielmaterialien; Sicherheitsaspekte bei Spielplätzen; Gesetze und Normen zur Sicherheit von Spielzeug und Spielgeräten.

Schmidt, Waltraud
Badespaß, Ravensburg 1983
Bilderbuch, 12 S.

Dieses textlose Bilderbuch ist für Kinder im Kleinstkindalter gedacht. Es zeigt zwei Geschwister beim Baden: Die Kinder spielen im Wasser, spritzen mit der Handdusche, sie seifen sich ein, die Mutter wäscht die Haare . . . Das Buch verdeutlicht, daß Baden für die Kinder mehr ist als bloße Körperreinigung, nämlich Spaß und Freude haben, Wasser auf vielfältige Weise erleben etc.

4. Abschnitt

Unsere Kinder. Alles Wichtige über Mädchen und Jungen im Alter von 2 bis 6 Jahren
hrsg. von der Bundeszentrale für gesundheitliche Aufklärung, Köln o. J.
Broschüre, 63 S., Bezug: Bundeszentrale für gesundheitliche Aufklärung, Postfach
91 01 52, 5000 Köln 91 (kostenlos)

Die ansprechend gestaltete Broschüre, die sich vor allem an Eltern richtet, behandelt vielfältige Fragen der Entwicklung und Erziehung von Kindern von 2 bis 6 Jahren. Im einzelnen geht es um die körperliche Entwicklung, um Körperpflege, Ernährung und Kleidung, des weiteren um die geistig-sprachliche und die psycho-soziale Entwicklung. Durchgängig wird dabei auf Maßnahmen zur Gesundheitsvorsorge (Schutzimpfungen, Vorsorgeuntersuchungen etc.), mögliche Entwicklungsstörungen, Anregungen zur Entwicklungsförderung und wichtige Erziehungsfragen (z. B. Sauberkeitserziehung, Verhalten im Straßenverkehr, Sexualerziehung . . .) eingegangen. Abschließend werden die wichtigsten Kinderkrankheiten und ihre Behandlung dargestellt.
Die Broschüre eignet sich zum Auslegen in der Tageseinrichtung bzw. zur Weitergabe an Eltern (der Bezug ist in größeren Mengen möglich).

Untersuchung zur gegenwärtigen Praxis der Gesundheitserziehung in Tageseinrichtungen für Kinder bis 6 Jahre
hrsg. von der Bundeszentrale für gesundheitliche Aufklärung, Köln 1987
Broschüre, 60 S., Bezug: Bundeszentrale für gesundheitliche Aufkärung, Postfach
91 01 52, 5000 Köln 91

Diese Studie, die im Auftrag der Bundeszentrale für gesundheitliche Aufklärung erstellt wurde, gibt einen guten Einblick in die derzeitige Praxis der Gesundheitserziehung in Tageseinrichtungen für Kinder. Aufgezeigt wird, wo die Schwerpunkte der Gesundheitserziehung in Kindergärten und Kindertagesstätten liegen, wie die Zusammenarbeit mit Eltern und Fachleuten in diesem Bereich aussieht und welche Rolle Gesundheitserziehung in der Aus- und Fortbildung von Erziehern spielt. Die Untersuchung ist geeignet, Erzieher zum Überdenken ihrer eigenen gesundheitserzieherischen Arbeit anzuregen, und es werden zugleich Perspektiven für Verbesserungen/Weiterentwicklungen aufgezeigt.

Wolde, Gunilla
Totte geht zum Arzt, 4. Auflage, Reinbek bei Hamburg 1985
Bilderbuch, 24 S.

Dieses Bilderbuch für jüngere Kinder schildert den Arztbesuch des kleinen Totte, der geimpft werden soll. Totte wird gewogen, untersucht, abgehört . . . und schließlich gegen Masern geimpft, wobei nicht verschwiegen wird, daß die Impfung ein wenig Schmerz bereitet. Abschließend zeigt das Buch, wie Totte mit seinem Teddy Arzt spielt und ihn ebenfalls impft.

Zahngesundheit

Kindertee und Zahngesundheit
hrsg. von der Landeszentrale für Gesundheitserziehung in Rheinland-Pfalz e.V., 2. Auflage, Mainz 1983
Faltblatt, 6 S., Bezug: Landeszentrale für Gesundheitserziehung in Rheinland-Pfalz e.V., Karmeliterplatz 3, 6500 Mainz

Das Faltblatt informiert über die Auswirkungen von stark zuckerhaltigen Kindertees auf die Zahngesundheit und die Ernährung des Kindes, und es gibt Ratschläge für alternatives Verhalten.

Merz, Christine/Schmidt, Hartmut
Komm mit zum Zahnarzt, Freiburg 1988
Photobilderbuch, 32 S.

Das Buch schildert, wie Sandra von ihrer Freundin Ines zu einem Besuch beim Zahnarzt begleitet wird. Der Zahnarzt und seine Helferin erklären den Kindern einfühlsam alle Behandlungsschritte.

Gesund leben – sich wohlfühlen

Das Buch, welches für ältere Kindergartenkinder geeignet ist, kann durch seinen anschaulich geschriebenen Text und die informativen Photos aus einer modernen Zahnarztpraxis dazu beitragen, den Ablauf einer Behandlung beim Zahnarzt, die dazu nötigen Instrumente etc. verständlicher zu machen. Ein Nachwort, das sich an Eltern und Zahnärzte richtet, bietet zusätzliche Hilfen und Anregungen für den Zahnarztbesuch mit Kindern.

Niehoff, Wolfgang/Tenberge, S.
Jörg und Andrea beim Zahnarzt, Düsseldorf 1988
Bilderbuch, 10 S.

Das für jüngere Kindergartenkinder geeignete Buch schildert den Zahnarztbesuch von Jörg, der Zahnschmerzen hat und von seiner Mutter und seiner kleinen Schwester zum Zahnarzt begleitet wird. Anschaulich und realitätsnah wird die Behandlung eines kranken Zahnes dargestellt.

Scherbarth, Eva
Beim Zahnarzt, Ravensburg 1982
Bilderbuch, 10 S.

Dieses, ebenfalls für jüngere Kindergartenkinder geeignete Bilderbuch zeigt mit wenig Text und ansprechenden Bildern den Ablauf einer Kontrolluntersuchung und die Behandlung eines erkrankten Zahnes. Im Mittelpunkt steht dabei der kleine Stefan.

Ernährung

Cebulla, Edeltraud
Aktivität und Kreativität, Düsseldorf 1986
Fachbuch, 106 S., Bezug: Verbraucher-Zentrale Nordrhein-Westfalen e.V., Mintropstr. 27, 4000 Düsseldorf 1

Das Buch gibt Anregungen für eine Verbrauchererziehung im Kindergarten, bei der es weniger um die Vermittlung von Sachwissen geht als vielmehr um den Aufbau von Einstellungen, die zu einer verantwortlichen und sinnorientierten Lebensweise führen. Ausgehend von einer Analyse der heutigen Situation des Kindes werden die Grundlagen einer kindgerechten Verbrauchererziehung dargestellt und am Beispiel der Geburtstagsfeier im Kindergarten verdeutlicht. Der Anhang enthält zusätzlich noch Geschenk- und Rezeptvorschläge für Geburtstagsfeiern.

Cramm, Dagmar v.
Was Babys schmeckt und gut bekommt, 2. Auflage, München 1988
Fachbuch, 72 S.

Das durch etliche Photos anschaulich gestaltete Buch informiert zunächst über die körperliche Entwicklung des Säuglings und über die Zusammensetzung einer gesunden Ernährung. Hilfen bei Eßproblemen und Hinweise auf eine babygerechte Küchentechnik schließen sich an. Der – am Lebensalter des Kindes orientierte – Rezeptteil enthält auch Rezepte für die Vorratsküche (zum Einfrieren) bzw. gibt Hilfen, wie Speisen für ältere Kinder/Erwachsene für den Säugling abgewandelt werden können. Gerade die beiden letztgenannten Aspekte dürften für Erzieher in altersgemischten Gruppen von Interesse sein.

Katalyse (Hrsg.)
Kinderernährung, Köln 1987
Fachbuch, 171 S.

Das Buch beschreibt ein Konzept für die Vollwerternährung von Kindern und Jugendlichen, wobei ein besonderer Schwerpunkt beim ersten Lebensjahr liegt. Im einzelnen geht es um das Stillen, die Einführung von Beikost, die Ernährung mit Muttermilch-Ersatznahrung, die Ernährung vom zweiten bis zum achtzehnten Lebensjahr (mit Rezepten) sowie um Fragen der Ernährungserziehung und der Schadstoffbelastung von Nahrungsmitteln.

4. Abschnitt

Katalyse (Hrsg.)
Was wir alles schlucken, Reinbek bei Hamburg 1988
Fachbuch, 254 S.

Das Buch kann helfen, die verwirrende Vielfalt der Lebensmittelzusatzstoffe zu durchschauen und damit gesundheits- und umweltbewußter einzukaufen. Behandelt werden Farbstoffe, Konservierungsmittel und -methoden, Trinkwasserfluoridierung, künstliche Süßstoffe und andere Zusatzstoffe in Lebensmitteln.

Kohwagner, Gabi
Schau mal: Unser Brot, Luzern 1987
Photobilderbuch, 32 S.

Das Buch schildert den Werdegang des Brotes vom Wachstum der verschiedenen Getreidesorten, über das Mähen, Dreschen und Mahlen bis hin zur Zubereitung des Brotteiges und dem Backen, wobei verschiedene Backverfahren gezeigt werden. Abschließend werden unterschiedliche Brotsorten gezeigt, wobei Brote aus Vollkornmehl bedauerlicherweise fehlen. Überhaupt wird die Bedeutung von Vollkornprodukten für eine gesunde Ernährung nicht thematisiert.
Das Buch ist geeignet, um Kindern den Weg vom Korn zum Brot zu veranschaulichen. Es darf dabei aber keinesfalls ein Ersatz von Beobachtungen und Erfahrungen in der Realität sein (z. B. Wachstum des Korns beobachten, selbst Korn mahlen und Brot backen), sondern kann zur Ergänzung bzw. Vertiefung in die Gruppenarbeit einbezogen werden.
In der gleichen Reihe erschienen sind auch die Bücher ‚Schau mal: Unsere Milch'; ‚Schau mal: Unser Honig'.

Trurnit, Gisela
Säuglings- und Kleinkind-Ernährung in gesunden und kranken Tagen, Paderborn 1983
Fachbuch, 215 S.

Das Buch behandelt in umfassender Weise die Ernährung des Säuglings (allgemeine Grundlagen, das Stillen, Fertigmilchnahrungen, selbstzubereitete Flaschennahrungen, Beikost etc.) und des Kleinkindes (bis zum 6. Lebensjahr). Des weiteren wird die Ernährung bei Erkrankungen (der Verdauungsorgane, bei Zöliakie, Obstipation, Hauterkrankungen und Stoffwechselstörungen) dargestellt.

Von Anfang an – Zur Bedeutung der Ernährung in den ersten Lebensjahren
hrsg. von der Deutschen Gesellschaft für Ernährung e.V., 2. Auflage, Frankfurt 1984
Broschüre, 48 S., Bezug: Deutsche Gesellschaft für Ernährung e.V., Feldbergstr. 28, 6000 Frankfurt/M. (kostenlos)

Die Broschüre informiert über eine gesunde Ernährung im Säuglings- und Kleinkindalter, wobei ernährungsphysiologische, entwicklungspsychologische und pädagogische Gesichtspunkte auf gelungene Weise verknüpft werden. Dadurch werden nicht nur Hilfen für die Ernährung, sondern ebenso für damit verbundene Fragen der Erziehung gegeben. Die gut verständliche und anschaulich gestaltete Broschüre eignet sich insbesondere als Informationsschrift für Eltern (zum Einsehen, zum Mitnehmen).

Bewegung

Balaskas, Arthur/Walker, Peter
Babygymnastik, München 1987
Fachbuch, 111 S.

Das durch eine Vielzahl von Photos illustrierte Buch beschreibt die Entwicklung in den ersten vier Lebensjahren und gibt Anregungen für spielerische gymnastische Aktivitäten, die den alterstypischen Bedürfnissen nach Körperkontakt und Bewegung entsprechen. Ein besonderer Schwerpunkt liegt dabei beim Säuglingsalter. Die Bewegungsanregungen sind überwiegend, vor allem auf den frühen Altersstufen, als Partnerspiele – Erwachsener mit Kind – angelegt, können bei Säuglingen z. T. auch in die Wickelsituation einbezogen werden.

Gesund leben – sich wohlfühlen

Diem, Liselott
Auf die ersten Lebensjahre kommt es an, Aachen 1986
Fachbuch, 116 S.

Ausgehend von der Bedeutung der motorischen Entwicklung für die Gesamtentwicklung des Kindes gibt das Buch vielfältige, durch zahlreiche Photos illustrierte Beispiele und Anregungen für die Förderung von Bewegungsfreude und Bewegungssicherheit bei Kindern vom Säuglings- bis zum frühen Schulalter. Des weiteren wird auf geeignete Materialien zur Bewegungserziehung und die Bedeutung des gemeinsamen Tuns eingegangen. Das Ziel der Verfasserin ist stets die Selbstbefähigung des Kindes, d. h. seine Eigeninitiative soll durch individuelle Herausforderungen und Spielkontakte angeregt werden.

Diem, Liselott
Gesunde Kinder durch Körperpflege und Bewegung, München 1985
Fachbuch, 94 S.

Das Buch, das sich an Eltern, Erzieher und Lehrer richtet, enthält vielfältige Informationen und praktische Anregungen zur Förderung einer gesunden Entwicklung in früher Kindheit und zur Vorbeugung der sog. Zivilisationskrankheiten. Im einzelnen werden folgende Inhalte behandelt: Körperpflege, Abhärtung, Kleidung, Ernährung, die Förderung der Bewegungsfähigkeit, die Verhütung von Unfällen durch behutsame Schulung des Reaktionsvermögens und der Geschicklichkeit, die Behandlung von Haltungsschwächen sowie die Bedeutung sozialer Beziehungen im Rahmen einer ganzheitlichen Gesundheitsförderung. Abschließend wird auf die Integration leistungsschwacher und behinderter Kinder eingegangen.

Frühkindliche Bewegungserziehung
hrsg. von der Deutschen Sportjugend, Arbeitskreis: Sporterziehung im Elementarbereich, Frankfurt/M. 1983
Broschüre, 53 S., Bezug: Deutsche Sportjugend, Arbeitskreis: Sporterziehung im Elementarbereich, Otto-Fleck-Schneise 12, 6000 Frankfurt/M. 71

Die durch zahlreiche Photos ansprechend gestaltete Broschüre beschreibt zunächst die Bedeutung der Bewegungserziehung für die Gesamtentwicklung. Des weiteren werden in knapper Form wichtige Grundprinzipien der Bewegungserziehung im Kindergarten behandelt (Bewegungserziehung als integrierter Bestandteil des Gruppenalltags, Nutzung aller räumlichen Möglichkeiten, Verbindung von Bewegungsförderung mit anderen Bereichen, z. B. Musik, Gestalten etc.), Materialien zur Bewegungserziehung vorgestellt, Institutionen für die Aus- und Fortbildung genannt sowie zahlreiche Literaturempfehlungen gegeben.

Krankheit

Katrin kommt ins Krankenhaus
hrsg. vom Aktionskomitee „Kind im Krankenhaus e.V.", 2. Auflage, Frankfurt 1986
Broschüre, 24 S., Bezug: Aktionskomitee „Kind im Krankenhaus e.V.", Kirchstr. 34, 6370 Oberursel 4

Am Beispiel der 3jährigen Katrin, die plötzlich Bauchschmerzen und Fieber bekommt und ins Krankenhaus eingewiesen wird, will die Broschüre Eltern und Kindern Hilfen für einen evtl. notwendigen Krankenhausaufenthalt geben. Geschildert wird der Ablauf des Krankenhausaufenthaltes. In den Text eingeschoben sind dabei Hinweise für Eltern und andere Erwachsene zum Thema „Kind im Krankenhaus".
Die Broschüre eignet sich z. B. als Aushang am Elterninformationsbrett bzw. zur gezielten Weitergabe an Eltern bei einem anstehenden Krankenhausaufenthalt ihres Kindes.

4. Abschnitt

Weber, Alfons/Blass, Jacqueline
Elisabeth wird gesund, 8. Auflage, Freiburg im Breisgau 1986
Bilderbuch, 26 S.

Dieses für ältere Kindergartenkinder geeignete Bilderbuch schildert, wie Elisabeth wegen einer Blinddarmentzündung ins Krankenhaus kommt. Gezeigt werden die Operationsvorbereitungen und das Geschehen auf der Kinderstation (Nachbehandlung, Erkrankungen und Behandlung anderer Kinder etc.) bis zu Elisabeths Entlassung. Das Buch kann Kindern helfen, ein wenig vertrauter mit der ungewohnten Umgebung im Krankenhaus zu werden.

Sexualität

Barth, Marcella/Markus, Ursula
Zärtliche Eltern. Gelebte Sexualerziehung durch Zärtlichkeit, Sinnesnahrung, Körpergefühl, Bewegung, 2. Auflage, Zürich 1987
Fachbuch, 152 S.

Das Buch beschreibt einen ganzheitlichen Ansatz von Sexualerziehung, der das Kind vom Säuglingsalter an darin unterstützt, eine gute Beziehung zu seinem Körper und Körpergefühl zu entwickeln. Es werden die körperlichen Bedürfnisse des Kindes beschrieben und praktische Anregungen zur Körperwahrnehmung und -erfahrung durch Sinnesnahrung, Bewegung und Zärtlichkeit gegeben (z. B. Babymassage, zärtliche Spiele). Die ausdrucksstarken Photos veranschaulichen die Sachinformationen und spiegeln kindliches Körpererleben – das Hauptanliegen des Buches – in vielfältiger Weise wider. Obwohl sich das Buch primär an Eltern richtet, ist es für Erzieher in Tageseinrichtungen in gleicher Weise geeignet.

Wolde, Gunilla
Totte und Monika, 4. Auflage, Reinbek bei Hamburg 1982
Bilderbuch, 24 S.

Das schon für jüngere Kindergartenkinder geeignete Bilderbuch zeigt, wie Totte und Monika miteinander spielen und dabei auch den körperlichen Unterschied zwischen Jungen und Mädchen entdecken. Das Aufzeigen der Geschlechtsunterschiede erfolgt dabei behutsam und kindgerecht.

Psycho-soziale Gesundheit
(dazu gehören die Entwicklung von Selbständigkeit und Selbstvertrauen, die Auseinandersetzung mit Gefühlen wie Angst, Eifersucht, Ablehnung etc., der Aufbau vielfältiger sozialer Beziehungen, die Gestaltung kindlicher Lebenswelten unter Aspekten der psychischen Gesundheit)

Binsteiner, Teresa/Schmidt, Hartmut
Komm, ich zeig dir meinen Kindergarten, Freiburg 1986
Photobilderbuch, 32 S.

Das Photobilderbuch schildert anschaulich, wie Katrin ihrem Freund Tim, der noch keinen Kindergarten besucht, ihren Kindergarten zeigt. Es ist gut geeignet, um kleine Kinder auf den Kindergartenbesuch vorzubereiten. Das an Eltern gerichtete Nachwort behandelt den Übergang von der Familie in den Kindergarten. Es kann auch Erziehern in Tageseinrichtungen Anregungen für die Gestaltung der Anfangszeit geben.

Bollinger, Max/Obrist, Jürgen
Der Hase mit den himmelblauen Ohren, Zürich 1987
Bilderbuch, 26 S.

Ein kleiner Hase hat himmelblaue Ohren und wird deshalb von den anderen Hasen ausgelacht. Er versucht, sie unter einem Kaminkehrer-, Koch-, Gärtnerhut etc. zu verstecken, aber dies gelingt immer nur für kurze Zeit. Schließlich erkennt er, daß nicht seine Ohren schuld an seinem Unglück sind, sondern nur, daß er sich ihrer geschämt hat.

Gesund leben – sich wohlfühlen

Burger, Antje
Freddy Ferkel und Wanda Waschbär, Hildesheim 1986
Bilderbuch, 16 S.

Das auch schon für jüngere Kindergartenkinder geeignete Bilderbuch handelt von den Nachbarskindern Freddy (einem Schwein) und Wanda (einem Waschbär), die sich ganz anders verhalten als ihre Elten es von einem ‚richtigen Jungen' bzw. einem ‚richtigen Mädchen' erwarten. So ist z. B. der Junge sehr brav, er mag sich nicht schmutzig machen, und er kocht gerne. Die Persönlichkeitsentwicklung von Kindern einengende Geschlechtsrollenvorstellungen werden in dem Buch in Frage gestellt, und Kinder werden ermutigt, ‚so zu sein, wie sie sind'.

Gaier, Otto R.
Der Riß geht durch die Kinder, München 1987
Fachbuch, 208 S.

Das Buch bietet eine umfassende Darstellung zur Bedeutung und zu den Auswirkungen einer Trennung/Scheidung für die Kinder. Es schildert, wie Kinder verschiedener Altersstufen die Trennung der Eltern erleben und welche Situationen sie langfristig belasten oder gar schädigen. Die Rolle von Geschwistern, Verwandten und Freunden als Hilfen im Scheidungskonflikt wird ebenso angesprochen wie die Schwierigkeiten sorgeberechtigter und nichtsorgeberechtigter Eltern mit sich selbst und mit der veränderten Situation nach der Trennung bzw. Scheidung. Schließlich werden die Konflikte, aber auch die Chancen für Kinder bei der Wiederheirat ihrer Eltern dargestellt.
Das Buch kann auch Erziehern helfen, die Situation und die Probleme von Kindern und Eltern, die von Trennung/Scheidung betroffen sind – was in Kindertagesstätten erfahrungsgemäß für etliche Kinder zutrifft – besser zu verstehen.

Gydal, Monika/Danielsson, Thomas/Andersson, Mats
Ole bekommt ein Brüderchen, Reinbek bei Hamburg 1983
Bilderbuch, 28 S.

Das Bilderbuch zeigt am Beispiel des 4jährigen Ole die Probleme eines Kindes durch die Geburt eines Geschwisterchens – Eifersucht, die Mutter hat weniger Zeit, das Baby ist noch kein guter Spielgefährte . . . Das Buch weist Lösungsvorschläge auf, die die Entwicklung einer positiven Geschwisterbeziehung fördern können.

Kinderspiele, Anregungen zur gesunden Entwicklung von Kleinkindern
hrsg. von der Bundeszentrale für gesundheitliche Aufklärung, Köln o. J.
Broschüre, 50 S., Bezug: Bundeszentrale für gesundheitliche Aufklärung, Postfach 91 01 52, 5000 Köln 91 (kostenlos)

Die ansprechend gestaltete Broschüre zeigt am Beispiel verschiedener Familien, welche Verhaltensweisen von Eltern bzw. äußeren Gegebenheiten die Entwicklung, die Spielfähigkeit und Spielfreude von 1–6jährigen fördern bzw. stören können. Des weiteren wird über Spielmaterialien für die verschiedenen Altersstufen und Kontaktmöglichkeiten (z. B. Spielgruppen) für Eltern und Kinder informiert. Die Broschüre ist geeignet, um Eltern Anregungen und Hilfen zur Gestaltung eines spielfreundlichen Lebensraumes für ihr Kind zu geben.

Müller, Helga/Oberhuemer, Pamela
Kinder wollen spielen, Freiburg 1986
Fachbuch, 142 S.

Das Buch behandelt das kindliche Spiel und dessen weitreichende Bedeutung für eine gesunde Entwicklung von Kindern. Dabei geht es u. a. um die verschiedenen Spielumwelten – Familie, Kindergarten, Öffentlichkeit etc. –, um die Verhaltensweisen von Kindern beim Spiel, um Spielmittel und Spielformen. Erzieher in Tageseinrichtungen können in dem Buch vielfältige Anregungen finden für Spielbeobachtungen, für die Ausstattung der Gruppe mit Spielmaterialien, für den Einbezug von Spielen aus anderen Ländern in das Gruppenleben und für die Zusammenarbeit von Kindergarten und Grundschule.

4. Abschnitt

Stein, Arnd
Mein Kind hat Angst, München 1982
Fachbuch, 168 S.

Das Buch informiert mit wenig Theorie, aber vielen praktischen Beispielen über die vielfältigen Erscheinungsformen von Angst bei Kindern. Unter anderem werden Ängste vor dem Alleinsein (Einschlafen), Trennungsängste und Phobien angesprochen, und es werden Hilfen gegeben, wie der Erwachsene diese Ängste besser verstehen und ihnen begegnen kann. Das Buch eignet sich sowohl für interessierte Eltern als auch für Erzieher in Tageseinrichtungen.

Svend, Otto S.
Klein in der großen Welt, Oldenburg 1988
Bilderbuch, 24 S.

Das Buch, das aus der Perspektive eines kleinen Jungen geschrieben ist, zeigt, wie Kleinkinder ihre Umwelt erleben, wie sie vielen Dingen der Erwachsenenwelt hilflos gegenüberstehen und durch vielfältiges Ausprobieren diese Welt allmählich erobern. Am Ende des Buches wird deutlich, daß es nur auf den Blickwinkel bzw. das Gegenüber ankommt, ob man sich groß oder klein fühlt.

Gesamt-Quellenverzeichnis

1. *Achtnich, E.*, Feste in der Kindergruppe: Anlässe, Vorbereitungen, Ideen für Kinderfeste, Freiburg i. B. 1980
2. *American Academy of Pediatrics.* Commitee on Nutrition, Nutritional aspects of vegetarianism, health foods and fad diets, in: Pediatrics, Jg. 59, 1977, S. 460
3. *Andrezejewski, L./Fischer, M.*, Zum Thema Beikost im Säuglingsalter, in: Sozialpädiatrie, H. 7, 1985, S. 408
4. *Belohradsky, B. H./Daumling, S./Hager, C./Lampert, F./Steinhausen, C. H.*, Umfrage: Rezidivierende Infekte des Respirationstraktes bei Kleinkindern, in: Paediatrische Praxis, Jg. 25, 1981, S. 625–629
5. *Bender-Götze, Chr./Laub, M. C./Fichtel, I.*, Eisenmangel-Prophylaxe im Kindesalter, in: Sozialpädiatrie, H. 8, 1986, S. 646
6. *Bergmann, K. E.*, Vorstellungen über den Natriumbedarf des Säuglings und Kleinkindes. I: Ernährung bei Bluthochdruck, in: Schriftenreihe des Bundesverbandes der Diätetischen Lebensmittelindustrie, H. 57, 1981, S. 64
7. *Bergmann, K. E./Bergmann, R. L.*, Der Nahrungsbedarf unter dem Aspekt des Wasserhaushaltes, in: Hövels, E./Eckert, I.: Säuglingsernährung in den ersten Lebensmonaten in Klinik und Praxis, Stuttgart 1978
8. *Bergmann, K. E./Bergmann, R. L./Jung, G.*, Vorkommen von Eisenmangel bei einer Stichprobe Frankfurter Kinder, in: Mschr. Kinderheil., Jg. 126, 1978, S. 184
9. *Bergmann, R. L./Bergmann, K. E.*, Aktuelle Probleme der Säuglingsernährung, in: Aktuelle Ernährungsmedizin, 1978, IV. Säuglings- und Kinderernährung
10. *Biermann, G. u. a.*, Kindliche Sozialisation und Sozialentwicklung, 2. überarb. Auflage, München, Wien, Baltimore 1978
11. *Brazelton, T. B.*, Babys erstes Lebensjahr. Unterschiede in der geistigen und körperlichen Entwicklung, Ravensburg 1969
12. *Britton, J.*, Die sprachliche Entwicklung in Kindheit und Jugend, Düsseldorf 1973
13. *Bronfenbrenner, U.*, Die Ökologie der menschlichen Entwicklung, Stuttgart 1981
14. *Brunn, S.*, Stillförderung durch Selbsthilfegruppen, in: Sozialpädiatrie, H. 11, 1986, S. 786
15. *Bundesarbeitsgemeinschaft der Freien Wohlfahrtspflege* (Hrsg.), Gesundheitserziehung im Elementarbereich aus sozialpädagogischer Sicht – Gesundheitspolitisches Positions- und gesundheitserzieherisches Konzeptpapier, Bonn 1986
16. *Bundesgesundheitsamt*, Warnung vor Kariesgefahr durch zucker- und kohlenhydrathaltige Kindertees, in: Bundesgesundheitsblatt, H. 6, 1985, S. 28
17. *Bundesverband der diätetischen Lebensmittelindustrie e.V.*, Grüne Liste 1989: Verzeichnis diätetischer und diätgeeigneter Lebensmittel, Bad Homburg 1989

18. *Bundesvereinigung für Gesundheitserziehung* (Hrsg.), Gesundheit für alle – alles für die Gesundheit, Bonn 1988
19. *Bundesvereinigung für Gesundheitserziehung* (Hrsg.), Gesundheit im Gespräch, Bonn 1989
20. *Bundesvereinigung für Gesundheitserziehung* (Hrsg.), Gesundheitserziehung im Vorschulalter, Bonn 1983 (Band I) und Bonn 1984 (Band II)
21. *Bundesvereinigung für Gesundheitserziehung* (Hrsg.), Lebe gesünder – es lohnt sich, Bonn 1986
22. *Bundeszentrale für gesundheitliche Aufklärung* (Hrsg.), Untersuchung zur gegenwärtigen Praxis der Gesundheitserziehung in Tageseinrichtungen für Kinder bis 6 Jahre, verfaßt von M. Wiese, Köln 1987
23. *Burtchen, I.*, Die Bedeutung des Erzieherverhaltens für die Gesundheitserziehung im Vorschulalter, in: Nickel, H. (Hrsg.), Sozialisation im Vorschulalter, Weinheim 1985, S. 163–171
24. *Church, J.*, Sprache und die Entdeckung der Wirklichkeit. Über den Spracherwerb des Kleinkindes, Frankfurt/M. 1971
25. *Codex Alimentarius Commission*, Recommended international standards for foods for infants and children, in: Codex STAN, H. 72, 1981, S. 5
26. *Cremer, H.-D.*, Die große GU-Nährwert-Tabelle, München 1987
27. *Deutsche Forschungsgemeinschaft*, Rückstände und Verunreinigungen in Frauenmilch, Kurzmitteilung über ein Kolloquium in Gießen, Nov. 1982
28. *Deutsche Gesellschaft für Ernährung (DGE)*, Empfehlungen für die Nährstoffzufuhr, Frankfurt/M. 1985
29. *Deutsche Gesellschaft für Ernährung (DGE)*, Ernährungsbericht 1988, Frankfurt/M. 1988
30. *Dtsch. Gesellsch. f. Kinderheilk. und Dtsch. Gesellsch. f. Kinder- und Jugendpsychiatrie*, Offizielle Erklärung zur Frage der phosphatarmen Diät bei Kindern mit hyperkinetischem Syndrom, in: Mschr. f. Kinderheilk., Jg. 134, 1986, S. 703
31. *Deutsche Liga für das Kind*, Stillzeit – Glückliche Zeit, Bezug: Fährstr. 17a, 5452 Weißenthurm
32. *Döpp-Woesler, Ae.*, Gesundheitliche Risiken und Konfliktmöglichkeiten durch Tiere im Haus, in: Sozialpädiatrie, Jg. 5, H. 11, 1983, S. 510–517
33. *Doering, K. H.*, Der Kohlenhydratgehalt fertiger Teezubereitungen, in: Der Kinderarzt, H. 8, 1987, S. 1087
34. *Dornemann, G.*, Feste feiern, in: Diabetes Journal, H. 6, 1988, S. 300–305
35. *Droese, W.*, Selbstherstellung von Säuglingsnahrung für das erste Lebensjahr, in: Sozialpädiatrie, H. 7, 1986, S. 470
36. *Droese, W./Kersting, M.*, Probleme der Säuglings- und Kinderernährung heute, in: Ernährungsumschau, Jg. 31, 1984, S. 3
37. *Droese, W./Sehnde, C./Kersting, M.*, Forschungsinstitut für Kinderernährung Dortmund, Probleme der Säuglings- und Kinderernährung heute, in: Ernährungsumschau, H. 1, 1984, S. 3
38. *Droese, W./Stolley, H.*, Eiweißbedarf des Säuglings und Eiweißzufuhr mit der Nahrung, in: Berger, H. (Hrsg.), Moderne Aspekte der künstlichen Säuglingsernährung, Stuttgart 1971
39. *Droese, W./Stolley, H.*, Ernährung des Säuglings, in: Keller-Wiskott (Hrsg.), Lehrbuch der Kinderheilkunde, Stuttgart 1984

40. *Droese, W./Stolley, H./Kersting, M.*, Gesunde Ernährung des Klein- und Schulkindes, in: Der Kinderarzt, H. 9, 1986, S. 1296
41. *Eichlseder, W.*, Hyperkinetisches Syndrom und Ernährung, in: Pädiatr. Praxis, H. 36, 1987, S. 29
42. *Empfehlungen der Ernährungskommission der Deutschen Gesellschaft für Kinderheilkunde*, Einführung von Beikost in die Ernährung des Säuglings, in: Der Kinderarzt, H. 10, 1986, S. 1455
43. *Ernährungskommission, Dtsch. Gesellschaft f. Kinderheilk.*, Einteilungen der Säuglingsmilchnahrung auf Kuhmilcheiweißbasis, Milchnahrungen für reifgeborene gesunde Säuglinge im ersten Lebensjahr, in: Ernährungs-Umschau, Jg. 21, 1974, S. 277
44. *Ernährungskommission, Dtsch. Gesellschaft f. Kinderheilk.*, Zusammensetzung von Säuglingsnahrungen auf Kuhmilcheiweißbasis gesunder Säuglinge, in: Mschr. Kinderheilk., Jg. 127, 1979, S. 644
45. *Ernährungslehre und -praxis (Ernährungsumschau-Beilage)*, Das aktuelle Interview: Milch, in: Ernährungsumschau, H. 3, 1986, S. B 9
46. *Feser, Herbert* (Hrsg.), Gesundheitserziehung, Dortmund 1983
47. *Flehmig, I.*, Normale Entwicklung des Säuglings und ihre Abweichungen, Stuttgart 1979
48. *Friedrich, W./Schlosser, L.*, Zur Erkrankungshäufigkeit von Krippen- und Hauskindern (prospektive Analyse von etwa 200 Kindern über den Zeitraum eines Jahres), in: Kinderärztliche Praxis, Jg. 53, 1985, S. 343–348
49. *Fthenakis, W. E.* (Hrsg.), Tendenzen der Frühpädagogik, Düsseldorf 1984
50. *Gipper, H.* (Hrsg.), Kinder unterwegs zur Sprache. Zum Prozeß der Spracherlernung in den ersten drei Lebensjahren, Düsseldorf 1985
51. *Grimm, H.*, Psychologie der Sprachentwicklung, Bd. 1, Stuttgart, Berlin, Köln, Mainz 1977
52. *Grosch, Ch./Jenichen, St./Niebsch, G./Günther, K.*, Zum Einfluß ausgewählter Faktoren auf die Morbidität von Vorschulkindern, in: Kinderärztliche Praxis, Jg. 53, 1985, S. 83–87
53. *Grüttner, R.*, Beurteilung unkonventioneller Kostformen für Säuglinge und Kleinkinder, in: Ernährungslehre und -praxis, H. 8, 1987, S. 833
54. *Grüttner, R.*, Die alternative Ernährung des Kindes, ihre Vorzüge und Risiken, in: Monatsschr. Kinderheilk., Jg. 136, 1988, S. 222
55. *Grüttner, R.*, Risiken unkonventioneller Ernährungsformen im Kindesalter, in: Sozialpädiatrie, H. 6, 1986, S. 398
56. *Harnack, G.-A. von* (Hrsg.), Kinderheilkunde, 7. neubearb. Auflage, Berlin, Heidelberg, New York, Tokyo 1987
57. *Hartung, K.*, Internationales Symposium ‚Kinderkrippen – Krippenkinder', in: Sozialpädiatrie in Praxis und Klinik 6, H. 1, 1984, S. 45–48; H. 2, S. 102–104; H. 3, S. 166–171
58. *Heidemann, P. H./Stubbe, P./v. Reuss, K./Schürnbrand, P. u. a.*, Jodausscheidung und alimentäre Jodversorgung bei Neugeborenen in Jodmangelgebieten der Bundesrepublik, in: Dtsch. med. Wschr., H. 109, 1984, S. 773
59. *Heinrich, H. C.*, Bioverfügbarkeit des Eisens in der Säuglings- und Kleinkinderernährung, in: Beikost in der Säuglingsernährung, Hrsg.: Ewerbeck, H., Berlin, Heidelberg, New York 1985

60. *Hellbrügge, T.*, Neue Wege kinderärztlicher Gesundheitserziehung, in: Der Kinderarzt, H. 11, 1987, S. 1529
61. *Hellbrügge, Th./Döring, G.*, Die ersten Lebensjahre, Landsberg a. Lech 1981
62. *Hellbrügge, Th./Wimpffen, J. H.* von (Hrsg.), Die ersten 365 Tage im Leben eines Kindes, München 1973
63. *Hentschel, W./Werner, R.*, Teppichboden in Schulen und Raumluftqualität, in: Öffentliches Gesundheitswesen, Jg. 47, 1985, S. 116–119
64. *Heuchert, L.*, Materialien zur interkulturellen Erziehung im Kindergarten, Bd. 3: Zweisprachigkeit, hrsg. von der Robert Bosch Stiftung, Berlin 1989
65. *Holtmeier, H.-J.*, Gesunde Ernährung von Kindern und Jugendlichen, 2. Auflage, Stuttgart 1988
66. *Hurlock, E. B.*, Die Entwicklung des Kindes, Weinheim, Berlin, Basel 1970
67. *Jeske, H./Sassen, G./Eberhard, G.*, Ernährungsberatung: Kriterien für die Planung, Durchführung und Bewertung, in: Ernährungsumschau, H. 11, 1988, S. 379
68. *Kasper, H.*, Ernährungsmedizin und Diätetik, München, Wien 1985
69. *Katalyse e.V.*, Kinderernährung, Köln 1987
70. *Keller, H./Gauda, G./Miranda, D./Schölmerich, A.*, Strukturmerkmale elterlicher Sprache gegenüber Kindern im ersten Vierteljahr, in: Zeitschrift für Entwicklungspsychologie und Pädagogische Psychologie, H. 4, 1982, S. 292–307
71. *Keller, H./Meyer, H.-J.*, Psychologie der frühesten Kindheit, Stuttgart, Berlin, Köln, Mainz 1982
72. *Kersting, M.*, Präventivmedizinische Ernährungsempfehlungen für Kinder und Jugendliche, in: Sozialpädiatrie, H. 4 u. 5, 1990
73. *Kersting, M./Schöch, G.*, Beikostmahlzeiten als Bausteine einer ausgewogenen Energie- und Nährstoffzufuhr im Säuglingsalter. 1. Teil: Empfehlungen für Einsatzzeiten, Zusammensetzung und Zubereitung der Beikost, in: Sozialpädiatrie, H. 9, 1987, S. 654
74. *Kersting, M./Schöch, G.*, Beikostmahlzeiten als Bausteine einer ausgewogenen Energie- und Nährstoffzufuhr im Säuglingsalter. 2. Teil: Lebensmittelmengen sowie Energie- und Nährstoffgehalte etc., in: Sozialpädiatrie, H. 10, 1987, S. 714
75. *Kersting, M./Schöch, G.*, Leitsätze zur Ernährung von Klein- und Schulkindern, in: Sozialpädiatrie, H. 10, 1986, S. 696
76. *Kersting, M./Schöch, G.*, Milch – ein wichtiges Thema in der pädiatrischen Ernährungsberatung, in: Sozialpädiatrie, H. 7, 1985, S. 280
77. *Kersting, M./Schöch, G.*, Praktische Ratschläge zu aktuellen Problemen der Ernährung von Klein- und Schulkindern, in: Sozialpädiatrie, H. 5, 1984, S. 254–265
78. *Kiphard, E. J.*, Wie weit ist ein Kind entwickelt? Eine Anleitung zur Entwicklungsüberprüfung, Dortmund 1975/1976
79. *Knick, B.*, Was ist eine „normale" Ernährung?, in: Münch. md. Wschr., H. 49, 1982, S. 1099
80. *Koransky, W./Forth, W.*, Fremdstoffe in der Muttermilch, in: Deutsches Ärzteblatt, H. 39, 1985, S. 2799

81. *Kuhlmann, K.-P.,* Hygienisch-technische Überwachung von Kindergärten und Schulen, in: Öffentliches Gesundheitswesen, Jg. 47, 1985, S. 375–378
82. *Kunze, D.,* Übergewicht im Säuglings- und Kleinkindalter, in: Öffentliches Gesundheitswesen, Jg. 46, 1984, S. 481
83. *Leidel, S.,* Zusammenarbeit mit Gesundheitsämtern, Vortrag bei einer Arbeitstagung des Landesjugendamtes Rheinland für Fachberater für Tageseinrichtungen für Kinder in kommunaler und freier Trägerschaft, unveröffentlichtes Manuskript, Juni 1986
84. *Leidel, S./Maar, G.,* Grundfragen der Betreuung in altersgemischten Gruppen aus medizinischer und pädagogischer Sicht, Vortrag bei einer Arbeitstagung des Landesjugendamtes Rheinland für Fachberater und Fachkräfte aus Tageseinrichtungen mit einem Betreuungsangebot für Kinder vor dem vollendeten dritten Lebensjahr, unveröffentlichtes Manuskript, Mai 1985
85. *Löbsack, T.,* Schadstoffe in der Muttermilch – Stillen: ja oder nein?, in: Pharmazeut. Zeitung, Jg. 39, 1984, S. 2273
86. *Mac Lean, W. C./Graham, G. G.,* Vegetarianism in children, in: Am. J. Dis. Child, H. 134, 1980, S. 513
87. *Maier, H. W.,* Drei Theorien der Kindheitsentwicklung, New York 1983
88. *Manz, F./Kersting, M./Weber, P.,* Der Beitrag von jodiertem Speisesalz zur Jodversorgung von Kindern, in: Pädiatr. Praxis, H. 34, 1987, S. 213
89. *Menge, R.,* Ernährung im Säuglings- und Kleinkindalter aus der Sicht der Diätassistentin, in: Kinderkrankenschwester, H. 3, 1990, S. 80
90. *Mommsen, H.,* Gesunde Kinder durch lebendige Vollwert-Kost, 16. Auflage, Bad Homburg 1986
91. *Niessen, K.-H.,* Pädiatrie, 2. Auflage, Weinheim, New York 1989
92. *Nilsson, L.,* Ein Kind entsteht. Bilddokumentation über die Entwicklung des Lebens im Mutterleib, München 1984
93. *Oerter, R./Montada, L.,* Entwicklungspsychologie. Ein Lehrbuch, 2., völlig neubearb. und erweit. Aufl., München, Weinheim 1987
94. *Oksaar, E.,* Spracherwerb im Vorschulalter. Einführung in die Pädolinguistik, Stuttgart, Berlin, Köln, Mainz 1977
95. *O'Neill, P.,* Gesundheit 2000: Krise und Hoffnung, Berlin 1984
96. *Overzier, C.,* Systematik der Inneren Medizin. Daten, Fakten, Übersichten, 7. Aufl., Stuttgart, New York 1983
97. *Pachler, J. M.,* Saccharose in der Ernährung des Kindes, in: Der Kinderarzt, H. 6, 1984
98. *Palitzsch, D.,* Systematik der praktischen Pädiatrie, 3. Aufl., Stuttgart, New York 1976
99. *Paulus, K./Braun, M.,* Süßkraft und Geschmacksprofil von Süßstoffen, in: Ernährungsumschau, H. 11, 1988, S. 384
100. *Piaget, J.,* Das Erwachen der Intelligenz beim Kinde, Gesammelte Werke Bd. 1, Stuttgart 1975
101. *Piaget, J.,* Der Aufbau der Wirklichkeit beim Kinde, Gesammelte Werke Bd. 2, Stuttgart 1975
102. *Pikler, E.,* Laßt mir Zeit. Die selbständige Bewegungsentwicklung des Kindes bis zum freien Gehen, München 1988

103. *Rauh, H.* (Hrsg.), Jahrbuch für Entwicklungspsychologie 1/1979, Stuttgart 1978
104. *Rennen-Allhoff, B./Allhoff, P.*, Entwicklungstests für das Säuglings-, Kleinkind- und Vorschulalter, Berlin, Heidelberg 1987
105. *Richards, M.*, Säuglingsalter. Die Welt des Neugeborenen, Weinheim, Basel 1982
106. *Richtlinien für Kindergärten* – Bau und Ausrüstung, Eigenunfallversicherung der Stadt Köln, Ausgabe Mai 1981
107. *Rottka, H.*, Der Zuckerkonsum sollte stark vermindert werden, in: Test, H. 11, 1986, S. 1086
108. *Rummel, C.*, Ernährungserziehung im Kindergarten, in: Der Kinderarzt, H. 3, 1985, S. 329
109. *Schäfer, K. H.*, Eisenstoffwechsel und exogener Eisenbedarf, in: Säuglingsernährung heute, Hrsg.: Schreier, K./Eckert, I., Berlin, Heidelberg, New York 1985
110. *Schäfer, K. H.*, Praktische Handhabung der Eisenversorgung in der Säuglingsernährung, in: Beikost in der Säuglingsernährung, Hrsg.: Ewerbeck, H., Berlin, Heidelberg, New York 1985
111. *Schenk-Danzinger, L.*, Entwicklungspsychologie, 5. Auflage, Wien 1971
112. *Schlieper, C. A.*, Ernährung heute, Hamburg 1981
113. *Schmidt, E.*, Empfehlungen für die Ernährung des Säuglings einschließlich Beikost, in: Pädiatr. Praxis, Jg. 25, 1981, S. 567
114. *Schmidt, E./Reinhardt, D./Gerke, R.*, Zum Einsatz von hypoallergenen Milchnahrungen bei Neugeborenen, in: Der Kinderarzt, H. 5, 1987, S. 627
115. *Schöch, G.*, Leitsätze zur Säuglingsernährung, in: Deutsches Ärzteblatt, H. 22, 1985, S. 1712
116. *Schöch, G./Galgen, V.*, Wie sicher ist die Säuglingsernährung?, in: Sozialpädiatrie, H. 11, 1984, S. 604
117. *Schöch, G./Kersting, M.*, Aktuelle Empfehlungen zur Säuglingsernährung, in: Sozialpädiatrie, H. 4, 1984, S. 193
118. *Schöch, G./Kersting, M.*, Richtige Ernährung schützt auch die Zähne, in: Der Kinderarzt, H. 16, 1985, S. 561–564
119. *Schöch, G./Kersting, M.*, Überlegungen zur Stilldauer, in: Pädiatr. Praxis, H. 30, 1984, S. 211
120. *Schöch, G./Wember, T./Kersting, M.*, Dosierungsprobleme bei Säuglingsmilchpräparaten, in: Sozialpädiatrie, H. 6, 1984, S. 374
121. *Scholz, D.*, Braucht Berlin mehr Krippenplätze – oder eine andere Familienpolitik?, in: Berliner Ärzteblatt, Jg. 94, H. 11, 1981, S. 411–418
122. *Scholz, D.*, Kann der gesundheitlichen Gefährdung des Kleinkindes in der Krippe vorgebeut werden?, in: Öffentliches Gesundheitswesen, Jg. 45, 1983, S. 428–431
123. *Schreier, K.*, Die Bedeutung der Beikost in der Säuglingsernährung, in: Sozialpädiatrie, H. 8, 1984, S. 423
124. *Schreier, K.*, Kuhmilchintoleranz, in: Sozialpädiatrie, H. 8, 1986, S. 570
125. *Schulte, F. J./Spranger, J.*, Lehrbuch der Kinderheilkunde, Stuttgart, New York 1985
126. *Spegg, H.*, Schlankheitsdiäten und besondere Kostformen, in: Deutsche Apotheker Zeitung, H. 49, 1984, S. 2539

127. *Steinhausen-Kibler, H.,* Wie sicher und gesund ist fertige Säuglings- und Kleinkindernahrung?, in: Kindergesundheit, H. 6, 1987, S. 6
128. *Stenzel, U.,* Das ernährungsmedizinische Schulungsprogramm des Gesundheitsamtes Düsseldorf für den Vorschulbereich, in: Ernährungsumschau, Jg. 31, 1984, S. 90
129. *Stenzel, U.,* Ernährungserziehung im Kindergarten-Bereich, in: Ernährungsumschau, H. 7, 1981, S. B 37
130. *Stolley, H./Kersting, M./Droese, W.,* Energie- und Nährstoffbedarf von Kindern im Alter von 1–14 Jahren, in: Ergebn. Inn. Med. Kinderheilkunde, Jg. 48, 1982, S. 1–75
131. *Stolley, H./Kersting, M./Droese, W.,* Nährwerttabelle des Forschungsinstitutes für Kinderernährung, Marseille, München 1980
132. *Stolley H./Kersting, M./Droese, W./Reinken, L.,* Bemerkungen zu einer sog. phosphatarmen Diät für Kinder mit hyperkinetischem Syndrom, in: Mschr. Kinderheilk., Jg. 127, 1979, S. 450
133. *Strätz, R.,* Beobachten. Anregungen für Erzieher im Kindergarten, Köln, Stuttgart, Berlin, Mainz 1987
134. *Strobel, S.,* Möglichkeiten der intestinalen Sensibilisierung durch frühzeitige Fremdeiweißgaben im Säuglingsalter, in: Grüttner, R./Eckert, I., Beikost in der Säuglingsernährung, Berlin, Heidelberg, New York 1985
135. *Stüttgen, G.,* Diät bei endogenem Ekzem?, in: Deutsche Medizinische Wochenschrift, H. 33, 1986, S. 1261
136. *Tolle, A.,* Rohmilch – Gesundheitliche Risiken des Verzehrs, in: Molkerei-Zeitung Welt der Milch, H. 38, 1984, S. 961
137. *Untersuchungsheft für Kinder,* Hrsg.: Kassenärztliche Vereinigungen
138. *Verny, Th./Kelly, J.,* Das Seelenleben des Ungeborenen, München 1981
139. *Wehrfritz Wissenschaftlicher Dienst,* Sonderausgabe: Gesundheits- und Ernährungserziehung im Kindergarten, Februar 1989
140. *Wieczerkowski, W./Oeveste, H. zur* (Hrsg.), Lehrbuch der Entwicklungspsychologie, Bd. 1 und Bd. 2, Düsseldorf 1982
141. *Wolf, H.,* Sinn und Unsinn bei der Anwendung fettlöslicher Vitamine, in: Sozialpädiatrie, H. 9, 1986, S. 636
142. *Zimmer, K.,* Das wichtigste Jahr. Die seelische und körperliche Entwicklung im ersten Lebensjahr, München 1987

Petersen / Sievers

Kinder unter 3 Jahren in Tageseinrichtungen

Bd. 1: Grundfragen der pädagogischen Arbeit in altersgemischten Gruppen
1989. 224 Seiten. Kartoniert.
39,80 DM (Mengenpreise).
ISBN 3-17-009623-0 (SPI) Nr. 18/1

Das vorliegende Fachbuch, als vierbändiges Handbuch angelegt, ist in enger Zusammenarbeit mit Mitarbeitern aus verschiedenen Tageseinrichtungen entstanden. Nach einem geschichtlichen Überblick über die Entwicklung von Tageseinrichtungen für Kinder unter drei Jahren wird im Band 1 zunächst die Konzeption der altersgemischten Gruppe in Nordrhein-Westfalen dargestellt und dabei besonders auf die mit dieser Konzeption verbundenen Erfahrungsmöglichkeiten der Kinder in diesen Gruppen hingewiesen. Auf dem Hintergrund grundsätzlicher Überlegungen zur Entwicklung und Erziehung des Kindes in den ersten drei Lebensjahren wird in den folgenden Kapiteln auf die pädagogische Arbeit in der altersgemischten Gruppe eingegangen: auf verschiedene Rahmenbedingungen und ihre Bedeutung; auf die Raumgestaltung; auf didaktisch-methodische Fragen der Planung und Durchführung der Gruppenarbeit; auf die Gestaltung der alltäglichen Situationen im Tagesablauf wie Essen, Wickeln, Schlafen, Bringen und Abholen.
Das Fachbuch richtet sich sowohl an Erzieher, die Kinder unter drei Jahren in Tageseinrichtungen betreuen, als auch an Fachkräfte in der Aus- und Fortbildung.

 Verlag Postfach 80 04 30
W. Kohlhammer 7000 Stuttgart 80